SUPPLY CHAIN

CONSELHO EDITORIAL
André Luiz V. da Costa e Silva
Cecilia Consolo
Dijon De Moraes
Jarbas Vargas Nascimento
Luís Augusto Barbosa Cortez
Marco Aurélio Cremasco
Rogerio Lerner

Blucher

SUPPLY CHAIN

Uma visão técnica e estratégica

Paulo Rogério Mendes

Supply Chain: uma visão técnica e estratégica
© 2023 Paulo Rogério Mendes
Editora Edgard Blücher Ltda.

Publisher Edgard Blücher
Editor Eduardo Blücher
Coordenação editorial Jonatas Eliakim
Produção editorial Ariana Corrêa
Preparação de texto Samira Panini
Diagramação Thaís Pereira
Revisão de texto MPMB
Capa Laércio Flenic
Imagem da capa iStockphoto

Blucher

Rua Pedroso Alvarenga, 1245, 4º andar
04531-934 – São Paulo – SP – Brasil
Tel.: 55 11 3078-5366
contato@blucher.com.br
www.blucher.com.br

Segundo o Novo Acordo Ortográfico, conforme 6. ed.
do *Vocabulário Ortográfico da Língua Portuguesa*,
Academia Brasileira de Letras, julho de 2021.

É proibida a reprodução total ou parcial por quaisquer
meios sem autorização escrita da editora.

Todos os direitos reservados pela Editora
Edgard Blücher Ltda.

Dados Internacionais de Catalogação na Publicação (CIP)
Angélica Ilacqua CRB-8/7057

Mendes, Paulo Rogério
   Supply Chain: uma visão técnica e estratégica /
Paulo Rogério Mendes. - São Paulo : Blucher, 2023.
   288 p. : il.

Bibliografia
978-65-5506-346-2

1. Logística empresarial 2. Serviços ao cliente I. Título

23-0475

CDD 658.78

Índices para catálogo sistemático:
   1. Logística empresarial

*Um país que não entende a importância
e, portanto, não planeja e investe
em sua infraestrutura logística,
estará sempre postergando
o desenvolvimento social e econômico.*

Paulo Rogério Mendes

AGRADECIMENTOS

Agradeço, primeiramente, a Deus pela oportunidade de expressar-me nessa publicação.

À minha esposa Gisele Mendes e às minhas lindas filhas Júlia e Camila, o meu agradecimento especial, por sempre me incentivarem a trilhar novos caminhos.

Aos meus pais, aos meus irmãos e à minha irmã, agradeço de coração por todo apoio e confiança.

Ao meu grande amigo Mike Pena, por aceitar participar nesta publicação, abrilhantando seu conteúdo, com um prefácio que traduz de forma ímpar toda uma trajetória profissional, a qual tivemos a oportunidade de compartilhar por alguns anos.

E por fim, aos muitos amigos que ao longo desta jornada contribuíram com experiências, críticas valorosas, auxílios inimagináveis e, sem dúvida, presença fraterna.

APRESENTAÇÃO

É comum olharmos para o tema Supply Chain e confundi-lo com Logística, isto é, limitando-o a uma pequena parcela de todas as ações que estão sob seu raio de cobertura e atuação.

Esta publicação busca trazer um novo olhar para o tema, agora com uma visão técnica, usual e aplicada de quem possui uma trajetória de mais de 25 anos, em posições técnicas-operacionais, gestão e liderança sênior em grandes organizações nacionais e multinacionais, sempre atuando na linha de frente na Cadeia de Suprimentos.

Ao longo dos anos, a entrega de uma visão ampla, de longo prazo, sempre baseada em estratégias muito bem definidas, estruturadas sobre bases robustas, bem como, a entrega de resultados de curto e médio prazo, demonstrando uma ação técnica e bastante objetiva, materializaram a formação de uma cultura em Supply Chain Técnica--Estratégica, com aplicabilidade e resultados expressivos.

O rigor acadêmico, presente nessa publicação, está congruente a uma extensa vivência operacional, experiência técnica, acompanhada de resultados, esses induzidos pela necessidade de se realizar movimentos e concluir tarefas que efetivassem as ações previamente planejadas.

O livro *Supply Chain: uma visão técnica e estratégica* vem dar suporte a professores e alunos das mais diferentes áreas de formação para desenvolverem um conteúdo de elevado grau técnico-acadêmico, mas também, apoiar os profissionais das diversas áreas da Administração e Supply Chain a buscarem a excelência em suas atividades, se destacando, assim, no mercado de trabalho.

Para finalizar este texto inicial, compartilho uma frase que expressa bastante bem os fundamentos desta publicação.

Em épocas turbulentas as empresas não podem pressupor que o amanhã será sempre uma extensão do presente. Pelo contrário, devem administrar visando mudanças que representem oportunidades e ameaças.

Peter Drucker

PREFÁCIO

Minha história na logística começou em 1994, trabalhando em Detroit, Michigan, para uma companhia familiar, focada em frete internacional e armazenagem, especializada em OEM (*Original Equipment Manufacturer*) da indústria automotiva e sua base de fornecedores. Minha exposição aos negócios foi aperfeiçoada pelo programa de trainee, que me permitiu trabalhar com todos os aspectos dos diferentes modelos de negócio: frete marítimo e aéreo, despacho aduaneiro, consolidação/desconsolidação de cargas, fretes aéreos etc. O programa me levou de Detroit para Inglaterra, Holanda, México, Austrália e diversos outros locais pelos Estados Unidos, visitando diferentes operações e conhecendo novos clientes. Meu próximo destino, após um ano e meio em Detroit, foi São Paulo, Brasil, onde minha responsabilidade era formar uma relação produtiva com os agentes locais e crescer o negócio. Nos três anos seguintes, os negócios de frete marítimo e aéreo expandiram, assim como um cliente da indústria automotiva em Curitiba, Paraná, para o qual oferecíamos serviços completos de logística e armazenagem. Nesses três anos, meu conhecimento e experiência na indústria logística foram crescendo, porém, minha próxima oportunidade seria a espinha dorsal da minha carreira e vida, em geral.

Em 1999, minha carreira mudou e eu comecei a trabalhar em uma empresa de logística internacional em Louveira, São Paulo, como Gerente de Operações. Era minha responsabilidade inicial ser o contato local para a supervisão da construção do novo armazém de 75 mil m², feito sob medida para a companhia. Com o processo da construção finalizando, minhas responsabilidades mudaram para Gerente de Operações desse novo armazém, que seria o maior centro de distribuição para uma das maiores empresas de consumo do Brasil. Era claro, naquele momento, que eu não tinha a experiência completa, necessária, para gerenciar um centro de distribuição que funcionaria 24 horas por dia, 7 dias na semana com 550 funcionários. A empresa e o time de liderança reconheceram a dimensão da situação e contratou outro Gerente de Operações para ser meu par e juntos liderarmos o dia a dia das operações. Aquela pessoa era o Paulo Mendes.

Paulo Rogério Mendes veio da operação do cliente, e pelas suas experiências, era um operador logístico natural. Ele entendeu os componentes básicos para gerenciamento do armazém: entradas – recebimentos, alocações de materiais, gerenciamento e controle de inventário, processamento de ordens, e processos de saída – expedições. Ele conhecia o *Warehouse Management System* (WMS)[1] do cliente, e como melhor utilizá-lo para se ter uma operação eficiente e processos estruturados. Paulo era bastante experiente em estruturar organogramas e agendas de trabalho para uma operação eficiente. Ele também estabeleceu boas experiências com os clientes e entendeu suas demandas por meio de fortes habilidades de gerenciamento do negócio. Por fim, Paulo demonstrou sua perspicácia financeira para o negócio e entendeu o orçamento e seus processos mensais e anuais. Como é essencial para qualquer negócio baseado em pessoas, como uma empresa de 3PL (*3rd-Party Logistics*), Paulo também reconheceu a necessidade de engajar os membros do seu time e frequentemente se encontrava com eles para tratar de diferentes assuntos, garantindo que todos os membros estivessem alinhados com seus papéis e responsabilidades, e assegurando que seus objetivos estivessem claros. Na minha perspectiva, Paulo era um profissional completo, um ótimo mentor por melhor entender e executar os modelos de negócios da cadeia de suprimento.

No ano seguinte, eu e Paulo trabalhamos fortemente para iniciar o armazém do zero. Em meio a muitas mudanças, como a implementação de um novo sistema de WMS e adição de mais e mais complexidades, assim como o crescimento do volume, e posterior ampliação do armazém para 105.000 metros quadrados. A cada momento, Paulo foi colaborativo e continuamente compartilhou comigo o seu conhecimento sobre o cliente e o negócio. Para mim, foi verdadeiramente uma experiência educacional, que mudou minha carreira em Logística e gerou em mim uma forte base de conhecimento. Sem o Paulo e seu comprometimento com a operação e seu time, a operação não teria sido o sucesso que foi; sem dúvidas!

Daquele momento em diante, Paulo continuou a crescer junto com o negócio, enquanto a minha carreira caminhava para outros desafios, abrindo assim, um novo capítulo. Como a maioria dos profissionais de sucesso, Paulo migrou para outras oportunidades e expandiu seus horizontes, trabalhando em outras empresas de 3PL, além de outros segmentos, como: varejo, e-commerce, farmacêutico etc. Em cada uma dessas paradas, ele não somente colaborou ao passar seu vasto conhecimento técnico, como também continuou a crescer e entender a indústria de serviços logísticos, por intermédio dos desafios do dia a dia e de longo prazo.

Algum tempo atrás, Paulo compartilhou comigo seu desejo em escrever um livro sobre a Gestão da Cadeia de Suprimentos, incorporando sua perspectiva da indústria,

---

[1] *Warehouse Management System* (WMS) – em português, Sistema de Gestão do Armazém.

baseando-se em seu conhecimento e experiência. Foi desse desejo que Paulo criou seu livro, *Supply Chain: uma visão técnica e estratégica*, que traz uma excelente visão do começo ao fim da cadeia de suprimentos, por um profissional expert nessa área: gestão, qualidade, armazenagem, transporte, planejamento, serviço ao cliente e compras.

Meu desejo é que qualquer pessoa que leia esse livro ganhe uma visão realista e bem embasada do fascinante mundo do Supply Chain-Logística, que inevitavelmente, impacta quase todos os aspectos do nosso mundo diário.

Mike Pena

COO – Chief Operating Officer

CONTEÚDO

1. *SUPPLY CHAIN* **19**

1.1 INTRODUÇÃO 19

1.2 ABRANGÊNCIA DO *SUPPLY CHAIN MANAGEMENT* 20

1.3 DESAFIOS DO *SUPPLY CHAIN MANAGEMENT* 24

1.4 BENEFÍCIOS DO *SUPPLY CHAIN MANAGEMENT* 26

1.5 SUSTENTABILIDADE NO *SUPPLY CHAIN* 28

2. LOGÍSTICA **31**

2.1 INTRODUÇÃO 31

2.2 A EVOLUÇÃO DA LOGÍSTICA 33

2.3 DIVISÕES DA LOGÍSTICA 35

2.4 CASE – LOGÍSTICA REVERSA PARA ÓLEOS
LUBRIFICANTES USADOS E CONTAMINADOS (OLUC) 41

3. LOGÍSTICA DE MOVIMENTAÇÃO E ARMAZENAGEM (M&A) **45**

3.1 INTRODUÇÃO 45

3.2 ESTOCAGEM E ARMAZENAGEM 45

3.3 PALETE	46
3.4 ÁREA DE ARMAZENAGEM	51
3.5 MODELOS DE ARMAZENAGEM	58
3.6 MODELOS DE ESTOQUE	70
3.7 SISTEMAS DE MOVIMENTAÇÃO	76
4. LOGÍSTICA DE TRANSPORTE	**81**
4.1 INTRODUÇÃO	81
4.2 TRANSPORTE DE CARGA	86
4.3 MODAL DE TRANSPORTE	87
4.4 SISTEMAS DE TRANSPORTE – BRASIL	100
4.5 REDES DE TRANSPORTES	124
5. PLANEJAMENTO	**143**
5.1 INTRODUÇÃO	143
5.2 CARACTERÍSTICAS GERAIS DO PLANEJAMENTO	144
5.3 IMPORTÂNCIA DO PLANEJAMENTO	145
5.4 ABRANGÊNCIA DO PLANEJAMENTO	146
5.5 HIERARQUIA DO PLANEJAMENTO	148
5.6 BARREIRAS AO PLANEJAMENTO	150
5.7 BENEFÍCIOS DO PLANEJAMENTO	151
5.8 FERRAMENTAS COM ÊNFASE NO CICLO S&OP	152
5.9 CASE – APLICAÇÃO PRÁTICA DO MODELO DE DIAGNÓSTICO DE MATURIDADE DO CICLO S&OP	173

Supply Chain

6. SERVIÇO AO CLIENTE — 181

6.1 INTRODUÇÃO — 181

6.2 RELAÇÕES DE NEGÓCIO — 181

6.3 CARACTERÍSTICAS GERAIS DO SERVIÇO AO CLIENTE — 184

6.4 FUNDAMENTOS DO SERVIÇO AO CLIENTE — 185

6.5 FERRAMENTAS COM ÊNFASE NO CICLO S&OE — 207

7. COMPRAS — 217

7.1 INTRODUÇÃO — 217

7.2 CONCEITO — 218

7.3 PLANEJAMENTO DE COMPRAS — 219

7.4 ESTRUTURA DA ÁREA DE COMPRAS — 219

7.5 FORMATAÇÃO DA ÁREA DE COMPRAS — 221

7.6 SELEÇÃO E GESTÃO DE FORNECEDORES — 231

7.7 GESTÃO DE CONTRATOS — 236

7.8 *STRATEGIC SOURCING* — 240

8. CONSIDERAÇÕES FINAIS — 279

REFERÊNCIAS — 281

CAPÍTULO 1
Supply Chain

1.1 INTRODUÇÃO

A Gestão da Cadeia de Suprimentos ou *Supply Chain Management* (SCM) surgiu da evolução natural do conceito de Logística.

Essa evolução deve ser compreendida como a mudança de visão da (1) Logística Interna, gestão de recursos dentro do ambiente produtivo, *lead-time*[1] e custos logísticos; (2) para uma Logística Externa, tendo assim uma visão de integração, relação entre empresas, e (3) posteriormente a ampliação da área de atuação junto a outros membros da Cadeia de Suprimentos.

A Logística possui um histórico de séculos, mas trazendo essa evolução para um período mais recente, temos:

1) Do início de 1900 até os anos 1950/1960, o objetivo era a produção em massa, buscando sempre o menor custo unitário, portanto, uma Logística com viés interno.

2) Nos anos 1960/1970, o objetivo era reduzir os estoques e direcionar a produção para uma demanda que já começava a ser sinalizada. A Logística inicia um movimento importante, agora com viés externo.

---

[1] *Lead-time*, em português, tempo entre a emissão da ordem e o recebimento dos produtos.

3) Nos anos 1970/1980, com o surgimento das empresas globais e o aumento da competitividade, o objetivo passou a ser custos baixos e elevada flexibilidade. Surge então uma visão ampliada da Logística e os primeiros conceitos de *Supply Chain Management* (SCM).

4) Já nos anos 1990/2000, o *Supply Chain Management* começa a utilizar a ideia de Cadeia de Valor, buscando eliminar a duplicidade de esforços e custos.

5) E mais recentemente, nos anos 2000/2010, o surgimento do *Supply Chain 4.0*, apoiado no desenvolvimento tecnológico de dados e conectividade.

O fortalecimento das ações técnicas ao longo dos anos, o avanço dos estudos acadêmicos sobre SCM e a chegada de grandes *players*[2] mundiais ao Brasil, contribuíram para que estudos e conceitos fossem apresentados e divulgados com ênfase. Ainda assim, a resposta para a questão "o que é *Supply Chain Management*?" permaneceu aberta.

Dois importantes pesquisadores e autores de *Supply Chain Management* descrevem o tema conceitualmente, trazendo assim uma visão mais acadêmica.

Antônio G. Novaes (2001), professor-titular de Transportes e Logística no Departamento de Engenharia de Produção e Sistemas da UFSC descreve o conceito de SCM como: "[...] o Supply Chain Management é uma integração dos processos industriais e comerciais, partindo do consumidor final e indo até os fornecedores iniciais, gerando produtos, serviços e informações que agreguem valor para o cliente [...]".

Ronald Ballou (2001), professor emérito da Weatherhead School of Management da Case Western Reserve University, Estados Unidos descreve o conceito de SCM como: "O Supply Chain Management nada mais é do que um conjunto de atividades logísticas repetidas ao longo da cadeia de suprimentos [...]".

Buscando contribuir com o tema, trazendo assim uma visão técnica-estratégica de SCM, com viés mais corporativo, descrevo o conceito de SCM como: Supply Chain Management *é um conjunto de áreas que planeja, monitora e executa ações de curto, médio e longo prazo, suportando os desafios de suprir as diferentes etapas da cadeia produtiva e de venda, objetivando sempre excelência no nível de serviço e custos otimizados.*

1.2   ABRANGÊNCIA DO *SUPPLY CHAIN MANAGEMENT*

A Gestão da Cadeia de Suprimentos, da forma como a tratamos hoje, nos remete a uma amplitude quanto ao seu formato e atuação.

---

[2]   *Players*, em português, participantes, jogadores. Nesse caso o termo foi utilizado para destacar a presença de grandes empresas nacionais e multinacionais.

Cabe neste momento traduzir de forma qualificada e objetiva a abrangência do SCM, proporcionando uma visão tática sobre tema.

Destacam-se três eixos que demarcam e simbolizam a estrutura para toda Cadeia de Suprimentos (PIRES, 2004):

1) Organizações e Pessoas

   As organizações, das menores e mais simples até os grandes conglomerados com todas as suas complexidades, estão sujeitas e fortemente envolvidas neste jogo global, no qual as fronteiras do comércio têm sido eliminadas.

   É mandatório que as empresas se adequem rapidamente quanto aos novos e competitivos fluxos de produtos e mercadorias, sendo assim necessárias novas e melhores estruturas organizacionais e que as pessoas sejam treinadas a fim de garantir os melhores movimentos e gestão de processos.

2) Processos dos Negócios

   Ao longo da Cadeia de Suprimentos é comum identificarmos processos em duplicidade, esforços disruptivos, quando não ausência premeditada de tomada de decisão, gerando assim um acúmulo de movimentos influenciadores de elevação de custos e atraso na entrega final das atividades.

   Cabe aos gestores da Cadeia de Suprimentos, em seus diferentes ambientes e níveis hierárquicos, assumir os seus respectivos papéis de liderança e riscos, e definitivamente reorganizar os processos, direcionando esforços e imprimindo decisões técnicas e ágeis, a fim de atender o negócio com excelência. Entende-se assim *excelência no nível de serviço e custos otimizados.*

3) Tecnologia e Processo

   É comum atualmente depositarmos volumosas esperanças na implementação e uso de sistemas. É fato também que muito se atribui os erros e ausências de informações a inexistência ou inoperância dos sistemas, porém não se discute a qualidade e eficiência dos processos, ponto essencial e, por que não dizer, crucial para um modelo de SCM de excelência.

   O uso de tecnologia num ambiente em evolução, no qual estamos inseridos, em que gestão de dados e conectividade são uma realidade disponível e presente, não pode bloquear a percepção técnica dos gestores da Cadeia de Suprimentos que *processo* vem antes de *tecnologia.*

   Nem mesmo o melhor e mais completo sistema de gestão – seja para o negócio, para armazém, para transporte, ou qualquer outro foco – terá sua completa capacidade aproveitada se não tivermos processos robustos, experimentados e aplicáveis.

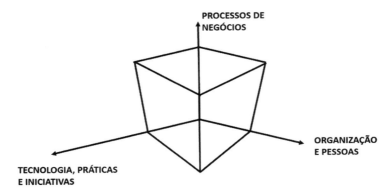

Figura 1.1 – Eixos da cadeia de suprimentos.

Fonte: PIRES, S. (2004).

A Gestão da Cadeia de Suprimentos, refletida nos três eixos mencionados, tem a possibilidade de derivar inúmeras estruturas organizacionais, todas com objetivo de atender as necessidades do negócio, reflexo claro do ambiente corporativo no qual está inserida.

A Figura 1.2 traduz uma estrutura completa em ambiente corporativo organizacional:

SUPPLY CHAIN MANAGEMENT – CORPORATIVO

| LOGÍSTICA ARMAZENAGEM | LOGÍSTICA TRANSPORTE | SERVIÇO AO CLIENTE | PLANEJAMENTO TÁTICO - OPERACIONAL | COMPRAS | COMÉRCIO EXTERIOR | ENGENHARIA LOGÍSTICA | SISTEMAS DE GESTÃO |

Figura 1.2 – Estrutura completa em ambiente corporativo.

O modelo definido na figura contempla os diferentes departamentos de uma organização sobre o universo organizacional da área de Supply Chain.

Algumas variações desse modelo podem ser observadas:

a) Na extensão da gestão do departamento de logística, isto é, incorporando os departamentos de *Logística de Abastecimento*, movimentos dos fornecedores às plantas e/ou para os Centros de Distribuição, quando de produtos fabricados em terceiros; e no departamento de *Logística Interna ou de Planta*, movimentos de abastecimento e retirada das linhas produtivas, isto é, todos os movimentos necessários para a disponibilização de materiais e embalagens para o processo de manufatura, bem como, todos os movimentos de retirada do produto acabado ou semiacabado, também conhecido como movimentos de "final de linha".

b) Na exclusão, isto é, na retirada de departamentos como Compras e Comércio Exterior, quando por volume de transações e/ou estratégia de ataque, se faz necessário a definição de uma área específica para ambas, sem que permaneça o reporte à área de Supply Chain. Neste caso, estas áreas, Compras e Comércio Exterior, deixariam de reportar na estrutura de Supply Chain e passariam a reportar diretamente ao CEO.

A Figura 1.3 esquemática apresenta uma visão simplificada da abrangência da cadeia de suprimentos:

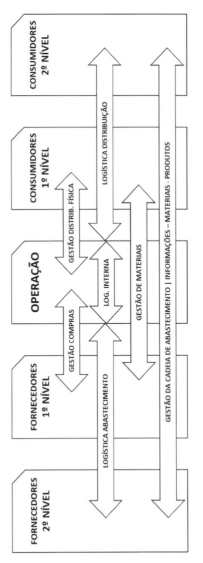

Figura 1.3 – Abrangência da cadeia de suprimentos.

1.3 DESAFIOS DO *SUPPLY CHAIN MANAGEMENT*

A atuação do SCM esbarra em muitos desafios, haja vista que ele transaciona com todas as áreas de uma organização.

Sobre o aspecto corporativo, o que nos remete à Figura 1.2 *Estrutura Organizacional proposta para Supply Chain*, figura anteriormente destacada, é que as barreiras para o sucesso estão subdivididas em quatro pontos. Vejamos a seguir:

1.3.1 PRIORIZAÇÃO DE ESFORÇOS – LINHA MESTRE

A linha mestre aprovada por uma corporação quando do planejamento para o período anual subsequente, também denominada de orçamento anual ou *budget*,[3] ao longo do período de execução pode e, normalmente, apresenta variações positivas e negativas.

O impacto de tais variações é profundamente sentido ao longo de toda a Cadeia de Suprimentos e demais departamentos de negócios e operações. Com o objetivo de mitigar as variações que venham ocorrer, a área de Supply Chain, na figura do departamento de Planejamento Estratégico, deve utilizar a ferramenta S&OP[4] (*Sales and Operations Planning*), a qual traduz em um ciclo mensal os desdobramentos do plano estratégico anual, ou qualquer que seja o período definido pela corporação, em um plano tático de médio prazo com visão estendida de longo prazo.

1.3.2 COMPLEXIDADE DA CADEIA DE SUPRIMENTOS

A Cadeia de Suprimento devido a sua extensão e inúmeros movimentos, junto aos diferentes *players* internos e externos que a compõe, faz com que ela possua um elevado grau de complexidade quanto a ordenamento, caracterização e tomada de decisão.

Um dos elementos, de alta complexidade, que podemos destacar é o balanceamento e aderência do planejamento à execução. Assim uma importante ferramenta a ser incorporada aos processos da Cadeia de Suprimentos, gerida pelo departamento de Serviço ao Cliente, é o *Sales and Operations Execution* (S&OE).[5]

Essa ferramenta, quando bem aplicada, fornecerá subsídios semanais para as tomadas de decisões referentes ao alinhamento do plano de vendas do período, também conhecido como *forecasting*, e os planos de produção e operações logísticas, bem como os desdobramentos referentes aos mesmos, como antecipação ou postergação

---

[3] *Budget*, em português, orçamento. Nesse caso foi utilizado para caracterizar o orçamento anual.

[4] Para maiores informações sobre a ferramenta S&OP (*Sales and Operations Planning*), cf. Capítulo 5 – Planejamento.

[5] Para maiores informações sobre a ferramenta S&OE, cf. Capítulo 6 – Serviço ao Cliente.

de pedidos de materiais e embalagens, programação ou cancelamento de horas extras, solicitação ou não de veículos extras, entre outras.

1.3.3 RETENÇÃO DE TALENTOS

Como muitos podem pensar erroneamente, o tema Retenção de Talentos não deve ser uma prioridade apenas da área de Recursos Humanos, mas de todos os gestores de uma organização.

Atuar de forma preventiva, identificando os recursos humanos disponíveis e que já se encontram preparados para suportar o crescimento da organização, bem como, traduzir de forma eficiente e eficaz as necessidades futuras, é sem dúvidas uma responsabilidade de qualquer gestor e ainda mais perene na área de Supply Chain, em que a disponibilidade de recursos qualificados são comumente escassos.

Imersos, como estamos, neste momento na 4ª Revolução Industrial, com desdobramento de alto impacto em toda Cadeia de Suprimentos, na qual a *Supply Chain 4.0* tem sido uma realidade cada vez mais presente nas corporações, estar preparado com pessoas e atento aos processos, diante dessa nova realidade tecnológica, se faz necessário para garantirmos a sobrevivência dos negócios.

1.3.4 MÉTRICAS DE PERFORMANCE

Todos os processos executáveis devem ter um acompanhamento por meio de indicadores de performance, pois somente assim estaremos aptos a tomar ações preventivas e/ou corretivas.

A Cadeia de Suprimentos, dada a sua extensão de departamentos e transações, infelizmente carece de métricas que suportem os seus respectivos processos; e quando elas existem, são de difícil entendimento ou não possuem um modelo robusto de levantamento de dados e de cálculo. Alinhado a esta situação já crítica, muitos dos agentes responsáveis em garantir as informações e utilizá-las para as tomadas de decisões acabam por não o fazer, comprometendo assim a performance de toda a cadeia.

O desafio do SCM para se obter um alto rendimento está em garantir Indicadores Chaves de Performance, também conhecidos como KPI (*Key Performance Indicator*), apoiados por um modelo de cálculo conhecido e divulgado comum ao mercado, uma análise consistente e periódica, e por fim, planos de ações preventivos/corretivos e executáveis.

1.4 BENEFÍCIOS DO *SUPPLY CHAIN MANAGEMENT*

Em todo o mundo, mais e mais empresas e gestores têm buscado conhecer o que é *Supply Chain Management*.

A afirmação vem acompanhada da certeza de que hoje o diferencial competitivo das empresas está na fortaleza de suas marcas, na qualidade de seus produtos e, sem dúvida, na eliminação direta dos desperdícios ao longo da Cadeia de Suprimentos.

As empresas que ultrapassam as barreiras culturais internas, sempre fortemente arraigadas, e implementam uma estrutura organizacional de gestão da cadeia de suprimentos, colhem, num curto espaço de tempo, benefícios antes inatingíveis e/ou não detectados pelas estruturas generalistas e convencionais.

1.4.1 BENEFÍCIOS IDENTIFICÁVEIS

1.4.1.1 RCO – Redução de Custos Operacionais

Um SCM efetivo, atuante e preciso em suas ações, identificará oportunidades antes não observadas, em que potencialmente custos operacionais serão reduzidos ou até mesmo eliminados.

É fato que a implementação de uma *visão especialista*, na qual profissionais treinados e bem-preparados conseguem aprimorar processos, eliminar duplicidades de ações e responsabilidades e recomendar as melhores decisões, pode sim, efetivar reduções de custos significativas.

Exemplo: Gestão de estoque.

Atuando nos dados históricos de vendas dos produtos, é possível identificar itens com períodos sazonais de comercialização, entenda-se neste caso, volume abaixo da média de vendas, e assim determinar que estes itens, por períodos pré-estabelecidos, podem ter os seus estoques reduzidos, não comprometendo as vendas e garantindo reduções de custos de estoque, custos de armazenagem e movimentação, custos de matérias-primas e embalagens, entre outros.

1.4.1.2 Melhoria nos Níveis de Serviço

A entrega de níveis de serviços melhores, a cada período, faz parte do DNA[6] dos profissionais especialistas em Supply Chain e está presente em toda boa gestão de cadeia de suprimentos.

---

[6]   O termo DNA foi utilizado em sentido figurado.

Por meio da simplificação de processos, tornando-os mais ágeis e baseando as ações em dados e fatos, isto é, em indicadores de performance chaves com interpretações consistentes, mais eficientes serão as operações e mais fácil se torna entregar um serviço de excelência aos clientes.

Exemplo: Gestão de demanda.

Os desafios de determinar demanda de vendas são grandes, e são ainda maiores quanto mais longo o prazo em que se quer determinar, porém com a utilização da ferramenta correta – Processo Ciclo S&OP (*Sales and Operations Planning*), uma base sólida de conceitos técnicos e o envolvimento efetivo dos participantes no ciclo em questão, é possível vencer tais desafios e entregar planos táticos bastante eficientes.

1.4.1.3   Aumento de Receita e Lucratividade

Organizações nas quais as barreiras dos velhos modelos de gestão já foram derrubadas, e nas quais já se reposicionou a área de Supply Chain como estratégica, colhem hoje resultados surpreendentes, que impactam indiretamente o aumento de Receita e fortemente as suas Lucratividades.

Isso se faz possível, pois, com a gestão de elementos antes ignorados, tornam-se factíveis ações profundas e estruturais capazes de entregar resultados que impulsionam vendas e fecham "torneiras" de desperdícios.

Exemplo: Torre de controle de transporte.

Já sabemos, por intermédio de diversas literaturas técnicas, que somente é possível atuarmos de forma consistente e perene sobre os processos se eles possuírem métricas com leituras periódicas e acompanhamentos sistemáticos. Infelizmente isso não basta! É necessário acrescentar uma visão técnica-estratégica ao tema e garantir que ações sejam implementadas.

A implementação de elementos que possam contribuir para uma plena visão das atividades do transporte, desde um moderno processo de roteirização, fazendo uso de sofisticados roteirizadores, até o controle detalhado de cada veículo – carga transportada, com informações atualizadas de cada etapa do processo, gerando assim, uma malha gestora na qual observamos factualmente reduções significativas de custos de *frete exceção*[7] (estadias, reentregas, pernoites, multas por atraso de entrega, entre outros), aumento no uso dos ativos, reduções no tempo de permanência dos veículos em filas etc.

Entregas mais rápidas e dentro do prazo, implicam ciclos de vendas mais consistentes, com menos rupturas. Efeito direto no aumento de vendas, produtos nas prateleiras e, sem dúvidas, aumento significativo da lucratividade da empresa.

---

[7]   Frete exceção são identificados no mercado de transporte como tudo o que é adicional ao frete peso ou volume contratado. Exemplos: estadia, reentrega, pernoite, carga e descarga, entre outros.

1.5 SUSTENTABILIDADE NO *SUPPLY CHAIN*

O debate a respeito da sustentabilidade ambiental do planeta tem sido pauta de inúmeros encontros, fóruns e reuniões, sejam elas, governamentais, executivas e/ou da sociedade civil.

Em 1972, tivemos a primeira Conferência das Nações Unidas sobre o Meio Ambiente Humano, conferência esta também chamada de Conferência de Estocolmo. Entretanto, somente vinte anos depois, tivemos a ECO-92, Conferência das Nações Unidas sobre Meio Ambiente e Desenvolvimento, no Rio de Janeiro. Visando reforçar as ações de integração social, econômica e ambiental, em 2002, foi realizada a Cúpula da Terra sobre Desenvolvimento Sustentável, em Johanesburgo.

No Brasil, as perspectivas de crescimento econômico e as fortes pressões internacionais fizeram com que o governo, enquanto papel regulador, se movimentasse de forma mais ativa e direcionada. Concomitantemente, as grandes organizações e a sociedade civil também impuseram esforços nesse sentido, seja atuando na mitigação dos impactos ambientais de seus negócios, seja exigindo maiores atenções de todos os atores nesse processo, respectivamente.

"A questão da sustentabilidade na cadeia se tornou um elemento de sobrevivência e um diferencial competitivo. Não é mais possível pensá-la como algo apartado dos negócios [...]" (FIRJAN, 2019), analisa Ana Lúcia de Melo, diretora adjunta do Instituto Ethos.

Modelos financeiros e operacionais para sustentabilidade existem há muitos anos. Contudo, critérios ambientais e sociais não faziam parte efetiva dessa equação. A avaliação da sustentabilidade do ciclo de vida de um produto ou serviço é hoje utilizada para avaliar processos que possam gerar impactos ambientais, sociais e econômicos, proporcionando assim, uma visão completa da Cadeia de Suprimentos (IYER, 2021).

Ainda nesse contexto, incluem-se as novas exigências relacionadas às atividades logísticas. Cada vez mais necessárias para suportar o crescimento do país, as funções logísticas, como o transporte, armazenagem e gestão de retorno de produtos, entre várias outras, estão entre as que podem fazer a diferença na redução dos impactos ambientais causados pelo desenvolvimento econômico do país (HIJJAR, 2011).

1.5.1 ESTRATÉGIA DE SUSTENTABILIDADE NO SUPPLY CHAIN

A World Commission on Environment and Development (WCED)[8] definiu desenvolvimento sustentável como "o desenvolvimento que atende às necessidades do presente sem comprometer a capacidade das gerações futuras de atender às suas próprias necessidades" (RELATÓRIO BRUNDTLAND, 1987).

---

[8] A World Commission on Environment and Development (WCED) – em português, Comissão Mundial sobre Meio Ambiente e Desenvolvimento.

Pensando no desenvolvimento de uma estratégia de sustentabilidade na cadeia de suprimentos, alinhada às estratégias corporativas da organização e a definição da WCED, é possível descrever alguns pontos estruturais que possam ser desenvolvidos, implementados e acompanhados, para que sejam entregues ao final os resultados projetados deste novo modelo de visão de negócio. Agora mais sustentável e responsável!

Ambiente Organizacional:

- Criar área estratégica responsável por sustentabilidade.

- Treinar os colaboradores para os temas de sustentabilidade.

- Mapear a cadeia de suprimentos identificando oportunidades de redução de impacto ambiental.

- Definir metas claras e mensuráveis para os temas de sustentabilidade.

- Auditar as ações de inclusão social e redução dos impactos ambientais.

- Pagar bônus associado ao atingimento de metas ambientais.

- Inventariar as emissões de pegada de carbono.

- Disponibilizar treinamento da política e visão de sustentabilidade para os parceiros de negócio.

- Incluir nos contratos, junto aos parceiros de negócio, metas de sustentabilidade.

- Acompanhar junto aos parceiros de negócio as iniciativas para redução dos impactos ambientais.

- Adequar as infraestruturas atuais aos padrões de sustentabilidade – Plano Estratégico.

- Utilizar modais de transporte e equipamentos de movimentação e armazenagem menos poluentes.

- Comemorar sempre as metas alcançadas!

Benefícios:

Há inúmeras vantagens em estruturar e manter uma cadeia de suprimentos sustentável e ética, seja do ponto de vista econômico, quanto moral.

No artigo "Criando uma Cadeia de Suprimentos Sustentável e Ética", de Abigail Smith (2021), a autora destaca os quatro pontos a seguir, os quais tem profundo alinhamento com esta publicação:

a) Proteção contra danos à reputação: uma cadeia de suprimentos sustentável e ética beneficia diretamente as organizações contra qualquer dano à reputação. O mundo está em transformação e pressões externas e internas impulsionam positivamente as corporações por um Supply Chain também transformador, ético e sustentável, com visões claras e amplas de proteção socioambiental e econômicas.

b) Colaboração facilitada: obter um diferencial competitivo é muitas vezes ser um facilitador de processos colaborativos. Assim, organizações estruturadas sobre uma cadeia de suprimentos sustentável e ética proporcionam a seus fornecedores recursos e informações sobre as suas melhores práticas organizacionais.

Um bom exemplo de ação nesse sentido foi realizado pela Texas Instruments, a qual publicou seu código de ética em doze idiomas diferentes, para dar aos fornecedores de todo o mundo a oportunidade de cumpri-lo.

Nota: a ação da Texas contribui para a economia de tempo, dinheiro e demais recursos, pois contribui para evitar a troca de fornecedores.

c) Uma melhor experiência de contratação: o processo de contratação sempre foi fator de preocupação das organizações. Ser reconhecida como uma empresa comprometida e atuante em temas socioambientais permite estabelecer conexões positivas com os postulantes.

Uma cadeia de suprimentos sustentável e ética define um ambiente de valores, favorecendo a criação das conexões pretendidas.

d) Redução de custos: as organizações sustentáveis, ao reduzirem custos, também estão diminuindo os impactos ambientais.

O Walmart é um excelente exemplo. Eles se comprometeram a reduzir suas emissões corporativas de gases de efeito estufa em 20 milhões de toneladas até o final de 2020, e mais recentemente, reeditaram o compromisso, porém desta vez, com o objetivo de zerar a emissão de gases de efeito estufa em suas operações globais até 2040.[9] Em ações conjuntas de impacto econômico direto aos seus fornecedores, em 2016, foi possível reconhecer uma economia de 12,4 bilhões de dólares.

Por fim, a busca deverá ser incessante por alcançarmos níveis elevados de sustentabilidade, alinhados à definição da World Commission on Environment and Development (WCED).

Garantir inclusão social, econômica e reduções de impacto ambiental devem ser as diretrizes básicas para uma Cadeia de Suprimentos mais sustentável e ética. Concomitantemente, a efetivação de um modelo *ecoeficiente*.[10]

---

[9] Cf. WALMART'S journey toward regeneration: placing nature and people at the heart of our business.

[10] Ecoeficiência: o termo pode ser entendido como uma forma de produzir e fornecer serviços e bens competitivos no mercado com menor consumo de recursos naturais e menor geração de poluentes. O objetivo é satisfazer as necessidades humanas e manter a qualidade de vida com um mínimo de alterações negativas ao meio ambiente (World Business Council for Sustainable Development – WBCSD).

CAPÍTULO 2
Logística

2.1 INTRODUÇÃO

A Logística, ainda não como uma ciência, mas como ferramenta de diferencial competitivo, data do século IV a.C., quando estudos arqueológicos evidenciam que os exércitos de Alexandre, o Grande, então rei da Macedônia, já utilizavam conceitos básicos de logística para o abastecimento de suprimentos das tropas, como alimentos, uniformes, identificação de pastagens (para os animais de transporte e alimentação) e equipamentos de combate.

> **Nota do autor**
>
> Alexandre, posteriormente chamado de Alexandre, o Grande, foi educado pelo filósofo grego Aristóteles dos 13 aos 16 anos e tinha uma grande admiração pela cultura grega (helênica). Conforme a arqueóloga clássica Maria Beatriz Borba Florenzano, da Universidade de São Paulo, "com só 18 anos, Alexandre iniciou sua fulminante carreira de vitórias, boa parte delas sobre o grande Império Persa [...]" (NAVARRO, 2020). Ainda no contexto histórico, um dos sistemas logísticos mais eficientes já conhecidos foi o dos exércitos de cavalaria mongóis do século XIII, os quais utilizavam como base quatro pilares:[1] austeridade, disciplina, planejamento cuidadoso e organização.

---

[1] Os quatro pilares básicos utilizados pelos exércitos mongóis são válidos ainda hoje nas operações

A origem do termo logística é bastante incerta. Alguns historiadores e acadêmicos relatam que o termo tem origem na Grécia Antiga (2000 a.C. – 146 a.C.), seja como logos ou logistikas, que têm o significado de lógica, cálculo, razão, no sentido matemático. Em derivação desse termo, os militares responsáveis pelos assuntos financeiros e pela distribuição de suprimentos em meio às batalhas, eram chamados de logistikos. Ainda nos impérios Romano (27 a.C. – 476 d.C.) e Bizantino (330 – 1453), era comum o uso dessa nomenclatura.

Uma segunda hipótese, descreve que o termo logística provém do verbo francês *loger*, que em português significa alojar ou acolher, e em seu desdobramento, deu origem à palavra *logistique*. Portanto, o berço do termo logística seria a França.

Uma figura de extrema importância na conceituação inicial do termo foi o Barão Antoine Henri Jomini (1779-1869), militar que ascendeu ao posto de general, desempenhando funções de Estado-Maior e de assessoria político-militar, o qual compartilhou os seus estudos e conhecimentos acerca da guerra em várias obras, sendo a mais importante a obra *Précis de l'art de la guerre* (1836), na qual se destaca contribuições significativas sobre Política Militar ou Filosofia da Guerra, Estratégia, Táticas e Logística, termo que alguns autores afirmam ser de sua autoria (BERNARDINO, 2012).

Jomini definiu Logística como a "arte prática de mover exércitos", referindo-se a todas as funções envolvidas em mover e manter as forças militares – planejamento, administração, abastecimento, alojamento e acampamentos, construção de pontes e estradas, até mesmo reconhecimento e inteligência na medida em que estivessem relacionados com manobras fora do campo de batalha (LEIGHTON).

Desse modo, assim nascia a ideia de logística, contudo, o conceito de logística ainda não estava estabelecido.

Em 1888, o tenente Rogers introduziu a Logística como matéria na Escola de Guerra Naval dos Estados Unidos da América. Entretanto, a Logística apenas começou a ser vista como uma ciência a partir do início do século XX, quando o tenente-coronel Thorpe, do corpo de Fuzileiros Navais dos Estados Unidos, criou e desenvolveu teorias sobre o tema e a descreveu em seu livro *Logística Pura: a ciência da preparação para a guerra*, de 1917.

Desde então, a Logística e seus conceitos seguem evoluindo, porém, o seu ideal permanece o mesmo, melhorar processos para estratégias mais eficientes.

---

logísticas modernas. Logicamente, adaptáveis à realidade atual. A era da Revolução Francesa e da dominação napoleônica da Europa (1789-1815) trouxe de volta a mobilidade e a amplitude de movimento para a guerra europeia, abandonando a guerra de cerco do século XVIII, enfatizando as ofensivas rápidas (estratégia napoleônica), aumento no tamanho dos exércitos e velocidade dos deslocamentos. Pode-se assim destacar, o avanço de 600 milhas do Grande Armée de Napoleão – Grande Armée ou La Grande Armée era o Exército Imperial Francês de Napoleão Bonaparte –, de 600 mil homens na Rússia, em 1812, o qual envolveu preparações logísticas em uma escala sem precedentes (LEIGHTON).

Em 1998, o Conselho de Gestão Logística (Council of Logistics Management – CLM) a conceituou da seguinte forma:

> Logística é o processo de planejamento, implementação e controle do fluxo eficiente e economicamente eficaz de matérias-primas, estoque em processo, produtos acabados e informações relativas desde o ponto de origem até o de consumo, com o propósito de atender às exigências dos clientes.

Complementando esse conceito e trazendo uma visão mais técnica-estratégica, pode-se afirmar: *Logística é parte de um todo... é parte do* Supply Chain.

A Figura 2.1 a seguir, de forma simples, expressa a visão complementar. A Logística é um elo da Cadeia de Suprimentos, um elo importante e de destaque, mas ainda assim, parte de um todo, maior e muito mais complexo.

Figura 2.1 – Cadeia de Suprimentos – com destaque para a Logística.

Fonte: Depositphotos.

2.2 A EVOLUÇÃO DA LOGÍSTICA

Até a década de 1940, poucos eram os estudos sobre a Logística, sendo o foco ainda bastante militar.

Figura 2.2 – Grupamento de Bombeiros – início do século XX.

Fonte: Depositphotos.

Com o passar dos anos, a Logística apresentou uma atuação *segmentada*, isto é, não havia sistemas sofisticados de comunicação e informática, portanto a Cadeia de Suprimentos tinha pouca visibilidade. O elemento chave para balanceamento da Cadeia de Suprimentos era o estoque, do qual comumente era possível observar grandes quantidades. Nesse momento, a busca por redução de custo limitava-se ao frete, em decorrência disso, buscava-se propor lotes econômicos para transporte.

Com o surgimento das primeiras empresas especializadas em logística nos anos 1960, o tema Logística passou a ser difundido e mais pessoas passaram a compreender do que se tratava e os benefícios que poderia trazer, mesmo que ainda de uma forma muito elementar.

A partir dos anos 1970, a Logística apresentava uma integração *rígida*, mas ainda assim, contribuindo com a nova visão de marketing, que buscava ampliar a oferta de produtos ao mercado. A crise do petróleo, nos anos seguintes, imprimiu uma forte racionalização à Cadeia de Suprimentos, obrigando a diminuição de custos e aumento da eficiência. Nesse mesmo período, foi possível observar a introdução da informática e o uso da multimodalidade no transporte.

Já nos anos 1980, com o desenvolvimento da informática e com os recursos tecnológicos disponíveis, a exemplo do *Electronic Data Interchange* (EDI)[2] a Logística passa a ter uma integração mais *flexível*, permitindo assim uma atuação dinâmica entre os elementos da Cadeia de Suprimentos. Observa-se num primeiro momento, que a atuação ocorre entre cliente-fornecedor, tendo como objetivo atualizações nos planos de produção, reduções de estoque, como fator de redução de custos e a satisfação dos clientes.

A Logística passa a se desenvolver rapidamente junto com a expansão da globalização e com o nascimento da internet, no início dos anos 1990. Num mundo globalizado, onde a concorrência empresarial torna-se ainda mais feroz, a Logística passa a ter um papel de integração *estratégica*, de fundamental importância como diferencial competitivo.

Figura 2.3 – Evolução da Logística.

Fonte: Núcleo de Redes de Suprimento (NURES) – Programa de Pós-Graduação em Engenharia de Produção, Universidade Federal de Santa Catarina.

---

[2] *Electronic Data Interchange* (EDI) – em português, Troca Eletrônica de Informações.

Complementar à visão mencionada, diante dos avanços tecnológicos, podemos afirmar que a Logística está inserida e em evolução, numa jornada de *conectividade*, na qual ainda estamos desenhando os próximos passos da Logística 4.0.

Figura 2.4 – Veículo de carga.

Fonte: Depositphotos.

Nessa jornada, o foco em reduzir custos e entregar um serviço de excelência permanecem inalterados, e acrescenta-se a esses objetivos o aprimoramento dos processos com ganho de agilidade. Na busca por ampliar a sua atuação, a Logística tem aprimorado o seu conceito e focado em determinadas áreas e necessidades nas empresas. Os desdobramentos de tais ações refletem nos desmembramentos que podemos observar, como: Logística Empresarial, Logística Integrada e Logística Reversa, esta última com forte apelo a sustentabilidade e meio ambiente.

2.3 DIVISÕES DA LOGÍSTICA

A Logística como a conhecemos no dia a dia das empresas não é, normalmente, caracterizada pelas suas subdivisões, à exceção da Logística Reversa, dada a dimensão e o papel que assumiu nos últimos anos junto a questões de sustentabilidade e meio ambiente, como já comentado anteriormente.

É imprescindível destacar que o conceito da Logística está em constante evolução, acompanhando assim, a evolução da sociedade e organizações.

2.3.1 LOGÍSTICA INTEGRADA

Elemento de ligação entre todos os processos, desde o fornecedor até o cliente, a Logística Integrada tem neste papel grande desafio.

Dentro desse contexto, a Logística Integrada tem se valido do uso de tecnologias cada vez mais avançadas para garantir que haja uma melhor fluidez na comunicação ao longo de toda a cadeia, isto é, entre pessoas, parceiros e departamentos das empresas.

Pode-se caracterizar a Logística Integrada a partir de três pontos distintos (PIRES *et al.*, 2000), são eles:

a) *Visão Estratégica*, que destaca a integração dos processos de abastecimento, de produção e de distribuição.

b) *Visão Gerencial*, que remete ao comprometimento entre as gerências operacional e de negócio, podendo assim dizer, de logística, de marketing e de vendas.

c) *Visão Operacional*, na qual se analisa o relacionamento do setor de logística com o restante da cadeia de suprimentos e as relações entre as áreas operacionais.

Ainda assim, deve ser tratada como um sistema, um conjunto de elementos interligados atuando de forma coordenada, com objetivo comum. A otimização de cada ponto individualmente, não garante a otimização do todo. É necessário a utilização da teoria da compensação – uso de pesos e contrapesos, o que no ambiente corporativo identificamos como *trade-off*, perdas e ganhos.

2.3.2 LOGÍSTICA DE ABASTECIMENTO

Essa etapa da logística é responsável por todos os movimentos dos fornecedores de materiais, entenda-se matérias-primas, embalagens e qualquer outro insumo necessário para a produção, até o recebimento e armazenagem desses produtos e materiais em armazéns designados para este fim. Esses armazéns podem estar locados dentro de plantas produtivas ou em terceiros, operadores logísticos especializados nesse tipo de movimentação. Quando isso ocorre, haverá a necessidade de executar a separação e expedição dos itens para efetivo recebimento em planta.

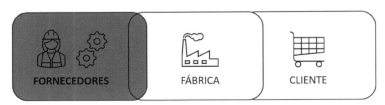

Figura 2.5 – Logística de abastecimento.

2.3.3 LOGÍSTICA INTERNA OU DE PLANTA

Responsável por todas as movimentações de materiais para abastecimento das linhas produtivas e posteriores movimentos, em finais de linhas de produtos acabados. A Logística Interna ou de Planta deve garantir total acurácia e pontualidade, pois caso isso não ocorra, rupturas na manufatura serão detectadas.

Figura 2.6 – Logística de fábrica.

2.3.4 LOGÍSTICA DE DISTRIBUIÇÃO

A Logística de Distribuição é o modelo mais amplamente divulgado e conhecido. Com forte atuação junto à área comercial – vendas, acaba por ter um papel preponderante quanto às demais, no resultado financeiro da organização.

Os movimentos nesse processo devem ser cadenciados entre separação – conferência das cargas e expedição – e entrega das cargas aos clientes, evitando assim, acúmulos nas diferentes etapas.

Como em todas as outras, na Logística de Distribuição o fluxo de informações também deve ter especial atenção.

Figura 2.7 – Logística de distribuição.

2.3.5 LOGÍSTICA EMPRESARIAL

O tema Logística Empresarial vem sendo tratado por alguns autores, que têm lhe dado grande importância e amplitude.

Fato que pode ser observado no conceito a seguir:

> A Logística Empresarial trata de todas as atividades de movimentação e armazenagem, que facilitam o fluxo de produtos desde o ponto de aquisição de matéria-prima até o ponto de consumo final, assim como dos fluxos de informações que colocam os produtos em movimento, com o propósito de providenciar níveis de serviço adequados aos clientes a um custo razoável. (BALLOU, 2009)

Pode-se afirmar que a Logística Empresarial trabalha um conjunto de estratégias utilizadas para conduzir as organizações empresariais, de forma ágil e eficaz. Assim o termo Logística Empresarial tem sido ouvido com mais frequência nos meios corporativos e, por que não dizer, nos meios acadêmicos também.

2.3.6 LOGÍSTICA REVERSA

A Logística Reversa é a gestão do movimento inverso à Logística Convencional, ou seja, esta segmentação da Logística se preocupa em repatriar produtos e/ou materiais, para dar um encaminhamento ambientalmente correto ou reincorporá-los ao processo produtivo.

Na prática, tem como objetivo executar os movimentos logísticos dos produtos e/ ou materiais definidos como devolução, avaria, sinistro, entre outros, dos clientes, prestadores de serviço e/ou consumidores, evitando que eles sejam descartados de forma incorreta, prejudicando assim, o meio ambiente e desconstruindo a imagem da marca/fabricante.

Pode-se definir quatro atividades básicas da Logística Reversa:

- Movimentação, entenda-se aqui todo manuseio, coleta e transporte até o ponto de destino, e armazenagem dos produtos, materiais e embalagens na Cadeia Logística – consumidor para fabricante;
- Melhor aproveitamento dos recursos utilizando-se a Política dos 3R – Reutilização, Reaproveitamento, Reciclagem;
- Segurança na destinação dos produtos, materiais e embalagens após o uso; e
- Recuperação de valor.

Complementar a este tópico, é importante chamar a atenção às questões legais que envolvem o tema.

O Poder Público, representado pelo Sistema Nacional de Informações sobre a Gestão dos Resíduos (SINIR) define o conceito de Logística Reversa.

Com o constante aumento da geração de lixo e, principalmente, devido ao descarte incorreto, foi criada a Política Nacional de Resíduos Sólidos (PNRS), implementada como Lei n. 12.305, de 2 de agosto de 2010. De acordo com publicação do Ministério do Meio Ambiente, "a Logística Reversa é um dos instrumentos para aplicação da responsabilidade compartilhada pelo ciclo de vida dos produtos" (BRASIL, 2010).

Trata-se de um conjunto de ações, procedimentos e meios que viabilizam a coleta e restituição de resíduos sólidos no setor empresarial. O principal objetivo é contribuir para a preservação do meio ambiente e reaproveitamento dos resíduos em outros ciclos produtivos ou para um destino adequado.

Responsabilidades:

a) *Responsabilidade Empresarial*

Sem prejuízo das obrigações estabelecidas no plano de gerenciamento de resíduos sólidos e com vistas a fortalecer a responsabilidade compartilhada e seus objetivos, os fabricantes, importadores, distribuidores e comerciantes têm responsabilidades que abrangem:

1. Investimento no desenvolvimento, na fabricação e na colocação no mercado de produtos:

1.1. Que sejam aptos, após o uso pelo consumidor, à reutilização, à reciclagem ou a outra forma de destinação ambientalmente adequada; e

1.2. Cuja fabricação e uso gerem a menor quantidade de resíduos sólidos possível;

2. Divulgação de informações relativas às formas de evitar, reciclar e eliminar os resíduos sólidos associados a seus respectivos produtos;

3. Recolhimento dos produtos e dos resíduos remanescentes após o uso, assim como sua subsequente destinação final ambientalmente adequada, no caso de produtos objeto de Sistema de Logística Reversa – obrigatoriedade por lei.

4. Compromisso de, quando firmados acordos ou termos de compromisso com o município, participar das ações previstas no plano municipal de gestão integrada de resíduos sólidos, no caso de produtos ainda não inclusos no Sistema de Logística Reversa.

b) *Responsabilidade por Produtos*

Em relação aos produtos e seu acondicionamento, as embalagens devem ser fabricadas com materiais que propiciem a reutilização ou a reciclagem. Cabe aos respectivos responsáveis assegurar que as embalagens sejam:

1. Restritas em volume e peso às dimensões requeridas à proteção do conteúdo e à comercialização do produto;

2. Projetadas de forma a serem reutilizadas de maneira tecnicamente viável e compatível com as exigências aplicáveis ao produto que contêm;

3. Recicladas, se a reutilização não for possível.

Aplica-se a responsabilidade a todo aquele que, manufatura embalagens ou fornece materiais para a fabricação de embalagens e que coloca em circulação embalagens, materiais para a fabricação de embalagens ou produtos embalados, em qualquer fase da cadeia de comércio.

c) *Implementação do Sistema de Logística Reversa*

De acordo com o Ministério do Meio Ambiente, são obrigados a estruturar e implementar Sistema de Logística Reversa, mediante retorno dos produtos após o uso pelo consumidor, de forma independente do serviço público de limpeza urbana e de manejo dos resíduos sólidos, os fabricantes, importadores, distribuidores e comerciantes de:

1. Agrotóxicos, seus resíduos e embalagens, assim como outros produtos cuja embalagem, após o uso, constitua resíduo perigoso, observadas as regras de gerenciamento de resíduos perigosos previstas em lei ou regulamento, em normas estabelecidas pelos órgãos do Sisnama, do SNVS e do Suasa, ou em normas técnicas;

2. Pilhas e Baterias;

3. Pneus;

4. Óleos lubrificantes, seus resíduos e embalagens;

5. Lâmpadas fluorescentes, de vapor de sódio e mercúrio e de luz mista;

6. Produtos eletroeletrônicos e seus componentes.

A Logística Reversa apresenta um papel de protagonista nesse universo de sustentabilidade e impacto ao meio ambiente, tornando-se peça-chave na estratégia de muitas corporações empresariais.

Pode-se descrever alguns benefícios que a Logística Reversa apresenta:

- Redução de custos: o planejamento adequado quanto à destinação final de produtos, materiais e embalagens de maneira a reincorporá-los ao processo produtivo, diminuindo assim custos com matérias-primas virgens, mais caras. A Logística Reversa deve utilizar, sempre que possível, o chamado frete retorno, o que contribui para uma maior produtividade dos equipamentos de transporte e consequentemente uma redução no valor de frete final.

- Produtos limpos (ecologicamente sustentáveis): as empresas estão adotando tecnologias de produção cada vez mais limpas e sustentáveis, o que facilita o uso da Política dos 3R (Reutilização-Reaproveitamento-Reciclagem) dos produtos, materiais e embalagens, poluindo menos o meio ambiente.

- Melhoria da imagem da marca: os consumidores estão cada vez mais exigentes e preocupados com os produtos que utilizam e como estes estão "tratando" o meio ambiente. Com a implementação da Logística Reversa baseada na Política dos 3R, a empresa gera um impacto positivo na imagem das suas marcas junto aos clientes e consumidores, que será traduzido em mais vendas e fidelização de clientes.

- Sustentabilidade: a Logística Reversa é a peça-chave para viabilizar as estratégias das empresas, quanto ao encaminhamento ambientalmente correto de todos os materiais, embalagens e produtos avariados, vencidos, entre outros, ao longo da cadeia produtiva e de consumo.

2.4 CASE – LOGÍSTICA REVERSA PARA ÓLEOS LUBRIFICANTES USADOS E CONTAMINADOS (OLUC)

O tema Logística Reversa nas empresas e organizações sociais é sempre muito relevante. Inúmeros setores da economia, incluindo e destacando, o mercado de lubrificantes, tratam o tema como estratégicos.

Os óleos e graxas lubrificantes usados e contaminados, possuem especial atenção, pois suas respectivas capacidades poluidoras são altamente devastadoras ao meio ambiente. O descarte diretamente no solo é extremamente lesivo, tornando o solo improdutivo, contaminando o lençol freático ou até mesmo sendo levado para algum corpo d'água. No caso da queima descontrolada dos óleos e graxas lubrificantes usados e contaminados podem ser gerados, gases altamente tóxicos, sendo igualmente prejudiciais ao meio ambiente.

Então, o que fazer com os óleos e graxas lubrificantes usados?

Estudos comprovaram a possibilidade de *regeração* do óleo usado, sendo assim, foi promulgada a resolução Conama 9 de 1993, posteriormente substituída pela Conama 362 de 2005, em que se tornou obrigatória a sua recuperação por intermédio do rerrefino.

A seguir, o Ciclo da Logística Reversa proposto (e atualmente em execução) do OLUC:

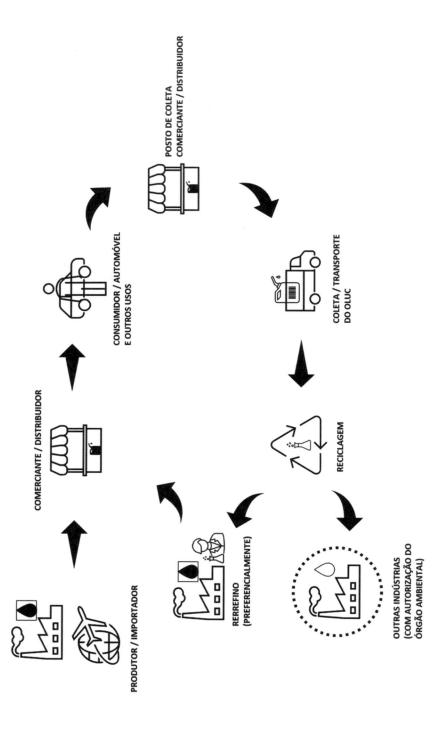

Figura 2.8 – Ciclo da Logística Reversa – OLUC.

Fonte: SINIR – Ministério do Meio Ambiente.

O Programa Jogue Limpo, desenvolvido e implementado pelos fabricantes de óleos lubrificantes, em 2005, trouxe luz e esperança ao mercado, viabilizando o processo de coleta das referidas embalagens, óleos e graxas lubrificantes usados e contaminados.

Sucesso Total!

Em 2014, o Programa Jogue Limpo (PJL) deu origem à entidade sem fins lucrativos Instituto Jogue Limpo, que passou a gerir o Sistema de Logística Reversa dos resíduos de óleos e graxas lubrificantes usados e contaminados para a reciclagem.

Parabéns a todos os envolvidos! O meio ambiente e as próximas gerações agradecem.

CAPÍTULO 3
Logística de Movimentação e Armazenagem (M&A)

3.1 INTRODUÇÃO

A Logística possui diferentes vertentes, entretanto, destacar a Logística de Movimentação e Armazenagem (M&A) como uma das mais importantes dentro da Cadeia de Suprimentos se faz necessário. Alguns autores, grupo do qual faço parte, a considera como uma ciência responsável pelo embalamento, controle e fluxo de materiais dentro de complexos organizacionais.

Ao tratar do tema M&A é imprescindível olhar os dois aspectos separadamente e discorrer sobre ambos por meio de uma visão ampla, técnica e estratégica, a fim de garantir um perfeito entendimento sobre o assunto.

3.2 ESTOCAGEM E ARMAZENAGEM

Os profissionais da logística, comumente, se deparam com dois termos bastante comuns nesse meio, estocagem e armazenagem. O uso de ambos no dia a dia nos leva a crer que se referem a uma ação semelhante – para alguns até igual. Apesar de serem correlacionados, os conceitos são diferentes e não devem ser confundidos ou tratados como iguais.

Portanto, a pergunta a seguir é bastante pertinente: qual a diferença entre estocagem e armazenagem?

a) Estocagem refere-se à guarda segura e ordenada de materiais, sejam matérias-primas, produtos semiacabados ou acabados. O estoque está presente em toda a cadeia de suprimentos, desde os fornecedores primários, indústrias, até o varejo. O termo estocagem se refere à ação de acumular itens, em um local previamente definido e identificado. Dentro de uma área de armazenagem, podem existir inúmeros locais de estocagem.

- Estocagem é parte da armazenagem.

- Estocagem nos remete a algo *estático*.

b) Armazenagem possui um conceito mais amplo que a estocagem, reunindo os demais processos relacionados ao fluxo de materiais, isto é, movimentação de itens, estocagem, embalamento, expedição de produtos, entre outros. Portanto, ao falarmos armazenagem, nos referimos a todas as atividades de guarda e movimentação de materiais.

- Armazenagem nos remete a algo *dinâmico*.

3.3 PALETE

Outro termo bastante utilizado nos meios logísticos é o *pallet*,[1] porém poucos conhecem a sua história e as suas variações.

A palavra palete tem origem francesa, *palette*, mas usualmente o termo é utilizado em inglês, *pallet*.

A definição mais encontrada é "estrado de madeira, metal ou plástico que é utilizado para movimentação de cargas".

Buscando contribuir com o tema, trazendo assim uma visão técnica-estratégica, descrevo o conceito de palete como: *estrado, de formatação comumente padronizada, confeccionado em diferentes materiais, conforme aplicação, sendo o mais comum em madeira, utilizado na unitização de produtos diversos, tendo a sua utilização no meio logístico, na armazenagem e transporte de cargas.*

Não há uma data específica como registro do início da sua utilização. Sua invenção é, então, atribuída a George Raymond e Bill House, que tiveram uma patente para paletes concedida em 7 de novembro de 1939, junto com a patente da empilhadeira, em nome da Lyon Iron Works, que tempos depois passou a ser Raymond Corp.

Nos registros históricos, em 1920, George e Bill inventaram a empilhadeira com garfos, e logo, os paletes foram uma consequência disso. Os paletes têm a função de viabilizar a movimentação e estocagem de materiais e produtos, permitindo assim, a

---

[1] *Pallet*, em português, palete.

unitização dos itens, bem como a otimização do transporte de cargas com o uso de equipamentos de movimentação.

Reforçando o foco militar da logística, foi durante a Segunda Guerra Mundial que o uso de paletes passou a ser mais intenso.

No Brasil, o palete surgiu na cadeia logística com o então desenvolvimento da indústria automotiva. As companhias de origem norte-americana trouxeram essa solução para o seu controle de estoque e transporte de cargas.

Embora introduzido no Brasil durante a década de 1960, seu uso permaneceu estagnado até a década de 1980.

3.3.1 TIPOS DE PALETES

- Palete de Madeira PBR
- Palete de Plástico
- Palete de Metal
- Palete de Papelão
- Palete de Madeira *One Way* (descartável)
- Palete GMA (*Grocery Manufacturers Association*)
- Palete CP (*Chemical Pallet*)
- CocoPallet

3.3.1.1 Palete de Madeira (PBR)

Em 1988 foi criado pela Associação Brasileira dos Supermercados (Abras), o Grupo Palete de Distribuição (GPD). Esse grupo era formado por profissionais dedicados ao estudo, desenvolvimento, avaliação e testes para criação de um Palete Padrão Brasileiro.

Figura 3.1 – Palete Madeira PBR.

Fonte: Depositphoto.

Ao longo de dois anos, o grupo estudou vários formatos e dimensões, como: 800 x 1.200 mm, 1.200 x 1.100 mm, 1.100 x 1.100 mm, entre outros, porém o modelo apresentado e aprovado foi o de 1.000 x 1.200 mm, dimensão que já representava aproximadamente 70% dos paletes utilizados no Brasil.

Vários estudos e testes foram realizados até que fosse estipulada a capacidade de peso do paletes PBR em 1.200 kg.

Outro ponto interessante é que foram analisados vários materiais distintos até que, ao final, o Palete PBR (Palete Padrão Brasileiro) fosse projetado para utilizar madeiras de reflorestamento – pinus e eucalipto.

Após um período de estudos, avaliações e testes conduzidos pelo Instituto de Pesquisas Tecnológicas de São Paulo (IPT), em 1990 foram aprovadas as especificações finais do Palete Padrão Brasileiro (PBR).

3.3.1.2 Palete de Plástico

O plástico é o material alternativo mais popular na fabricação de paletes. Suas características variam dependendo do tipo de resina e da técnica de moldagem, porém são mais leves, duráveis e uniformes do que os de madeira.

Figura 3.2 – Palete de plástico.

Fonte: Depositphoto.

O plástico é mais higiênico que a madeira, pois não absorve umidade e é fácil de limpar, assim os paletes de plástico são uma excelente opção para a movimentação e armazenagem de insumos farmacêuticos, alimentos e bebidas.

Outra aplicação dos paletes de plástico é na exportação de produtos, uma vez que o plástico, ao contrário da madeira, não precisa atender aos requisitos fitossanitários do transporte internacional, porém a principal desvantagem é ainda o custo elevado, quando comparado ao Palete de Madeira *One Way* (descartável).

3.3.1.3 Palete de Metal

O Palete de Metal vem suprir as necessidades quando o palete de madeira e de plástico não podem atender. Alguns aspectos podem definir o palete de metal como o de melhor solução e isto se dá comumente pela carga suportada por ele, seja carga estática e/ou dinâmica.

Os paletes de metal possuem um ciclo de vida mais longo, alta durabilidade e não existem pregos salientes e/ou expostos, o que costuma causar graves acidentes e avarias nos produtos. São excelentes opções para cargas excepcionalmente pesadas e ambientes de alta temperatura.

3.3.1.4 Palete de Papelão

Os paletes de papelão ondulado são usados na exportação de produtos, pois são leves e não são sujeitos aos regulamentos fitossanitários, tendo também um forte apelo de sustentabilidade devido à possibilidade de reciclagem. As restrições para a sua utilização são a susceptibilidade à umidade e a baixa resistência para suportar cargas pesadas, em particular, quanto ao uso na estocagem nos sistemas de estruturas porta-paletes.

3.3.1.5 Palete de Madeira *One Way* (descartável)

Os Paletes de Madeira Descartáveis, também conhecidos como *One Way* (não retornáveis), devem ter obrigatoriamente baixo custo e, comumente, possuem elevada fragilidade.

Os Paletes *One Way* são excelentes opções para serem utilizados em exportações, pois reduzem efetivamente os custos de frete da carga, uma vez que são mais leves e estruturalmente menores, o que agrega a possibilidade de um maior volume de produto acabado a ser transportado.

Figura 3.3 – Palete de madeira *One Way*.

Fonte: Depositphoto.

3.3.1.6 Palete GMA (*Grocery Manufacturers Association*)

Os paletes GMA, abreviação para *Grocery Manufacturers Association*, é o padrão mais utilizado na América do Norte. Desenvolvido pela associação de mesmo nome, tem como objetivo principal, facilitar o transporte de bens alimentícios, de modo que estivessem acessíveis em todo os Estados Unidos.

Devido sua importância, o padrão GMA 1016 x 1219 mm é reconhecido pela ISO como um dos seis padrões mundiais.

3.3.1.7 Palete CP (*Chemical Pallet*)

Os paletes CP (*Chemical Pallet*) foram projetados especificamente para uso na indústria química de toda a Europa. Cada um dos paletes CP existem uma medida padrão. Entretanto, no Brasil, os paletes mais utilizados são o CP3, com medida padrão de 1.140 x 1.140 mm e o CP2, com medida padrão de 800 x 1.200 mm.

3.3.1.8 Coco Pallet (Palete da Casca de Coco)

O chamado CocoPallet foi desenvolvido pelo Holandês, Michiel Vos e deve estar disponível no mercado no último trimestre de 2022.[2] Esses paletes são feitos de casca de coco, que são resistentes ao fogo e à água. Sem perder a qualidade de resistência, os paletes de coco também ocupam menos espaço, sendo mais compactos. Uma pilha de vinte paletes ecológicos mede cerca de 0,75 m de altura, enquanto uma pilha de vinte paletes PBR mede 2,70 m.

Essa iniciativa foi desenvolvida para colaborar com a preservação do Meio Ambiente, sendo também sustentável, pois o coco usado iria para o lixo (aterros sanitários) ou queimados. Cerca de 200 milhões de árvores serão poupadas por ano com o Palete de Casca de Coco.

3.3.2 Benefícios

O uso de paletes pode trazer inúmeros benefícios para as operações logísticas, como:

- Uniformização do local de estocagem.
- Ganho de produtividade nas operações de movimentação e armazenagem.
- Otimização do espaço de armazenagem.
- Maior agilidade nos processos de carregamento de veículos.

---

[2]   Cf. em https://www.cocopallet.com.

- Diminuição de avarias de produtos.
- Redução de acidentes pessoais.
- Menores custos de manutenção do inventário, entre outros.

Um potencial substituto ao palete, porém com algumas restrições é a *Slip Sheet*[3] (folha deslizante).

As *Slip Sheets* são folhas que substituem os paletes de madeira ou plástico, utilizadas em atividades logísticas. Essas folhas são feitas com finas laminadas em polietileno de alta densidade [plástico] ou de *kraftliner* laminado, um tipo de papel à prova d'água.

Figura 3.4 – *Slip Sheets* de *kraftliner*.

Fonte: Depositphoto.

As *Slip Sheets* de polipropileno são produzidas por coextrusão de composto de polímeros, o que possibilita acabamento diferente para cada lado. Possui alta resistência e compatibilidade com empilhamento de carga.

As *Slip Sheets* de *kraftliner* laminado são produzidas a partir das repetidas camadas de um papel especial, formando assim fortes placas de múltiplas folhas, o que as tornam extremamente resistentes a rasgos e umidade. São excelentes soluções para empresas que dependem do transporte de produtos por meio de contêineres e caminhões.

3.4 ÁREA DE ARMAZENAGEM

As áreas de Armazenagem podem ser classificadas em quatro diferentes tipos e são conceitos relacionados aos critérios comumente observados em movimentações logísticas, os quais destaco a seguir:

a) Produtividade: está relacionado com a quantidade e qualidade das tarefas produzidas em um determinado período e os recursos que foram utilizados durante o processo de produção. O conceito de produtividade está interligado com a alta performance no ambiente organizacional e a eficiência na entrega de resultados.

---

[3] Para uso do *Slip Sheet* é necessário realizar algumas modificações na empilhadeira regular, de garfo. É necessário substituir os garfos por um equipamento *Push-Pull* (em português, empurra-puxa).

b) Erros operacionais: a gestão logística é responsável por gerir e otimizar os processos de movimentação e armazenagem. Ausência de controle, uso de infraestrutura e/ou equipamentos inadequados, execução de atividades por profissionais não qualificados ou devidamente treinados, entre outros, geram perdas de produtos, avarias, estocagem em locais errados ou inapropriados, perda de produtividade, dentre vários outros erros detectáveis nas operações.

c) Gestão de inventário: o processo de gerir o inventário depositado num local de armazenamento é de grande responsabilidade e requer conceitos sobre o tema, excelentes habilidades matemáticas e forte experiência operacional – execução das atividades de movimentação e armazenagem. Inclui-se a esse processo a gestão de devoluções e avarias.

d) Avaliação de risco – *Safety, Health and Environment* (SHE): uma área de movimentação de produtos é normalmente uma área de risco elevado, pois o uso de equipamentos para tais movimentações implica habilitação, treinamentos, reciclagens e atenção, fatores sujeitos a falhas.

3.4.1 CLASSIFICAÇÃO DAS ÁREAS DE ARMAZENAGEM

3.4.1.1 Almoxarifado

As operações em área de armazenagem classificadas como almoxarifado possuem baixa produtividade e elevado número de erros operacionais, que raramente são identificados e tratados por uma equipe de Qualidade em Logística. Possui elevada perda de produtos e materiais, ao longo do processo, podendo ser observado nos índices de faltas de produtos, rupturas nas ordens de separação e ajustes de inventário. Os colaboradores estão expostos a situações de risco constantes, sem se darem conta. As ações operacionais são realizadas com base na experiência das pessoas, sem processos claros e descritos, sendo assim, inexiste um processo de melhoria contínua.

Nota do autor

A atividade de almoxarifado iniciou em meados do século VIII, quando ocorreu a invasão árabe na região da Península Ibérica. A etimologia dessa palavra tem origem no árabe *al-muxarif*, que indicava um tesoureiro ou inspetor. Antigamente, o almoxarife era um indivíduo que tinha a função de administrar algumas propriedades da casa real ou era o tesoureiro da casa.

Na Figura 3.5, imagem A, a seguir, as posições de estocagem não estão definidas, ausência de layout, itens diferentes estocados de forma a dificultar a identificação (misturados) e palete sobre produto, o que implica riscos operacionais, avarias por exemplo, e perda de produtividade. Também não foi possível observar sinalizações de segurança ocupacional, como rota de fuga e saída de emergência.

Figura 3.5 – Almoxarifado.

Fonte: Depositphoto.

Na imagem B, é possível observar a completa ausência de organização. Não é possível observar layout e muitos produtos acondicionados de forma incorreta (vide caixas diretamente no chão). Não existe qualquer informação e sinalização de segurança ocupacional, péssima iluminação, a expectativa de produtividade no ambiente em questão é baixíssima e com elevado índice de erros.

Em nenhum dos casos observa-se os paletes unitizados com filme *stretch*,[4] o que pode gerar tombamento de produtos e materiais, avariando os mesmos.

3.4.1.2 Armazém

As operações em área de armazenagem classificadas como armazém possuem produtividade abaixo da média, quando comparadas a operações similares, e elevados erros operacionais, sendo eventualmente identificados, porém somente uma pequena parcela recebe ação corretiva. Possui elevada perda de produtos e materiais ao longo do processo, podendo ser observado nos índices de faltas de produtos, rupturas nas ordens de separação e ajustes de inventário. Os colaboradores estão expostos a situações de risco constante, porém já apresentam uma pequena consciência sobre o fato. As ações operacionais são parcialmente descritas, porém efetivamente a operação transcorre devido à experiência dos mais antigos, os quais são acionados sempre que se identifica algum problema.

As fotos a seguir exemplificam um armazém:

---

[4] Filme *stretch* é um elemento plástico, composto por polietileno de última geração, que garante altíssimos níveis de resistência e alongamento, mesmo quando em baixas espessuras de filme. É muito utilizado na indústria e operações logísticas para unitização de produtos sobre paletes.

Figura 3.6 – Exemplos de Armazém.

Fonte: Depositphoto.

As posições de estocagem e separação apresentam-se com caixas abertas, ausência de unitização, implicando erros operacionais e perda de produtividade. Em ambientes assim descritos são comuns elevados índices de perda de produtos e materiais, muitos devido a erros de separação e conferência.

Ambiente apresenta boa iluminação, ainda assim, não se observa identificações de segurança para o trânsito de pedestres e equipamentos de movimentação, sugerindo assim, elevado risco de acidentes.

Ambiente corretamente iluminado, porém a ausência de áreas específicas para entrada e saída de paletes da área de porta-pallet, palete no corredor e ausência de faixa de pedestres, faz com que a circulação de pedestres e materiais sejam comprometidas, propiciando um maior risco de acidentes e avarias de produtos.

3.4.1.3 Centro de Distribuição

As operações em área de armazenagem classificadas como Centro de Distribuição possuem produtividade na média ou levemente acima e baixos erros operacionais, sendo uma grande parcela destes identificados e tratados por meio de ações corretivas. Já é possível observar uma estrutura de Qualidade em Logística presente. Possui baixa perda de produtos e materiais ao longo do processo pois identifica-se uma consciência parcial quanto à gestão do inventário, uma vez que ainda se atribui a responsabilidade à estrutura de Gestão de Inventário. Os colaboradores possuem treinamentos de SHE (em inglês, Safety, Health, Environment; em português, Segurança, Saúde, Meio Ambiente) e apresentam clareza quanto às responsabilidades na execução das atividades. As ações operacionais são descritas, os colaboradores são treinados, porém sem revisões constantes.

As fotos que seguem exemplificam um Centro de Distribuição:

Figura 3.7 – Centro de Distribuição (CD).

Fonte: Depositphoto.

É possível observar uma estrutura organizada, com layout definido e sendo respeitado. A infraestrutura, piso e iluminação já possuem melhor qualidade, o que nos sugere uma produtividade melhor e baixo índice de erros operacionais.

As identificações nos porta-paletes e o modelo de estocagem sugerem um acompanhamento sistemático de processos e qualidade, trazendo assim resultados melhores para a operação. O uso de layout específico para entrada/saída do porta-paletes, também conhecidos como PD, demonstra cuidados extras com a segurança ocupacional e a movimentação de materiais.

3.4.1.4 *Master Logistics Center* (Centro Logístico Master)

As operações em área de Armazenagem classificadas como Centro Logístico Master (ou sua sigla em inglês, MLC) possuem produtividade acima da média de mercado e baixíssimos erros operacionais, sendo em sua totalidade identificados e tratados mediante ações corretivas, pois existe forte presença da estrutura de Qualidade em Logística. Possui baixíssima perda de produtos e materiais ao longo do processo, haja vista que existe uma estrutura de gestão de inventário presente e ativa, mas acima disso, há uma gestão operacional preocupada e atuante quanto ao tema inventário. Os colaboradores possuem treinamentos de SHE e apresentam clareza quanto às responsabilidades na execução das atividades. As ações operacionais são descritas e revisadas periodicamente, bem como os colaboradores são treinados exaustivamente.

As fotos a seguir ilustram um Centro Logístico Master:

Figura 3.8 – Centro Logístico Master (MLC).

Fonte: Depositphoto.

Área devidamente organizada, identificada e com estrutura de armazenagem, e combinadas com o uso correto de tecnologia, nos remete a acreditar que as fortalezas dessa operação são produtividade, qualidade e segurança ocupacional, o que potencializa os ganhos operacionais.

A combinação de uma infraestrutura robusta, iluminação excelente e processos implementados e revisados periodicamente podem ser observados no ambiente da figura em questão. Os impactos esperados são produtividade acima da média e baixo índice de erros operacionais.

A combinação de tecnologia e infraestrutura em um Centro Logístico Master vão além das questões internas. Há sempre a presença dessa combinação também na área externa, estendendo assim as oportunidades de ganho operacional, segurança e aptidão à inovação.

Figura 3.9 – Centro Logístico Master (MLC) – Área externa.

Fonte: Depositphoto.

3.4.1.5 Área de Armazenagem – Quadro Resumo

O Quadro 3.1 é um resumo dos principais pontos referentes a cada uma das áreas de armazenagem, visando auxiliar na identificação e classificação dessas áreas.

Quadro 3.1 – Áreas de armazenagem

Almoxarifado	- baixa produtividade. - elevados erros operacionais. - elevada perda de produtos | materiais. - situações de risco constantes. - as ações operacionais baseadas na experiência das pessoas.
Armazém	- produtividade abaixo da média. - elevados erros operacionais | pequena parcela recebe ação corretiva. - elevada perda de produtos | materiais. - situações de risco constante | pequena consciência sobre o fato. - as ações operacionais são parcialmente descritas.
Centro de Distribuição	- produtividade na média ou levemente acima da média - baixos erros operacionais, sendo uma grande parcela identificados e tratados. - baixa perda de produtos | materiais. - possuem treinamentos em SHE |clareza das responsabilidades. - as ações operacionais são descritas | colaboradores parcialmente treinados.
Master Logistics Center	- produtividade acima da média de mercado. - baixíssimos erros operacionais, sendo em sua totalidade identificado e tratados. - baixíssima perda de produtos | materiais. - possuem treinamentos em SHE | clareza das responsabilidades. - as ações operacionais são descritas, revisadas periodicamente e os colaboradores treinados.

As áreas de armazenagem foram classificadas, baseadas em critérios, anteriormente destacados. O quadro resumo traz a classificação proposta a cada área:

Quadro 3.2 – Intensidade de cada setor em atividade diária

	PRODUTIVIDADE	ERRO	PERDA DE PRODUTO	RISCO OCUPACIONAL
ALMOXARIFADO	25,0%	87,5%	75,0%	87,5%
ARMAZÉM	37,5%	75,0%	62,5%	62,5%
CENTRO DE DISTRIBUIÇÃO	62,5%	37,5%	25,0%	25,0%
MASTER LOGISTICS CENTER	87,5%	12,5%	12,5%	12,5%

A escala proposta de 0% a 100%, apresenta a intensidade com que o item descrito ocorre comumente em sua atividade diária.

3.5 MODELOS DE ARMAZENAGEM

Existem vários modelos de armazenagem sendo aplicados conforme as características dos materiais e o modelo de gestão que se deseja ou necessita ser implementado.

Dos modelos mais comuns, os quais apresentam custos extremamente competitivos e de rápida implementação a modelos sofisticados, que apresentam custos bastante elevados e de complexa implementação, todos buscam atender as necessidades primárias de estocagem, movimentação dos itens, entre outros fatores.

3.5.1 MODELO DE ARMAZENAGEM BLOCADO (MA-B)

O modelo de armazenagem em blocado, também conhecido como empilhamento simples, é sem dúvida o método mais comum e barato de armazenagem.

Esse modelo exige baixos investimentos na infraestrutura predial, edifício e piso, o que lhe proporciona maior agilidade na implementação.

O modelo blocado possui um uso bastante diversificado, porém frequentemente observamos seu uso para grandes volumes e poucos *Stock Keeping Unit* (SKU).[5]

Os paletes, *big-bags*,[6] peças e materiais diversos são estocados diretamente uns sobre os outros, sendo o primeiro diretamente sobre o piso.

---

[5] *Stock Keeping Unit* (SKU) – em português, Unidade de Manutenção de Estoque.

[6] *Big-Bags* são embalagens muito grandes, confeccionadas em material bastante resistente, utilizadas para transportar de 500 kg a 3.000 kg de materiais sólidos ou pastosos, utilizados principalmente nas indústrias de construção, química, agrícola e mineral. Os *big-bags* também são chamados de Contentores Intermediários Flexíveis ou *Flexible Intermediate Bulk Container* (FIBC).

Figura 3.10 – Armazenagem em blocado.

Fonte: Depositphoto.

3.5.2 MODELO DE ARMAZENAGEM PORTA PALLET – CONVENCIONAL (MA-PPC)

O modelo de armazenagem em Porta Pallet permite um correto planejamento e controle das movimentações de entrada e saída dos produtos no estoque.

O projeto para uso de Porta Pallet Convencional combina dimensões e peso das cargas, pé direito do prédio e capacidade de carga do piso, e equipamento de movimentação. É algo relativamente simples, porém, deve ser realizado por profissionais preparados, o que confere maior credibilidade e segurança a toda operação.

Figura 3.11 – Armazenagem Porta Pallet – Convencional.

Fonte: Depositphoto.

O Porta Pallet Convencional é bastante versátil, de fácil instalação e custos competitivos, sendo assim é o mais utilizado.

A verticalização do estoque em estruturas porta pallets aumenta o uso do espaço útil disponível e garante o fluxo de mercadorias para diferentes tipos de demanda e situações.

3.5.3 MODELO DE ARMAZENAGEM PORTA PALLET – DINÂMICA (MA-PPD)

As estruturas Porta Pallets Dinâmicas são áreas de armazenamento que utilizam planos inclinados de 3% a 4%, posições de paletes com pistas roletadas, com entrada por um lado e saída por outro lado, de forma que os paletes deslizam da entrada para a saída.

O modelo de armazenagem Porta Pallet – Dinâmica é semelhante ao modelo *Drive-Thru* (abreviação de *through*), porém com enorme vantagem de os equipamentos de movimentação não terem a necessidade de trafegar por dentro da estrutura, mitigando assim, potenciais acidentes.

Figura 3.12 – Armazenagem Porta Pallet – Dinâmica.

Fonte: *Depositphoto*.

Esse modelo de armazenagem é habitualmente utilizado para áreas intermediárias e indicado para produtos perecíveis ou de grande fluxo.

Utilizando como base o modelo de estocagem Fifo (*First In – First Out*),[7] a estrutura Porta Pallet Dinâmica garante uma localização, separação, entradas e saídas dos produtos bastante eficientes.

3.5.4 MODELO DE ARMAZENAGEM PORTA PALLET – *PUSH BACK* (MA-PPPB)

As estruturas de armazenagem Porta Pallet – *Push Back*, que em uma tradução livre significa "empurrar para trás", são porta pallets combinados com carrinhos, de dois a cinco por corredor de estocagem, para sobreposição de paletes. Esses carrinhos trafegam em trilhos telescópicos ao longo do corredor de estocagem, o que permite um alto índice de aproveitamento de espaço, em outras palavras, alta densidade de estocagem.

---

[7] *First In – First Out*, em português, primeiro que entra – primeiro que sai.

Supply Chain

Figura 3.13 – Armazenagem Porta Pallet – *Push Back*.

Fonte: Depositphoto.

O modelo de armazenagem *Push Back* utiliza o modelo de estocagem Lifo (*Last In – First Out*).[8]

Regularmente, esse sistema é utilizado para produtos de baixa seletividade e alta densidade, isso é, poucos SKU e grandes volumes.

3.5.5 MODELO DE ARMAZENAGEM PORTA PALLET – *DRIVE-IN & DRIVE-THROUGH* (MA-PPDI & MA-PPDT)

O modelo de armazenagem em Porta Pallet *Drive-In & Drive-Through* é caracterizado pelo sistema de acumulação, sendo uma estrutura contínua, não separado por corredores intermediários, como observamos no sistema Porta Pallet Convencional.

Os equipamentos de movimentação trafegam por dentro da estrutura para a realização de operações de guarda e retirada. Tais movimentações são de elevado risco, uma vez que os equipamentos trafegam com o garfo levantado para estocagem nos níveis superiores (uso de empilhadeiras).

Figura 3.14 – Armazenagem Porta Pallet – *Drive-In & Drive-Through*.

Fonte: Depositphoto.

---

8   *Last In – First Out*, em português, último que entra – primeiro que sai.

A verticalização do estoque através de estruturas porta pallets *Drive-In & Drive Thru* aumentam o uso do espaço útil disponível, obtendo uma otimização de até 85%, conforme alguns fabricantes.

Esses sistemas são utilizados para altos volumes e baixa rotatividade, na prática, são indicados para itens que permanecem longos períodos em estoque.

Drive-In

- Acesso apenas por uma das extremidades.
- Modelo de estocagem Lifo (*Last In – First Out*).

Drive-Thru

- Acesso pelas duas extremidades.
- Modelo de estocagem Fifo (*First In – First Out*).

3.5.6 MODELO DE ARMAZENAGEM – CANTILEVER (MA-C)

As estruturas *Cantilever* são formadas por colunas, também chamadas de base, braços e treliças. Não possuem colunas na frente das ruas, o que gera uma capacidade incremental de 25% quando comparado com porta pallets convencionais.

Figura 3.15 – *Cantilever.*

Fonte: Depositphoto.

O modelo de armazenagem em *Cantilever* é recomendado para estocagem de diversos produtos, não paletizados e com comprimento superior a 2,4 m. Produtos com comprimento inferior a 2,4 m são passíveis de serem estocados em porta pallets convencionais.

Devido à característica da estrutura *Cantilever*, esse sistema possui alto índice de seletividade e elevada densidade de estocagem.

3.5.7 MODELO DE ARMAZENAGEM – RACK (MA-R)

O modelo de armazenagem em Rack possui excelente flexibilidade, podendo ser utilizado em câmaras frias e áreas secas.

Os racks são equipamentos metálicos de múltiplo uso, utilizados para movimentar, transportar e verticalizar produtos por intermédio de sua unitização.

Figura 3.16 – Armazenagem em Rack.

Fonte: Depositphoto.

Principais modelos de racks utilizados no mercado:
- Armazenagem de palete.
- Armazenagem em seu interior.
- Aramado (este de difícil empilhamento).
- Para *Big-Bags*.

3.5.8 MODELO DE ARMAZENAGEM ESTANTERIAS – CONVENCIONAL (MA-EC)

O modelo de armazenagem em Estanterias Convencionais é modulável, o que permite grande flexibilidade de configurações.

As estanterias convencionais também são chamadas de mini Porta Pallet, quando possuem fundo duplo.

É importante observar que existem diversos fabricantes e especificações no mercado.

Figura 3.17 – Estanteria – Convencional.

Fonte: Depositphoto.

Comumente, esse modelo de armazenagem é aplicável em mezaninos e áreas restritas.

Esse sistema de armazenagem é muito utilizado para itens de reposição, por exemplo na gestão de *Spare Parts*.[9]

3.5.9 MODELO DE ARMAZENAGEM ESTANTERIAS – DINÂMICA/*FLOW RACK* (MA-ED)

As estruturas de armazenagem em Estanterias – Dinâmicas são plataformas ligeiramente inclinadas, com roletes e/ou rodízios, sendo que o abastecimento ocorre pelo lado superior da estante, conhecido como local de reposição, e pelo lado inferior, ocorre a separação dos pedidos, conhecido como local de coleta.

O modelo de estocagem que as Estanterias Dinâmica/*Flow Rack* utilizam é o modelo Fifo (*First In – First Out*).

Figura 3.18 – Estanteria Dinâmica/*Flow Rack*.

Fonte: Depositphoto.

---

[9] *Spare Parts*, em português, partes de reposição.

Dada a praticidade e flexibilidade dessas estruturas de estocagem, é comum vê-las aplicadas nas operações de bens de consumo, farmacêutico, automotivo, cosmético, entre outras.

O uso de Estanterias Dinâmica/*Flow-Rack* possibilita:

- Maior número de posições de *picking*.[10]
- Redução do tempo de preparação de pedidos.
- Otimização das instalações.
- Perfeita rotação dos produtos – modelo de estocagem Fifo.

3.5.10 MODELO DE ARMAZENAGEM – MEZANINO (MA-MX)

O modelo de armazenagem em mezaninos possibilita melhor aproveitamento vertical e aumento da área útil de estocagem.

Os mezaninos podem fazer parte da infraestrutura predial das áreas de armazenagem ou serem instalados posteriormente, como estruturas metálicas modulares.

Figura 3.19 – Mezanino.

Fonte: Depositphoto.

As estruturas de estocagem em mezaninos são utilizadas para itens diversos, normalmente de baixo giro.

Vale destacar, que o uso do modelo de armazenagem em mezanino sempre está associado a outro modelo de armazenagem, como o blocado, as estanterias, entre outros.

---

[10] *Picking*: área de separação de produtos e materiais, quando as quantidades forem inferiores a um palete completo.

3.5.11 MODELO DE ARMAZENAGEM BIN E CAIXA – (MA-BC)

O modelo de armazenagem em bin e caixa é modulável, permitindo excelente otimização de espaço e grande flexibilidade nas configurações de estocagem.

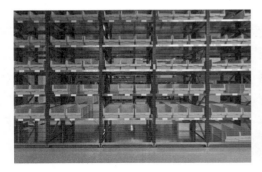 

Figura 3.20 – Armazenagem Bin e Caixa.

Fonte: Depositphoto.

A estrutura de estocagem em bin e caixa são comumente utilizadas para organização de materiais pequenos e assim possuem forte aplicação nas operações de *Spare Parts*, bens de consumo, automotivo, manutenção, e nos mais diversos setores da economia.

3.5.12 MODELO DE ARMAZENAGEM PISO E PÁTIO (MA-PP)

O modelo de armazenagem em piso e pátio refere-se basicamente a uma área destinada à armazenagem de produtos de grandes dimensões ou que não apresentam risco de deterioração quando conservados em áreas que não possuem proteção climática.

Figura 3.21 – Armazenagem em piso e pátio – Área externa.

Fonte: Depositphoto.

É fato que existem áreas de estocagem de piso e pátio que são cobertas, porém observa-se que o mais comum são as áreas não cobertas.

Esse modelo de armazenagem é, normalmente, aplicado nas indústrias metalúrgicas, automobilística e em portos.

Figura 3.22 – Armazenagem coberta em piso e pátio – Área interna.

Fonte: Depositphoto.

3.5.1.3 MODELO DE ARMAZENAGEM – SILOS (MA-S)

As estruturas de estocagem em silos são, usualmente, grandes e permitem a estocagem de grãos e cereais.

Podemos observar silos em estruturas de aço ou cimento armado. Frequentemente, avistamos essas estruturas em fazendas e nas indústrias.

Figura 3.23 – Armazenagem em silos.

Fonte: Depositphoto.

Cabe destacar a existência de silos de lona, os quais apresentam menor custo e maior flexibilidade, porém possuem uso restrito.

Figura 3.24 – Armazenagem em silos de lona.

Fonte: Depositphoto.

Os silos de lona, também conhecidos como silos bolsa, são frequentemente utilizados no campo, próximo da lavoura, por curto espaço de tempo.

3.5.1.4 MODELO DE ARMAZENAGEM TANQUES E ESFERAS – (MA-TE)

O modelo de armazenagem em tanques e esferas é, normalmente, encontrado em indústrias química e de transformação.

As estruturas de estocagem tanques e esferas são de tamanhos e materiais variados, utilizados para armazenagem de produtos líquidos ou gasosos, ao longo do processo ou ao final dele, em condições variadas de temperatura e pressão.

Os tanques que operam com pressões diferentes da atmosférica e são também conhecidos como vasos de pressão.

Figura 3.25 – Armazenagem em tanques.

Fonte: Depositphoto.

Figura 3.26 – Armazenagem em esferas.

Fonte: Depositphoto.

Matriz – Modelo de Armazenagem vs. Modelo de Gestão de Fila

O Quadro 3.3 a seguir traz um comparativo entre os modelos de armazenagem e gestão de fila, visando auxiliar na identificação e impacto quando aplicados.

Quadro 3.3 – Modelo de Armazenagem e Gestão de Fila

MODELO DE ARMAZENAGEM | GESTÃO DE FILA APLICABILIDADE		FIFO	LIFO	FEFO	SIRO	PRI	GD
BLOCADO		SIM	SIM	-	-	-	-
PORTA PALLET	CONVENCIONAL	SIM	SIM	SIM	-	SIM	-
	DINÂMICAS	SIM	-	-	-	-	-
	PUSH-BACK	-	SIM	-	-	-	-
	DRIVE-IN	-	SIM	-	-	-	-
	DRIVE-THROUGH	SIM	-	-	-	-	-
CANTILEVER		-	-	-	SIM	-	SIM
RACK		-	SIM	-	-	-	-
ESTANTERIA	CONVENCIONAL	SIM	SIM	SIM	-	SIM	-
	DINÂMICA (FLOW RACK)	SIM	-	-	-	-	-
MEZANINO		-	-	-	-	-	-
BIN - CAIXA		-	-	-	SIM	-	SIM
PISO | PÁTIO		SIM	SIM	SIM	-	SIM	-
SILO		-	-	-	-	-	-
TANQUE | ESFERA		-	-	-	-	-	-

Quadro 3.4 – Descritivo dos Modelos de Gestão de Fila

Sigla	Inglês	Português
FIFO	FIRST IN – FIRST OUT	PRIMEIRO ENTRA – PRIMEIRO SAI
LIFO	LAST IN – FIRST OUT	ÚLTIMO ENTRA – PRIMEIRO SAI
FEFO	FIRST EXPIRE – FIRST OUT	PRIMEIRO EXPIRA (VENCE) – PRIMEIRO SAI
SIRO	SERVE IN RANDOM ORDER[11]	ATENDIMENTO EM ORDEM ALEATÓRIA
PRI	PRIORITY	PRIORIDADE
GD	GET ORDER	OUTRA ORDEM

3.6 MODELOS DE ESTOQUE

A gestão de armazenamento chega a ser considerada o verdadeiro coração de algumas organizações, dada a importância que o tema tem tomado nas últimas décadas.

Pode soar estranho, porém o tipo de estoque adotado por uma organização pode dizer muito sobre ela. Um estoque bem gerenciado deve refletir as principais informações sobre o negócio. Para tanto, é fundamental que o modelo de estoque esteja alinhado com o estágio de maturidade da empresa.

Para cada tipo de produto e modelo de negócio há uma estratégia de estoque a ser considerada. É preciso que os gestores tomem a decisão fundamentada em dados robustos sobre o que é melhor para a organização, afinal não existe um único *modus operandi* para esse tema.

3.6.1 PRINCIPAIS MODELOS DE ESTOQUE

3.6.1.1 Estoque Tradicional

Geralmente utilizado por organizações que possuem demandas recorrentes de pedidos, o modelo de estoque tradicional é encontrado em fabricantes, distribuidores, atacadistas e varejistas, dos mais diversos segmentos da economia.

---

[11] *Serve in Random Order* (SIRO) – em português, Atendimento em Ordem Aleatória: independente de um item ser recente ou estar na fila há mais tempo, as chances de cada um são as mesmas. Enfim, a cada momento, um dos itens da fila será selecionado aleatoriamente.

Para melhor gestão e otimização dos estoques físicos é necessária a atenção às flutuações diárias, entendendo-se assim, os períodos de sazonalidade, de picos e vales. Quanto mais tempo um estoque permanecer parado, maior será o risco de perda e prejuízo.

3.6.1.2 Estoque de Ciclo

O estoque de ciclo foi designado para as organizações que operam com vários produtos e materiais em diferentes estágios. Os itens podem ser fabricados em diferentes momentos e até mesmo, por diferentes empresas. Entretanto, são comercializados ou distribuídos de modo simultâneo.

Esse modelo de estoque é frequentemente utilizado por diferentes indústrias, para atendimento aos ciclos de merchandising e vendas. Recorrentemente, os ciclos são estruturados com amostras grátis, materiais de divulgação, como itens de papelaria e brindes, entre outros. Cada produto e material possui um ciclo de produção e liberação distinto, tendo assim, diferentes datas de chegada à área de armazenagem.

3.6.1.3 Estoque Consignado

O modelo de estoque consignado está estruturado sobre um acordo formal, preestabelecido entre as partes, as quais podemos identificá-las como vendedora e compradora. O resguardo legal é obrigatório e garante as bases para que os itens que não forem consumidos ou vendidos durante um período preestabelecido possam ser devolvidos à parte vendedora, sem ônus à parte compradora.

É fundamental ressaltar que a propriedade dos produtos permanece sendo da parte vendedora ao longo de todo o período, podendo ser ela um fabricante, distribuidor, atacadista ou até mesmo um varejista.

Complementar ao já exposto, é fundamental que as organizações que lidam com consignações, se atenham aos prazos legais para os acertos do estoque consignado, pois a legislação pode exigir o pagamento dos tributos dos itens que forem devolvidos fora desse prazo.

3.6.1.4 Estoque *Drop Shipping*[12]

Adotado pela maioria das operações de e-commerce e empreendedores individuais de marketplaces. O modelo *Drop Shipping* se baseia no recebimento das vendas on-line e encaminhamento direto ao fornecedor, que enviará o produto ao cliente, a partir de sua área de distribuição, onde encontra-se o estoque.

---

[12] *Drop Shipping*, em português, Estoque na Origem/Fornecedor.

É imprescindível reforçar que o estoque é do fornecedor, e que em nenhum momento estará de posse do parceiro comercial.

Ainda que bastante desafiador, esse modelo tem a possibilidade de:

- – Diminuir os estoques, por conseguinte, reduzir o capital empregado em estoque parado.

- – Reduzir custos de armazenagem, pois haverá uma menor necessidade de área.

- – Aumentar as margens de lucro, especialmente em mercados com elevada concorrência.

Nota do autor

O fracionamento do estoque, em diferentes áreas de armazenagem, gera a necessidade incremental de aproximadamente 20% para cada área adicional. Portanto, a centralização de estoques traz fortes reduções de volumes e melhoras significativas no *Order Fill Rate*.[13]

3.6.1.5   Estoque Compartilhado

O estoque compartilhado refere-se aos produtos disponíveis em uma mesma área de armazenagem, que atenderão canais de vendas diferentes de uma mesma organização, por exemplo, as lojas on-line e física.

Outro modelo funcional para o estoque compartilhado pode ser observado em organizações que atuam em um mesmo canal de venda, porém por *diferentes bandeiras*,[14] comercializando os mesmos produtos – algumas franquias de restaurantes atuam exatamente desta maneira.

3.6.1.6   Estoque de Antecipação

Também chamado de estoque sazonal. Alguns modelos de negócio trabalham com demandas futuras muito bem definidas, fundamentadas em bases estatísticas com enorme histórico de mercado, este com baixa ou pouquíssima volatilidade, ou mesmo, com informações diretamente dos clientes, o que permite que seja realizado um planejamento de materiais, definições de capacidade de produção e armazenagem com antecedência.

---

[13]   *Oder Fill Rate*, em português, Taxa de Preenchimento dos Pedidos.

[14]   Diferentes bandeiras é o termo utilizado para caracterizar marcas diferentes sendo trabalhadas por uma mesma organização. Muito comum nos segmentos de varejo e franquia.

Supply Chain

Os modelos mais comuns de negócio que utilizam esse modelo de estoque são as indústrias de chocolates visando o período de Páscoa, as indústrias de sorvetes objetivando o período de verão, e mais recentemente, as indústrias de doces e balas mirando o Halloween.

3.6.2 PARÂMETROS DE GESTÃO DE ESTOQUE

Os desdobramentos dos modelos de estoque mencionados são observados nas características e perfis com que atuam, diante dos parâmetros propostos a seguir:

a) Estoque Máximo: é o nível de estoque, de um ou mais itens, dentro de um período estipulado previamente, até que seja realizado um novo pedido. Utilizado quando o custo de *working capital*[15] não é relevante ou existe a necessidade de compra do lote, sendo este superior à quantidade necessária para o período predeterminado, ou ainda, os custos de frete são bastante relevantes.

b) Estoque Médio: é a média contabilizada dos estoques ao final de cada período, dividida pelo número de períodos contabilizados. A *frequência da apuração*[16] do estoque médio deve ser de acordo com cada negócio, portanto, este período pode ser diário, semanal, mensal, ou até mesmo, anual.

c) Estoque Mínimo: caracterizado pela quantidade mínima a ser colocada em estoque e disponibilizada a vendas, assim o nome estoque mínimo, é formado por itens de pouca relevância de faturamento, rentabilidade ou de rápida resposta de reposição. Erroneamente esse modelo é atribuído às PME (Pequenas e Médias Empresas) ou por organizações que trabalham com produções *on demand*.[17]

d) Estoque de Segurança (*Safety Stock*): o modelo de estoque em questão garante tanto a entrega em casos inesperados de alta demanda, erros de *forecast*,[18] falta de matérias-primas e embalagens, ou em casos de reprovação de lote pelo controle de qualidade. O estoque de segurança é um fator importante dentro da política de estoque de uma organização, não devendo ele ser ignorado.[19]

---

[15] *Working capital*, em português, capital de giro.

[16] Na frequência da apuração, as organizações que operam com produtos perecíveis, produtos de rápida obsolescência, por exemplo, itens de tecnologia, devem ter elevada frequência de apuração; enquanto organizações que operam com itens de *shelf life* (em português, prazo de validade) estendido, de baixa obsolescência, podem realizar as apurações em prazos maiores.

[17] *On demand*, em português, sob demanda.

[18] *Forecast*, em português, previsão de vendas.

[19] Alguns autores definem Estoque Mínimo e Estoque de Segurança com o mesmo significado. Faço aqui a distinção entre esses dois estoques, pois, para todos os itens a serem trabalhados, independente do posicionamento de estoque, eles deverão possuir o "incremento" do Estoque de Segurança.

e) Estoque em Trânsito: trata-se do estoque de produtos que está em deslocamento, isto é, está entre o ponto de origem e o ponto de destino. Para discriminarmos que um estoque está em trânsito, consideramos o período entre a emissão do documento fiscal – posterior ao carregamento, no ponto de origem –, até que seja dado o recebimento fiscal, posterior ao descarregamento, no ponto de destino.

f) Estoque Inativo: é composto pelos itens que não tiveram movimentação de transferência ou faturamento em um determinado período. Geralmente, as organizações determinam seis meses como período para classificar um item como inativo, porém isto pode variar conforme políticas internas e *shelf life* dos produtos.

g) Estoque de Obsoletos: é composto por itens que não terão mais transferência e faturamento, sendo que eles devem permanecer bloqueados no *Warehouse Management System* (WMS) , o qual classificamos como estoque lógico, bem como, em área segregada fisicamente, a qual classificamos como estoque físico. A obsolescência ocorre por diversos motivos, dentre eles a retirada de linha de um item, troca de arte da embalagem, entre outros. O estoque de obsoletos representa gastos adicionais para as organizações, pois ocupam espaço em área de estocagem, presentes no estoque, consomem *working capital* e não geram resultados, pois não podem ser vendidos, com exceção em operações especiais de vendas.

3.6.3 MODELO CLÁSSICO DE CURVA DE ESTOQUE E PONTO DE REPOSIÇÃO

Esse modelo também é conhecido por "dente de serra".

Supply Chain

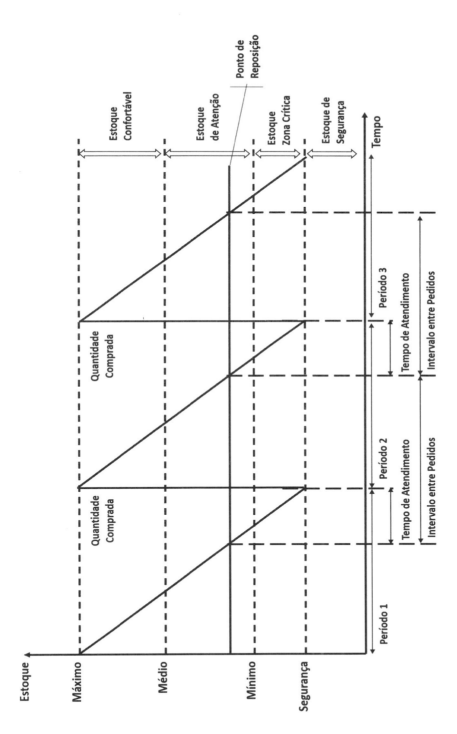

Figura 3.27 – Curva de Estoque e Ponto de Reposição.

Fonte: Administração de Estoque, Fundação Carlos Chagas – adaptada pelo autor.

3.7 SISTEMAS DE MOVIMENTAÇÃO

A movimentação de materiais é sempre um fator crítico de sucesso, em qualquer operação, pois sempre deverá ser avaliada pela complexa relação:

a) Layout do local onde ocorrerá a movimentação.

b) O material a ser movimentado.

c) Os movimentos que deverão ser executados.

d) O método a ser utilizado.

Outro fator a ser observado é em relação ao sistema a ser utilizado nas operações de movimentação, pois eles devem passar pela identificação do tipo do movimento e sua frequência, para que assim possa se determinar qual tipo de equipamento é mais indicado para o processo.

No passado, os movimentos eram:

- 100% manuais.
- Com pouco volume transportado em cada etapa.
- 100% off-line, ausência de conexão – sistemas.
- Bastante inseguros.

Figura 3.28 – Movimento manual e off-line.

Fonte: Depositphoto.

Hoje, pode-se observar uma evolução significativa, assim, os movimentos são:
- Mecanizados em sua maioria.
- Excelente volume transportado em cada etapa.
- 100% on-line, disponibilidade de conexão – sistema.
- Mais seguros e práticos.

Figura 3.29 – Sistema de movimento automatizado.

Fonte: Depositphoto.

3.7.1 SISTEMA DE MOVIMENTAÇÃO ORIENTADO

a) Sistema de Movimentação Orientado pela Função
- Transporte Contínuo.
- Transporte Elevação.
- Transporte Transferência.
- Transporte Autocarregadores.

b) Sistema de Movimentação Orientado pelo Equipamento
- Empilhadeira.
- Carrinhos/Paleteiras.
- Tratores/*Terminal Tractor*.

c) Sistema de Movimentação Orientado pelo Método
- Transporte Manual.
- Transporte Mecânico.
- Transporte Automático.

d) Sistema de Movimentação Orientado pelo Material
- Transporte de Granéis.
- Transporte de Líquidos.
- Transporte de Gases.

Pode-se destacar:

a) Equipamento de Movimentação Contínua: os EM Contínua são equipamentos que não se deslocam do local instalado e comumente são utilizados para cargas uniformes, em grande volume, de um ponto a outro por caminhos fixos.
Esses equipamentos são encontrados em mineração, indústrias, terminais de carga & descarga, terminais de recepção & expedição de mercadorias e silos & armazéns de granéis.
Seguem alguns exemplos: transportador de correia, transportador de rosca e óleo/gasoduto.

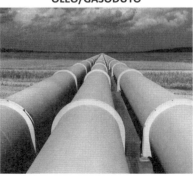

Figura 3.30 – Equipamentos de movimentação contínua.

Fonte: Depositphoto.

b) Equipamento de Movimentação de Transferência: são utilizados em linhas de produção, processos siderúrgicos, oficinas, galpões, pátios de construção, armazenamentos ao ar livre, movimentação de carga & descarga (grandes volumes), entre outros. Os equipamentos de movimentação de transferência são motorizados, eletroeletrônicos ou mecanizados. Frequentemente são utilizados em área restrita, transportam cargas variáveis, intermitentemente de um ponto a outro e não fixos. Para realizar suas operações os EM de Transferência se deslocam, no entanto, têm um espaço limitado para seus movimentos. A maioria desses equipamentos realiza deslocamentos em posição suspensa. A seguir, alguns exemplos: pórtico rolante, ponte rolante e transelevador.

Figura 3.31 – Equipamentos de movimentação de transferência.

Fonte: Depositphoto.

c) Equipamento de Movimentação de Manobra & Transporte: os EM de Manobra & Transporte são equipamentos industriais motorizados, mecânicos, elétricos e manuais que manobram, elevam e transportam cargas de locais variados a destinos variados e com frequências ocasionais ou intermitentes. A flexibilidade é o fator chave, o mais importante desses equipamentos, sendo assim, são utilizados em linhas de produção, áreas restritas, confinadas, externas, entre outras.

A seguir, alguns exemplos: trator de manobra, paleteira elétrica e empilhadeira.

TRATOR DE MANOBRA

PALETEIRA ELÉTRICA

EMPILHADEIRA

Figura 3.32 – Equipamentos de Movimentação de Manobra & Tranporte.

Fonte: Depositphoto.

CAPÍTULO 4
Logística de Transporte

4.1 INTRODUÇÃO

Desde os primórdios, o ser humano constantemente busca alternativas e instrumentos que atendam às suas necessidades de sobrevivência e bem-estar; meios de comunicação à distância, habitações adequadas às condições climáticas de cada meio, e não tem sido diferente com o transporte, seja de bens e pessoas.

A etimologia da palavra transporte vem do latim, em que *trans* tem o significado de "um lado a outro" e *portare* de "carregar". Portanto, a origem da palavra transporte nos remete a "carregar de um lado a outro".

O termo transporte, em Física e Geografia, está associado à mudança de entes físicos no espaço. Já na área de Engenharia, a denominação é dada ao deslocamento de pessoas e produtos.

Transporte de passageiros é como nos referimos ao deslocamento de pessoas, ao passo que, ao de produtos e materiais, nos referimos como Transporte de cargas.

Logo, podemos entender que Sistemas de Transporte é um conjunto de agentes indispensáveis que viabilizam maior fluidez na dinâmica de circulação de bens, pessoas e informações no espaço geográfico.

Sob qualquer aspecto, seja econômico, político ou militar, o transporte é, inquestionavelmente, uma das indústrias mais importantes do mundo.

A evolução do transporte pode ser observada em diferentes atos.

4.1.1 TRANSPORTE TERRESTRE

O homem conseguiu o seu primeiro transporte quando domesticou seu primeiro animal, usando o dorso do mesmo para se deslocar de uma região para outra.

Há aproximadamente seis mil anos, com a invenção da roda, o homem foi capaz de construir os primeiros carros, ainda bastante rudimentares.

Em 1803, circulava em Londres a primeira locomotiva a vapor e 82 anos depois, em 1885, foi construído o primeiro carro com motor a combustão.

Do final do século XIX até os dias atuais, é possível observar a evolução dos motores e toda a tecnologia ali envolvida, permitindo assim, que o homem desenvolvesse novos e mais eficientes meios de transporte.

Figura 4.1 – Locomotiva a vapor.

Fonte: Depositphoto.

Figura 4.2 – Composição ferroviária.

Fonte: Depositphoto.

> **Curiosidade**
>
> Billitron Iron Ore Train (BHP) – Austrália, 2001. Recorde mundial – a Billitron Iron Ore Train (BHP) foi reconhecida como a mais pesada e a mais longa composição ferroviária do mundo: 82 vagões; 82 mil toneladas de minério 7.300 m de comprimento.

4.1.2 TRANSPORTE AQUÁTICO

Semelhante ao que aconteceu no transporte terrestre, o homem, observando um tronco flutuar, fez disto o seu "primeiro barco". A evolução não tardou, derivações da sua primeira embarcação, como jangadas e pirogas, ocorreram com o passar dos séculos.

Quando aprendeu a utilizar a força dos ventos, desenvolveu os barcos a vela. Em 1450 foi criada a caravela pelos portugueses, que logo se tornou o meio de transporte aquático mais seguro e rápido.

Figura 4.3 – Réplica do barco de Cristóvão Colombo.

Fonte: Depositphoto.

Os avanços não pararam por aí, passados aproximadamente duzentos anos, já no final do século XVII, surgiu o primeiro barco a vapor. E a evolução continuou a passos largos, sendo que hoje, em 2023, temos embarcações maiores, ainda mais rápidas e seguras.

Figura 4.4 – Navio porta container.

Fonte: Depositphoto.

Curiosidade

HMM Algeciras: no transporte ultramarino de contêineres, o gigante HMM Algeciras é imbatível. Sua capacidade de carga útil é de mais de 500 mil toneladas: capacidade de 24 mil TEUS (contêineres de 20 pés), 400 m de comprimento, 61 m de largura e calado (parte que fica sob a água) de 16,5 m.

4.1.3 TRANSPORTE AÉREO

O sonho de voar sempre esteve presente na mente dos homens.

Em 1783 na França, o homem utilizou o ar quente para elevar balões, mais tarde, identificando gases mais leves que o ar, com o Hélio (He) e o Hidrogênio (H) pôde desenvolver os dirigíveis.

A evolução dos motores e as novas tecnologias permitiram e, ainda permite, que os homens alcem novos voos.

Figura 4.5 – Réplica do avião 14-Bis.

Fonte: Depositphoto.

Figura 4.6 – Aeronave Antonov AN-225 MRIYA.

Fonte: Depositphoto.

Curiosidades

O Antonov AN-225 MRIYA é uma aeronave de transporte cargueiro estratégico. É a maior aeronave de asa fixa do mundo: 84 m de comprimento, 88 m de envergadura e peso máximo de decolagem de 640 mil kg. Em fevereiro de 2022, em decorrência da guerra no leste europeu entre Rússia e Ucrânia, a aeronave Antonov AN-225 MRIYA foi destruída durante bombardeios a região de Hostomel (ou Gostomel), Ucrânia.

Em atividade, a maior aeronave hoje é o Airbus A380 – transporte de passageiros.

Comprimento: 73 m
Envergadura: 80 m
Peso Máximo de Decolagem: 575 mil kg
Número de Assentos: 853

Figura 4.7 – Aeronave Airbus A380.

Fonte: Depositphoto.

4.2 TRANSPORTE DE CARGA

É fato que os produtos, raramente, são produzidos e consumidos na mesma região, havendo assim, a necessidade de deslocá-los ao longo da Cadeia de Suprimentos. O sucesso, portanto, está fortemente ligado ao modelo e gestão do transporte, o que contribui, ainda mais, para o avanço e desenvolvimento de novas soluções.

O transporte de cargas é o principal componente dos sistemas logísticos das empresas. Sua importância pode ser medida por meio de, pelo menos, três indicadores financeiros: custo, faturamento e lucro (WANKE, 2010).

Tanto no âmbito das políticas públicas de investimento em infraestrutura quanto no gerencial de empresas privadas e estatais, a principal decisão relativa ao transporte de cargas é a escolha dos modais de transporte (FIGUEIREDO; FLEURY; WANKE, 2003).

De maneira a contribuir para que a decisão seja tomada, quanto à escolha do melhor modal a ser utilizado, seis fatores devem ser considerados pelos gestores:

1) Custos: o valor a ser pago pelos serviços de movimentação entre dois pontos geográficos, as despesas relacionadas com o gerenciamento e a manutenção do estoque em trânsito, bem como, eventuais exceções, como reentrega, pernoite, estadias e carga e descarga. O gestor de logística deve fundamentar a sua decisão considerando o custo total mais econômico para realizar toda a movimentação física, sem esquecer que o prazo de entrega, previamente acordado entre as partes – embarcador, transportadora e cliente –, deve ser cumprido.

2) Velocidade: o tempo necessário para completar uma movimentação específica. Um aspecto crítico no processo de seleção do modal de transporte mais indicado é, sem dúvidas, o equilíbrio entre a velocidade e o custo do serviço a ser prestado.

Supply Chain

3) Consistência: as variações de tempo necessárias para execução de uma movimentação específica, considerando diversos eventos. Em outras palavras, representa a capacidade de cumprir os tempos previstos para uma operação predefinida. A inconsistência no transporte gera desdobramentos de elevado impacto na Cadeia de Suprimentos. A ampliação dos estoques de segurança, impondo assim, maior custo de *working capital* se faz necessário para absorver as variações geradas no processo. Caso as medidas descritas anteriormente não sejam implementadas haverá rupturas na manufatura, como paradas da planta produtiva ou replanejamentos de produção, e também junto aos clientes pode ocorrer perda de nível de serviço e de vendas. Pode-se afirmar, que a consistência é o reflexo direto da qualidade do transporte executado.

4) Capacitação: é determinada pela possibilidade de um modal em trabalhar com diferentes volumes e variedade de produtos. O destaque fica para o modal aquaviário, que praticamente não tem restrições de produtos que podem ser transportados, bem como, a quantidade de volumes, sendo possível, centenas de milhares de toneladas.

5) Disponibilidade: o número de localidades em que o modal se encontra presente. O destaque fica para o modal rodoviário, que possui uma vantagem ampla e incontestável sobre os demais e excelente capilaridade.

6) Frequência: refere-se ao número de vezes que esse modal pode ser utilizado em um espaço de tempo predefinido. O entendimento aqui deve ser sobre a ótica do uso ou da disponibilidade dos ativos, sejam eles o veículo, a composição ou a embarcação.

4.3   MODAL DE TRANSPORTE

O Sistema de Transporte está estruturado por modais, sendo que as operações podem utilizar um ou mais modais de forma complementar.

Modal(idade) – É um meio de transporte. Já multimodalidade e intermodalidade são operações realizadas por meio de duas ou mais modalidades de transporte distintas. O equipamento comumente compartilhado nessas operações é o contêiner.

Unimodal(idade) – O transporte unimodal consiste na utilização de um único modal de transporte para efetivar a movimentação de bens, da origem ao destino. Esse modelo é, normalmente, caracterizado pelo modal rodoviário, com foco em curtas e médias distâncias. Entretanto, outro modal também pode ser destacado, o dutoviário.

Multimodal(idade) – O transporte multimodal compreende a utilização de dois ou mais modais de transporte, tendo como objetivo atender o cliente com eficiência e eficácia ao longo de todo o trajeto, isto é, da origem ao destino, passando pelos processos de transbordo.

O Operador de Transporte Multimodal (OTM) assume total responsabilidade perante o embarcador (dono da carga), sendo ele, o OTM, a contratar e gerenciar todos os prestadores de serviços envolvidos no processo, que engloba coleta, unitização, movimentação, armazenagem, transferência da carga e gestão da informação. O OTM pode executar uma ou mais etapas do processo, não sendo obrigatório a terceirização.

Cabe destacar, que apenas um conhecimento de transporte de carga é emitido, documento este denominado Conhecimento de Transporte Multimodal de Cargas (CTMC), que é válido como o documento fiscal do transporte e como contrato de prestação de serviços.

No Brasil, o Operador de Transporte Multimodal (OTM) deve, obrigatoriamente, ter registro na Agência Nacional de Transportes Terrestres (ANTT).

Intermodal(idade) – O transporte intermodal, também consiste na utilização de dois ou mais modais de transporte, porém os documentos de transporte são emitidos individualmente, isto é, a cada etapa da operação, o que determina claramente as responsabilidades de cada prestador de serviço.

Diante disso, toda vez que existir uma mudança de modal ou de prestador de serviço, a emissão de um novo documento deve ocorrer, e o mesmo, entra em vigência imediatamente e deve acompanhar a carga, nesta nova etapa.

O uso da intermodalidade visa minimizar os custos da operação, proporcionando um gasto mais competitivo para cada etapa do processo, o que na prática, isso não ocorre na maioria das vezes.

Quadro 4.1 – Comparativo Multimodalidade vs. Intermodalidade

Tema	Operação INTERMODAL	Operação MULTIMODAL (Operador Transporte Multimodal (OTM)
Burocracia	Emissão de documento individual para cada operador	Contrato único Conhecimento de Transporte Multimodal de Carga (CTMC)
Segurança da Carga	Contratos de responsabilidade pela carga para cada operador	OTM é responsável por toda a operação
Serviço	Segmentado	Porta-a-Porta

Custo[1]	Maior	Menor
Rapidez	Menor	Maior

Ponto de atenção: atualmente no Brasil, embora já exista a Lei n. 9.611 de fevereiro de 1998, que dispõe sobre o Transporte Multimodal e o Decreto n. 3.411 de abril de 2000, que regulamenta esta lei, existem restrições que inviabilizam a atuação dos Operadores de Transporte Multimodal (OTM). Essas restrições estão relacionadas diretamente ao Seguro Obrigatório, exigido para a obtenção do registro de Operador de Transporte Multimodal, e às tributações envolvidas nesse processo, principalmente o ICMS (BRASIL, 1998, p. 9).

Hoje, no Brasil, identificamos seis modais básicos de transporte:

4.3.1 MODAL AÉREO

Fonte: Depositphoto

No Brasil, o modal de transporte de cargas aéreas não possui grande intensidade, porém ele se destaca em dois aspectos de extrema relevância: agilidade e urgência.

O transporte aéreo é classificado como *full pax* quando só há transporte de passageiros, *full cargo* quando o transporte é somente de cargas e *combi* quando há transporte de cargas e de passageiros.

O modal aéreo está qualificado para atender longas distâncias e com *delivery time*[2] curtos. A volumetria, comumente, é pequena e os produtos perecíveis e/ou frágeis.

---

[1] Atenção ao custo: frequentemente, a contratação por etapa (modelo intermodal) apresenta custos, tempo de gestão e *lead-time*.
[2] *Delivery time*, em português, prazo de entrega.

Esse modal necessita de uma infraestrutura aeroportuária e equipamentos, sejam as aeronaves, e também de movimentação e acesso aos aviões. O frete é considerado elevado e a disponibilidades de rotas e aeronaves são bastante limitadas.

Há regularmente a necessidade da utilização de um segundo modal, sendo comumente, o rodoviário, para a execução das operações de ponta, sendo origem – aeroporto e aeroporto – destino/entrega.

Vantagens:

- Velocidade, eficiência e confiabilidade.
- Manuseio altamente mecanizado.
- Menor risco de roubos e avarias.
- Atinge regiões inacessíveis a outros modais.

Desvantagens:

- Menor capacidade em peso e volume.
- O frete mais caro dentro todos os modais.
- Forte restrição a inúmeros tipos de cargas.

Curiosidade

Santos Dumont, em 1926, pediu à Liga das Nações (organização internacional criada em abril de 1919, quando da Conferência de Paz de Paris) que adotasse seu pacto fundador: proibir o uso de aviões na guerra.

4.3.2 MODAL AQUAVIÁRIO (HIDROVIÁRIO)

Supply Chain

O modal aquaviário ou modal hidroviário é característico de transporte realizado sobre a água e pode ser subdividido em três categorias:

- *Marítimo* é o transporte que acontece sobre mares e oceanos. Utiliza-se navios para o transporte de cargas.

- *Fluvial* é o transporte que acontece através dos rios. Utiliza-se comumente de barcos para o transporte de cargas.

- *Lacustre* é quando o transporte acontece através de lagos e lagoas.

O transporte aquaviário possui características de transportar grandes volumes a longas distâncias. Os fretes tendem a ser baixos, inferiores aos demais modais, mas a operação é bastante limitada quanto às rotas e disponibilidade de embarcações.

Graças ao desenvolvimento das embarcações, o modal aquaviário ganhou papel de extrema relevância na logística internacional, sendo indicado para cargas de valor agregado baixo e que permitem maior *delivery time* e tem assim, seu foco em commodities, como petróleo e derivados, minério de ferro, cereais, entre outros.

Devido a suas características, hoje o modal aquaviário é responsável por 99% do peso transportado entre países.

O modal aquaviário necessita de uma infraestrutura portuária e equipamentos, sejam embarcações, e também de movimentação e atracagem dos navios.

Como no modal aéreo, há a necessidade da utilização de um segundo modal, para a execução das operações de ponta, sendo origem – porto e porto – destino/entrega.

Vantagens:

- Capacidade de carga elevada.
- Custo de frete baixo.
- Alta flexibilidade quanto aos tipos de cargas.

Desvantagens:

- Transporte lento.
- Maior exigência de embalagem adicional.
- Influenciado pelas condições climáticas.

Curiosidade

O modal marítimo foi o grande impulsor da globalização, por intermédio dele, povos puderam descobrir e colonizar novas terras.

4.3.3 MODAL DUTOVIÁRIO

O modal dutoviário, transporte por dutos e tubulações, é caracterizado pelo tráfego de materiais e produtos, comumente granéis líquidos e gasosos, e sólidos (comumente suspensos), que se deslocam de um determinado local para outro através de tubulações, por gravidade ou por pressão mecânica exercida por um conjunto de motores e bombas hidráulicas.

Os primeiros dutos surgiram nos Estados Unidos por volta de 1859 e o uso se intensificou a partir do século XX, com o desenvolvimento de novas tecnologias. Contudo, o uso desse meio de transporte é conhecido há séculos, uma vez que existem evidências de uso no Egito antigo, gregos e romanos. Basicamente, eram utilizados para o transporte de água, e posteriormente, para saneamento.

A infraestrutura desse sistema é fixa, podendo ser instalada sobre o solo, no subsolo e submarina. Demanda atenção devido aos elevados investimentos em *capex*[3] e demais questões de propriedade e meio ambiente, sempre muito restritivas.

O modal dutoviário é muito utilizado por companhias petrolíferas, empresas químicas de grande porte, entre outras.

Não existe transporte adicional nas pontas.

Classificação dos dutos:

- Gasoduto: transporte de gases. Exemplo: gás natural, dióxido de carbono, entre outros.

---

[3] Capex é a sigla da expressão inglesa *Capital Expenditure*, que pode ser definida como Despesas de Capitais ou Investimentos em Bens de Capitais.

- Oleoduto: transporte de petróleo cru, substâncias derivadas e não derivadas do petróleo. Exemplo: combustíveis em geral, álcool etc.
- Mineroduto: transporte de minérios. Exemplo: minério de ferro, cimento, sal-gema, entre outros.
- Carboduto: transporte de carvão mineral.
- Poliduto: transporte de variados produtos. Exemplo: água, cerveja, vinho etc.

Infraestrutura:

Dutos Subterrâneos: os dutos enterrados estão mais protegidos contra acidentes, vandalismos e condições climáticas. Outro ponto de relevância é que os dutos também estão mais seguros em casos de rupturas ou vazamentos. Comumente, convivemos com esse tipo de duto nas cidades, para o transporte de água potável, esgoto, e em alguns centros urbanos, para gás natural, por exemplo.

Figura 4.8 – Duto subterrâneo.

Fonte: Depositphoto.

Dutos Aparentes: os dutos sobre o solo, isto é, aparentes, são comumente vistos próximo às estações de bombeamento e nas estações de manutenção preventivas – lançamento de equipamentos para escaneamento da tubulação com o objetivo de detectar trincas, amassamentos, entre outras imperfeições, bem como, promover a limpeza da tubulação. Esses equipamentos são conhecidos por *Pipeline Inspection Gauge* (PIG).[4]

---

[4] *Pipeline Inspection Gauge* (PIG) – em português, Medidor de Inspeção de Tubulação.

Figura 4.9 – Duto aparente.

Fonte: Depositphoto.

Dutos Aéreos: os dutos aéreos são aqueles colocados acima do solo. Normalmente, essa solução é empregada para transpor áreas acidentadas, vales, cursos d'água ou pântanos.

Figura 4.10 – Duto aéreo.

Fonte: Depositphoto.

Dutos Subaquático: os dutos estão submersos, seja nos mares, rios ou lagos. Frequentemente, observamos a utilização desses dutos, por exemplo, para o transporte de petróleo das plataformas marítimas para as refinarias ou tanques de armazenagem situados em terra.

Figura 4.11 – Duto subaquático.

Fonte: Depositphoto.

Vantagens:
- Deslocamento de grandes quantidades de produto.
- Podem dispensar armazenamento.
- Menor possibilidade de perdas e roubos.
- Não exige embalagem para efetivação do transporte.
- O manuseio da carga é bastante reduzido.
- Independe do clima para realização do transporte.
- Apresenta baixo custo operacional, uma vez que a mão de obra exigida é reduzida.

Desvantagens:
- Dificuldades na concessão de autorizações para a sua instalação.
- Em caso de acidentes, processos complexos para contenção de danos.
- Transportam mercadorias muito específicas. Cada duto é construído especificamente para um tipo de mercadoria.
- Possuem pouca flexibilidade. As mercadorias não podem mudar de percurso, nem parar no caminho.
- As empresas são responsáveis pela construção das vias, sendo os investimentos iniciais, bastante elevados.

> **Curiosidade**
>
> No Rio de Janeiro, o aqueduto da Carioca (Arcos da Lapa) foi inaugurado em 1750 com o objetivo de trazer água do morro de Santa Tereza para o chafariz da Carioca e ligar o morro de Santa Teresa ao morro de Santo Antônio. O aqueduto, em estilo romano, conta com uma dupla fileira de arcadas, totalizando 42 arcos e 270 m de comprimento.

4.3.4 MODAL FERROVIÁRIO

O surgimento do modal ferroviário está ligado diretamente à Primeira Revolução Industrial, acontecimento histórico na Europa, no final do século XVIII e início do século XIX. Esse modal é considerado o de melhor custo-benefício, dentro do sistema de transporte.

Apresenta como característica sua condução por vias férreas, comumente, direcionado para longas distâncias, transportando grandes volumes e cargas de baixo valor agregado, o que permite maior *delivery time*.

A operação ideal é com terminais ferroviários dentro das instalações do embarcador e do recebedor, caso contrário, obriga-se a utilização nas pontas de mais um modal, normalmente, o modal rodoviário.

Vantagens:
- Sem problemas de congestionamento.
- Transporte de vários tipos de produtos.
- Independente das condições climáticas.

- Grande capacidade de carga.
- Elevada eficiência energética.

Desvantagens:
- Não possui flexibilidade de percurso.
- Elevados investimentos na construção e manutenção das linhas férreas.
- Falta de estrutura.
- Transporte lento devido às suas operações de carga e descarga.
- Restrição de pontos de atendimento – uso de modal complementar.

Curiosidade

O protótipo da locomotiva a vapor foi criado pelo Escocês Richard Trevithick (1771-1833) para a Penydarrem Iron Works, em Wales. Foi a primeira locomotiva a vapor a puxar sobre trilhos cinco vagões com dez toneladas de carga e setenta passageiros, sendo que tal feito ocorreu em 1804.[5]

4.3.5 MODAL RODOVIÁRIO

O modal rodoviário no Brasil é relativamente novo, se considerarmos que as primeiras rodovias brasileiras surgiram no século XIX e a ampliação da malha se deu no Governo Vargas (1932), com a criação do Departamento Nacional de Estradas de Rodagem (DNER) em 1937 e, mais tarde, com a implantação da indústria automobilística no início dos anos 1950.

---

[5] Cf. em www.museusferroviarios.net.br.

O modal rodoviário permite maior capilaridade de atendimento e é, dentre os modais de transporte, o mais flexível. É também caracterizado pela utilização de ruas, avenidas, estradas ou rodovias para garantir as entregas em qualquer ponto.

Principal modal do transporte de cargas, o modal rodoviário representa hoje aproximadamente 60% das cargas transportadas no país e está subdividido em três operadores:

1) Empresas transportadoras.

2) Empresas de cargas próprias.

3) Transportadores autônomos.

O transporte rodoviário terrestre é regido sob as normas da Agência Nacional de Transportes Terrestres (ANTT).

Vantagens:

- Adequado para atendimento de curta e média distância.

- Elevado grau de adaptação.

- Grande cobertura geográfica.

- Transporte integrado porta a porta.

- Maior frequência e disponibilidade de vias de acesso.

Desvantagens:

- Espaço limitado em peso/cubagem.

- Sujeito a regulamentação de circulação e horário.

- Elevados índices de sinistralidade e poluição.

- Menor competitividade para longa distância.

Curiosidade

Frases de para-choques surgiram no Brasil na década de 1950. A versão oficiosa nos mostra que a iniciativa já ocorria no país vizinho, e os argentinos, que aqui trafegavam devido às importações e exportações apresentaram "a novidade". Uma frase para descontrair: "Velocidade controlada pelos buracos da estrada".

4.3.6 MODAL INFOVIÁRIO – "NOVO" MODAL DE TRANSPORTE

Comumente, citações existentes sobre os modais de transportes, na literatura acadêmica e corporativa, envolvem o conceito de entrega de cargas, sempre fazendo referência a produtos físicos, eliminando assim, inicialmente, a possibilidade de entregas virtuais.

Entretanto, segundo o Departamento de Proteção e Defesa do Consumidor, produto é todo o bem, móvel ou imóvel, material ou imaterial, colocado no mercado de consumo. Outra definição, complementar à anteriormente citada, diz que "produto é qualquer coisa que possa ser oferecida a um mercado para atenção, aquisição, uso ou consumo, e que possa satisfazer um desejo ou necessidade" (KLOTER; ARMSTRONG, 1998).

Portanto, pode-se admitir a entrada de um novo modal e este, mesmo não tendo origem recente, está revolucionando à logística de determinados segmentos, com uma ação protagonista desta era, e provavelmente das próximas.

O modal infoviário ou modal virtual teve forte impulso no seu desenvolvimento e aplicação com a chegada da pandemia de Covid-19.

O modal infoviário pode ser definido pelo uso de soluções tecnológicas que possibilitam o fluxo e a entrega de informações para diversos objetivos específicos. Essas informações podem ser em formato de dados, imagens, áudios ou vídeos (CORRÊA, 2014).

Pode-se também entender, que o modal virtual ou infoviário é um meio de transporte baseado em entregas de produtos não físicos, intangíveis ou imateriais, dados a serem trabalhados e dados modelados – informações, a serem disponibilizados aos clientes ou consumidores.

Assim como, os modais tradicionais necessitam de uma infraestrutura básica, em linha com o modelo de referência, o modal infoviário ou virtual não é diferente, sendo que este necessita das infovias.

Em tempo, infovia é o conjunto de linhas digitais pelas quais trafegam os dados das redes eletrônicas. Essas linhas podem ser físicas, como cabos de fibra óptica, por conexões *wireless* via rádio, satélite, ou quaisquer outros equipamentos que possam executar funções técnicas análogas e/ou complementares (informações adicionais, pesquise convergência tecnológica).

Vantagens:

- Rapidez e agilidade são pontos de destaque, no que se refere às entregas.
- Massificação no acesso a informação, treinamentos, cursos, entre outros.
- Gestão de espaço virtual, haja vista a característica não material dos produtos transportados.

Desvantagens:

- O acesso à tecnologia, para muitos brasileiros, ainda é caro e bastante restritivo.
- Obsolescência acelerada, em decorrência da rápida evolução das tecnologias.
- Trafego elevado de conteúdo *spam*.[6]

Curiosidade

Cibersegurança – com a chegada da pandemia houve um aumento significativo na violação dos dados devido a incidentes internos e ataques virtuais efetivados por hackers. As empresas passaram a adotar padrões rígidos, aumentando a segurança digital, com políticas de segurança, antivírus, firewalls e criptografia. A transformação digital tornou-se uma realidade.

4.4 SISTEMAS DE TRANSPORTE – BRASIL

A figura a seguir demonstra um breve resumo da infraestrutura do Brasil.

Rapidamente é possível observar que ainda estamos muito atrasados no desenvolvimento da nossa infraestrutura logística, sendo necessário que nos próximos anos os investimentos públicos e privados se multipliquem.

---

[6] O termo *spam* é um acrônimo derivado da expressão em inglês *Sending and Posting Advertisement in Mass* (em português, enviar e postar publicidade em massa). Pode-se referir a um *spam* de maneira formal, utilizando o termo *Unsolicited Bulk Email* (UBE) (em português, e-mail em massa não solicitado) ou *Unsolicited Commercial Email* (UCE) (em português, e-mail comercial não solicitado) (Fonte: Rede Nacional de Ensino e Pesquisa – RNP/Organização Social vinculada ao Ministério da Ciência, Tecnologia e Inovações – MCTI).

Figura 4.12 – Infraestrutura do Brasil.

Fonte: https://www.cia.gov/library/publications/the-world-factbook/geos/br.html, 2021.

4.4.1 SISTEMA DE TRANSPORTE AÉREO – INFRAESTRUTURA BRASIL

O Plano Aeroviário Nacional (PAN), instituído em 21 de novembro de 2018, com sua última atualização em 28 de agosto de 2020, é um importante marco para o setor de transporte aéreo brasileiro. Além de cumprir a previsão legal, atende às recomendações da Organização de Aviação Civil Internacional (OACI) quanto à necessidade de os países estruturarem suas ações voltadas à aviação civil em planos estratégicos. Ele destaca também o conjunto de ações, programas, políticas e regulações elencados como estratégicos para o alcance dos objetivos do transporte aéreo (BRASIL, 2018).

O Brasil tem 2.499 aeródromos registrados pela Agência Nacional de Aviação Civil (ANAC), sendo 1.911 privados e 588 públicos. Dos públicos, 10 foram concedidos à iniciativa privada e outros 13 estão em processo de concessão. Entretanto, a grande concentração de embarque e desembarque (98%) está concentrada em apenas 65 aeroportos e destes, 31 possuem os principais terminais regionais e volume de passageiros acima de 1 milhão/mês. (BRASIL, 2022).

A movimentação de cargas pelo modal aéreo no Brasil ainda é tímida, segundo dados da Confederação Nacional da Indústria (CNI), apenas 0,4% das cargas são transportadas por aviões no país. Quando olhamos os dados mundiais, cerca de 1% das cargas são transportadas por aviões, mas o valor desses produtos corresponde a 35% de total.

A movimentação de cargas nos aeroportos brasileiros também foi impactada pela pandemia de Covid-19.

Na relação dos dez principais aeroportos brasileiros, apenas Manaus/AM teve um pequeno crescimento, enquanto todos os outros tiveram queda. Ao compararmos o período janeiro a abril de 2020 com 2019, os aeroportos apresentaram uma redução de 13,5% em volume de cargas, algo bastante significativo. Vale destacar que os números refletem o início da pandemia de Covid-19.

Ao observar um horizonte mais amplo, isto é, janeiro de 2020 a dezembro de 2020, com exceção dos aeroportos de Viracopos (Campinas/SP) e Manaus/AM, todos os demais aeroportos no Top 10 – Ranking de Movimentação de Cargas (volume) tiveram redução de movimentação de cargas.

Entretanto, é possível observar uma forte recuperação na movimentação de cargas aéreas em muitos aeroportos de janeiro a dezembro de 2021. O destaque fica para os aeroportos de Guarulhos, com o maior crescimento, e Porto Alegre, que com o crescimento de 28,3% ingressou no Ranking Top 10 Aeroportos.

Quadro 4.2 – Top 10 Aeroportos e o ranking de movimentação de cargas

Ranking Aeroportos TOP 10 - 2020	Ranking Aeroportos TOP 10 - 2021	Movimentação de Carga 2021 vs. 2020	Taxa de Crescimento 2021 vs. 2020
Guarulhos (SP)	Guarulhos (SP)	Crescimento	37,6%
Viracopos (SP)	Viracopos (SP)	Crescimento	34,6%
Manaus (AM)	Manaus (AM)	Crescimento	12,4%
Galeão (RJ)	Recife (PE)	Crescimento	36,5%
Recife (PE)	Galeão (RJ)	Crescimento	1,4%
Brasília (DF)	Brasília (DF)	Crescimento	34,3%
Fortaleza (CE)	Fortaleza (CE)	Redução	-3,7%

Confins (MG)	Confins (MG)	Crescimento	36,1%
Belém (PA)	Belém (PA)	Crescimento	29,0%
Congonhas (SP)	Porto Alegre (RS)	Crescimento	28,3%

Fonte: Ministério da Infraestrutura.

Ainda no Ranking de Movimentação de Cargas Aéreas no Brasil, apenas dois aeroportos – Guarulhos/SP e Viracopos (Campinas/SP) – representam aproximadamente 70,8% de todo volume movimentado de cargas entre os Top 10, se consolidando assim como os principais aeroportos do país. Porém, é importante entender que cada aeroporto tem a sua importância na economia regional e local, sendo parte de uma grande malha aeroviária necessária para o desenvolvimento do Brasil.

Quadro 4.3 – Ranking de Aeroportos por Carga Aérea (volume de movimentação, de jan/2021 a dez/2021), via voos domésticos e internacionais, regular e não regular

Posição no Ranking 2021	Aeródromo	Município (UF)	Carga Aérea Movimentada (ton)
1	Aeroporto Internacional de São Paulo	Guarulhos (SP)	527.127,17
2	Aeroporto Internacional de Campinas (Viracopos)	Campinas (SP)	422.655,59
3	Aeroporto Internacional de Manaus	Manaus (AM)	136.020,48
4	Aeroporto Internacional de Recife	Recife (PE)	58.192,40
5	Aeroporto Internacional do Rio de Janeiro	Rio de Janeiro (RJ)	48.555,99
6	Aeroporto Internacional de Brasília	Brasília (DF)	46.450,27
7	Aeroporto Internacional de Fortaleza	Fortaleza (CE)	31.566,73
8	Aeroporto Internacional de Confins	Confins (MG)	27.426,84
9	Aeroporto Internacional de Belém	Belém (PA)	23.542,99
10	Aeroporto Internacional de Porto Alegre	Porto Alegre (RS)	20.249,93

Fonte: Ministério da Infraestrutura.

É possível identificar o desenvolvimento de uma nação por intermédio do seu sistema de transporte. A melhoria desse serviço pode mudar toda uma economia tornando-a mais competitiva e mais próxima das nações mais desenvolvidas, (BALLOU, 2006).

Assim, para compreender ainda melhor o quão distante o Brasil está de uma malha aeroviária capaz de estimular a economia e fomentar reduções de custos operacionais, deve-se analisar o comparativo Brasil e Estados Unidos, referente às suas respectivas malhas aéreas domésticas.

4.4.1.1   Malha Aeroviária – Comparativo Brasil vs. Estados Unidos

A malha aérea doméstica americana tem 3,5 vezes mais cidades servidas por voos regionais e mais de 10 vezes o número de aeronaves em serviço.

Disponibilidade e competitividade fazem o ciclo americano girar com maior eficiência e custos mais otimizados (SILVA, 2020).

4.4.2   SISTEMA DE TRANSPORTE AQUAVIÁRIO (HIDROVIÁRIO) – INFRAESTRUTURA BRASIL

As hidrovias fazem parte da história da civilização, pois os nossos antepassados já utilizavam rios e mares para o deslocamento de pessoas e cargas.

O sistema de transporte hidroviário apresenta uma das melhores relações custo/tonelada transportado.

Existe uma estimativa que em todo o planeta haja cerca de 450 mil km de rios com potencial de navegação, porém, somente 190 mil km são explorados como hidrovias.

No Brasil as águas estão distribuídas em nove regiões hidrográficas, sendo cada uma devidamente demarcada. A identificação das regiões hidrográficas compõe a nomenclatura das hidrovias brasileiras (DNIT, 2020).

O setor portuário brasileiro, composto por 187 portos públicos e privados (portos organizados, terminais autorizados e arrendados) movimentou 591,9 milhões de toneladas no primeiro semestre de 2021. O número representa um crescimento de 9,4% em relação ao mesmo período do ano anterior (ANTAQ, 2022).

Os portos públicos no Brasil, encontram-se administrados pela União (Companhias Docas) ou delegados a municípios, estados ou consórcios públicos.

É importante frisar que a Secretaria Nacional de Portos e Transportes Aquaviário (SNPTA) usa como classificação de porto marítimo ou fluvial o tipo de navegação de longo curso ou interior, e não por localização geográfica. O porto de Manaus é geograficamente fluvial/rio, entretanto na classificação da SNPTA é considerado marítimo por receber embarcações de linhas oceânicas, por exemplo (BRASIL, 2020).

Os maiores entraves para o desenvolvimento do sistema de transporte aquaviário estão associados a barreiras de infraestrutura, de operações, institucionais e burocráticos. O segmento sofre com a ausência de atenção quanto às políticas públicas, à baixa efetividade de planos e programas e o reduzido volume de recursos investidos no setor ao longo dos anos, conforme Pesquisa da Confederação Nacional do Transporte intitulada *Aspectos Gerais da Navegação Interior no Brasil* (CNT, 2019).

O desenvolvimento do setor hidroviário passa, necessariamente, por investimento também na integração modal. "Para desenvolver o modal é preciso ter uma logística fluvial eficiente, segura e com uma visão voltada para a multimodalidade", destacou Fábio Weikert Bicalho, ex-representante da Economic Commission for Latin America and the Caribbean (ECLAC) (CNT, 2019).

Infelizmente, o Brasil opera pouco menos de um terço da sua malha de transporte hidroviário potencialmente navegável, isto é, dos seus 63 mil quilômetros de vias navegáveis, operamos aproximadamente 19,6 mil quilômetros (CNT, 2019). Ainda temos muito a fazer.

Algumas denominações são bastante utilizadas quando tratamos do sistema Aquaviário, entretanto, os conceitos são pouco comuns à maioria dos profissionais da área logística.

> ### Curiosidade
>
> O transporte aquaviário, conforme divulgado em julho de 2020, conta com um padrão de identificação das vias navegáveis para aperfeiçoar o reconhecimento dos corpos hídricos. O Departamento Nacional de Infraestrutura de Transportes (DNIT) instituiu a metodologia de gerenciamento das hidrovias interiores do sistema aquaviário federal em parceria com o Ministério de Infraestrutura (Minfra), da Agência Nacional de Transportes Aquaviário (Antaq) e da Marinha do Brasil. Para realizar a identificação das hidrovias, foram utilizados como referência a listagem dos rios do Plano Nacional de Viação (PNV) e do Sistema Nacional de Viação (SNV), que apresentam versões das listas dos corpos hídricos dispostos em cada região hidrográfica. A nomenclatura para as hidrovias nacionais sob competência do DNIT foi estabelecida de modo similar à utilizada no modal de transporte terrestre. Dessa forma, o modelo adotado na nomenclatura das hidrovias é HN-000 (DNIT, 2020).

Exemplo: HN-100 Rio Amazonas (HN_hidrovia nacional – 1_região hidrográfica amazônica 00_código identificador do rio Amazonas).

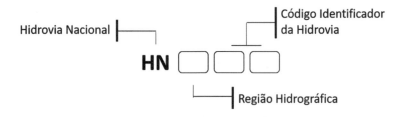

Figura 4.13 – Identificação de hidrovias.

Fonte: DNIT – Hidrovias, 2021.

> **Nota do autor**
>
> A malha hidroviária nacional, conforme o Sistema Nacional de Viação (SNV), é composta de 137 hidrovias (DNIT, 2020), entre as principais hidrovias brasileiras, destacam-se:
> – Hidrovia do Amazonas (HN-100): localizada na região Norte e estendendo-se por 1.646 km. Atende a uma área formada por 29 municípios em três estados diferentes, sendo Amapá, Amazonas e Pará. Compreende os rios da bacia do rio Amazonas, principal curso d'água que ela atravessa. Essa hidrovia responde, de acordo com dados do Departamento Nacional de Infraestrutura de Transportes, a 65% da carga transportada na região, como combustíveis, grãos e óleos minerais (GUITARRARA, 2022).
> – Hidrovia Tietê-Paraná (HN-913 – HN-900): localizada nas regiões Sudeste e Sul do Brasil, abrangendo um conjunto de 286 municípios. Estende-se por 2.400 km entre os rios Paraná e Tietê. Faz uso de um sistema de eclusas em função dos desníveis nesses cursos d'água. Essa hidrovia serve ao transporte de cargas, conectando-se a alguns dos principais portos exportadores do país, além de desempenhar um papel importante nos deslocamentos entre centros do Mercosul (GUITARRARA, 2022).
> – Hidrovia Rio Juruá/AM (HN-143): é a maior em uso no país, com uma extensão de 3.400 km (DNIT, 2020).

Entre as principais hidrovias do mundo, podemos citar:

- Canal do Panamá, na América Central (istmo[7] do Panamá).
- Canal de Suez, no Egito.
- Hidrovia do rio Yangtzé, na China, conhecida como a "Hidrovia Dourada".[8]
- Canal da Mancha, na Europa.

---

[7] Istmo é uma estreita porção de terra que liga a América do Norte à do Sul e separa o oceano Pacífico do Atlântico (PIVETTA, 2016).

[8] Hidrovia Dourada: a hidrovia do rio Yangtzé possui esta denominação devido sua grande importância econômica. O rio Yangtzé é o maior rio da Ásia, com uma extensão de 6.300 km, atravessa onze províncias, que juntas respondem por 41% do Produto Interno Bruto (PIB) da China (SOUSA, 2018).

- Estreito de Ormuz, no golfo Pérsico.
- Hidrovia dos Grandes Lagos, na América do Norte.

Eclusas: são obras de engenharia hidráulica que permitem que as embarcações subam ou desçam, rios ou mares, em locais onde existem desníveis, como barragens, quedas d'água e corredeiras. Elas funcionam como elevadores aquáticos para embarcações, onde duas portas separam os dois níveis do curso d'água. Esse sistema viabiliza a transposição de obstáculos que existem entre os trechos navegáveis e ameniza os impactos dos ciclos de chuvas ao longo do ano. Dessa forma, além de aumentar a extensão navegável, possibilita o trânsito de embarcações durante um maior período do ano. Hoje existem 16 eclusas no Brasil, sendo oito eclusas sob a responsabilidade do DNIT (DNIT, 2021).

Instalações Portuárias Públicas de Pequeno Porte (IP4): são pequenos portos que têm como objetivo fornecer segurança nas operações de embarque e desembarque de passageiros e insumos, como medicamentos, gêneros alimentícios, vestuários, entre outros, aos municípios localizados às margens dos rios, que dependem exclusivamente do transporte hidroviário. Até o momento são 48 Instalações Portuárias Públicas de Pequeno Porte (IP4), sendo que mais 12 delas estão sendo construídas e outras quatro estão fase em projetos. Todos as IP4 estão distribuídas em municípios do Amazonas, Pará, Rondônia e Roraima (DNIT, 2021).

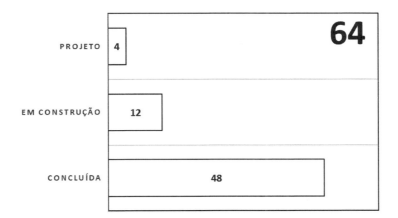

Figura 4.14 – Instalações Portuárias Públicas de Pequeno Porte (IP4).

Fonte: DNIT, 2021.

Atracadouros: as combinações de um ou mais píeres, dotados ou não de ramificações (*fingers*) fixas ou flutuantes, que podem apresentar terminais de serviços, são considerados atracadouros. Atualmente, existem 21 Atracadouros, os quais estão localizados nos estados do Maranhão e do Piauí.

Portos Públicos: os portos públicos do Brasil são portos organizados (bem público), construídos e aparelhados para atender às necessidades de navegação, de movimentação de passageiros ou de movimentação e armazenagem de mercadorias, e cujo tráfego e operações portuárias estejam sob jurisdição de autoridade portuária. Comumente, esses portos estão sob o modelo Landlord Port (com vários arrendamentos portuários/terminais).

O Landlord Port é o modelo em que a gestão é pública e a operação portuária é privada. Esse modelo é adotado na maioria dos países, como Estados Unidos, Espanha, França, Portugal, Alemanha, China, entre outros.

Atualmente o Brasil possui 37 Portos Públicos organizados no Brasil, sendo 16 portos administrados pela União (Companhia Docas) e outros 21 portos organizados delegados a municípios, estados ou consórcios públicos (ANTAQ, 2018). Complementar a essa estrutura, o país ainda conta com outros 39 Portos Fluviais e um Terminal Portuário em Pecém/CE (sob Autorização Estadual).

Portos Marítimos: são aqueles aptos a receber linhas de navegação oceânicas, tanto em navegação de longo curso (internacionais), como em navegação de cabotagem (domésticas), independente da sua localização geográfica.

Área do Porto Organizado: é delimitada por ato do Poder Executivo e compreende as instalações portuárias, a infraestrutura de proteção e de acesso ao porto organizado.

Instalação Portuária: é uma instalação localizada dentro ou fora da área do porto organizado e utilizada em movimentação de passageiros e em movimentação ou armazenagem de mercadorias, destinadas ou provenientes de transporte aquaviário.

Estação de Transbordo de Carga (ETC): são instalações situadas fora da área do porto organizado, utilizadas exclusivamente para operações de transbordo de cargas destinadas ou provenientes da navegação interior.

Os números da infraestrutura hidroviária brasileira apresentados até aqui, diante da estrutura continental do país, demonstram fragilidade e ineficiência, fato este confirmado quando os comparamos a países de dimensões semelhantes, como Estados Unidos e China.

A densidade registrada em km navegáveis por 1.000 km² elucida o comentário anterior, pois China e Estados Unidos apresentam, respectivamente, 11,5 km e 4,2 km navegáveis por 1.000 km², enquanto o Brasil dispõe de apenas 2,3 km nessa mesma proporção.

Essa baixa densidade da malha hidroviária brasileira é fruto de entraves de infraestrutura, burocracia, baixa efetividade de planos e programas e reduzido volume de recursos investidos no setor ao longo dos anos, indica a Confederação Nacional da Indústria (CNI) (SOPESP, 2019).

4.4.2.1 Malha Hidroviária (interior) – Comparativo Brasil, Estados Unidos e China

Os Estados Unidos é o país que mais utiliza esse modelo de transporte, possui o maior fluxo hidroviário do planeta e suas hidrovias totalizam 40 mil quilômetros. Lembrando que o Brasil possui aproximadamente 19,6 mil quilômetros. Adicionalmente aos pontos aludidos, outro fator a ser observado é o desempenho da navegação hidroviária de interior no Brasil, a qual possui baixíssima eficiência na utilização dos ativos.

O Brasil é o país com a 16ª maior área litorânea do mundo, com 7,4 mil quilômetros de extensão. Do estado do Amapá, no extremo norte do país, até o Rio Grande do Sul, em seu extremo sul, o litoral brasileiro é banhado pelo Oceano Atlântico.

O setor portuário brasileiro cresceu 4,2% em 2020 em relação a 2019. O crescimento foi resultado da movimentação de 1,151 bilhão de toneladas das mais diversas mercadorias, respondendo por mais de 90% das exportações brasileiras, ainda assim, carece de investimento e atenção.

No *Global Competitiveness Report* do World Economic Forum 2019, o qual é apresentado anualmente, o Brasil ficou somente na 71ª posição no Ranking de Competitividade entre os países. Se considerarmos os pontos do ranking referente ao pilar Infraestrutura de Transporte, o Brasil ocupa a 85ª posição. Corroborando a ausência de atenção do poder público ao Sistema de Transporte Marítimo e baseando-se ainda nos resultados do *Global Competitiveness Report*, o Brasil ocupa apenas 104ª posição quanto à qualidade da infraestrutura deste modal (WORLD ECONOMIC FORUM – 2019).

Somente em abril de 2021, na revisão do Plano Nacional de Logística (PNL 2035), os portos foram incorporados ao planejamento. Correção mais que bem-vinda, uma vez que o PNL 2035 (versão revisada do primeiro PNL, emitido em 2017) agora considera todos os modais.

Simultaneamente, para uma melhor compreensão do quão distante a infraestrutura portuária brasileira está dos principais portos mundiais, o comparativo referente ao Porto de Santos, Brasil, e o Porto de Xangai, China, pode ajudar.

A China é hoje um excelente exemplo de boa gestão logística, com seis portos entre os dez maiores do mundo. O Porto de Xangai (Shanghai) é um verdadeiro gigante logístico e está no topo do ranking mundial por onze anos consecutivos.

Figura 4.15 – Mapa Mundi – Santos/Xangai.

Fonte: Depositphotos (adaptada).

O porto de Xangai (Shanghai International Port Co.), na China, de acordo com a Alfândega de Xangai, em 2020, atingiu uma movimentação de 43,5 milhões de TEU (contêiner de 20 pés), ficando em primeiro lugar do mundo pelo 11º ano consecutivo.

No ranking divulgado no Relatório *Xinhua-Baltic International Shipping Center Development Index Report 2020*, Xangai ficou, pela primeira vez, entre os três principais centros de navegação internacional. Por trás disso, está a adesão de um novo conceito de desenvolvimento, contínua otimização dos serviços de desembaraço aduaneiro, supervisão portuária, ampliação e flexibilização de um novo canal no desenvolvimento do comércio exterior da Alfândega de Xangai (SOPESP, 2021).

O porto de Xangai possui um comércio de contêineres oriundos de mais de 500 portos de 214 países e regiões.

Em 2019, o porto chinês também foi classificado como o mais bem conectado do mundo pelo ranking da United Nations Conference on Trade and Development (NCTAD).[9]

---

[9] United Nations Conference on Trade and Development (NCTAD) – em português, Conferência das Nações Unidas sobre Comércio e Desenvolvimento.

Figura 4.16 – Mapa da China e Porto de Xangai.

Fonte: Depositphotos.

Portos de contêineres eficientes e bem conectados, com disponibilidade de serviços de transporte marítimo frequentes e diretos, são vitais para minimizar os custos comerciais e fomentar o desenvolvimento sustentável, disse a diretora de tecnologia e logística da UNCTAD, Shamika N. Sirimanne (UNCTAD, 2019).

No ranking dos 50 Maiores Portos do Mundo, o Porto de Santos aparece na 47ª posição, entretanto ocupa a primeira posição na América Latina (WORLD SHIPPING COUNCIL, 2019).

Inaugurado oficialmente em 1892, o Porto de Santos é administrado pela Companhia Docas de São Paulo, representa 28% das transações nacionais e possui uma vasta rede de hidrovias, ferrovias e rodovias que compõem a sua logística.

Figura 4.17 – Mapa do Brasil e Porto de Santos.

Fonte: Depositphotos.

O Porto de Santos espera encerrar o ano de 2021 com um recorde na movimentação de contêineres, totalizando 4,8 milhões TEU (contêiner de 20 pés), o que significa um aumento de 14% sobre o recorde anterior, verificado em 2020. Cabe ainda destacar, que o Porto de Santos tem hoje uma capacidade instalada de 5,3 milhões de TEU (RODRIGUES, R., 2021).

Quanto ao índice de conectividade, o porto de Santos, como os demais da América Latina e os portos da África, América do Norte e Australásia não fazem parte da lista dos Top 20.

Uma triste conclusão, o Porto de Santos trabalha com 80% de sua capacidade, voltado para dentro (visão interna), com crescimento lento, baixa produtividade, poucos investimentos e muita interferência política. Já o Porto de Xangai, vem se modernizando em ritmo acelerado, semelhante aos ganhos de produtividade e conectividade. Com a finalização da ampliação em curso, o porto de Xangai terá capacidade de movimentação três vezes maior que todos os portos brasileiros juntos.

4.4.3 SISTEMA DE TRANSPORTE DUTOVIÁRIO – INFRAESTRUTURA BRASIL

O Sistema de Transporte Dutoviário no Brasil vem se revelando como uma das formas econômicas de transporte para grandes volumes. Algumas características são atribuídas a esse sistema de transporte, como agilidade, segurança e capacidade de fluxo.

É competência institucional da Agência Nacional de Transportes Terrestres (ANTT) articular com as entidades reguladoras de transporte dutoviário, para resolução de interfaces intermodais e organização de cadastro do sistema de dutovias do Brasil (art. 22, §3º, c/c art. 24, XIII da Lei 10.233, de 5 de junho de 2001).

O Brasil ainda possui uma malha dutoviária bastante tímida, dado o potencial e extensão territorial, pois em 2022 temos apenas 19,9 mil quilômetros de gasodutos e oleodutos para transporte e transferência (ANP, 2022).

Ao compararmos a malha dutoviária brasileira de transporte e transferência, em relação a países vizinhos, os quais possuem extensões territoriais bastante inferiores, observamos que ainda estamos muito atrás. A Argentina, por exemplo, possui uma malha de 38 mil quilômetros, isto é, 90,5% superior a brasileira.

É também importante reconhecer e identificar os avanços nesse tema. O gasoduto Brasil-Bolívia, importante rota de fornecimento de gás natural, possui uma extensão total de 3.150 km, dos quais 2.593 km em território brasileiro, passando pelos estados do Mato Grosso, São Paulo, Santa Catarina, Paraná e Rio Grande do Sul (GODOI, 2017).

Outro ponto também a destacar é a crescente malha dutoviária de distribuição de gás natural, que através de investimentos privados, tem se expandido rapidamente e alcançou 35,5 mil quilômetros, isto é, 281% superior a malha de transporte de gás natural. É por meio da malha de distribuição que o gás natural é movimentado do ponto de transferência (City Gate) até os consumidores finais, completando assim a cadeia do gás. Essa infraestrutura de distribuição pertence a 27 concessionários, como a Comgás no estado de São Paulo, e juntos alcançam uma cobertura de 23 Estados e o Distrito Federal (CBIE, 2019).

É fato que o modelo dutoviário brasileiro ainda necessita de muita atenção e tem pela frente uma longa jornada.

4.4.3.1 Comparativo de Infraestrutura Dutoviária – Brasil vs. Estados Unidos

Conforme o relatório de junho de 2022 da Global Data Energy, temos uma rede dutoviária mundial de aproximadamente 2 milhões de quilômetros para transporte e transferência de petróleo/derivados e gás natural. A região da América do Norte (Canadá, Estados Unidos e México) possui a maior participação com 41%, isto é, 834,1 mil quilômetros (OFFSHORE TECHNOLOGY, 2022).

Os Estados Unidos possuem uma das mais amplas redes de dutos de transporte e transferência de petróleo/derivados, e sem dúvidas, uma invejável malha de distribuição de gás natural com 4,8 milhões de quilômetros (EIA, 2021).

O surgimento dos primeiros dutos, nos Estados Unidos, ocorreu após o primeiro poço de petróleo comercial ser perfurado, em 1859 na Pensilvânia. Esses dutos eram utilizados para transferência do petróleo dos poços para os tanques e refinarias locais.

O mais extenso oleoduto do mundo, com extensão de 8.850 km, está localizado nos Estados Unidos. O Oleoduto Colonial, assim denominado, é de propriedade de um grupo de empresas e conecta o Texas a Nova Iorque (PROSPERO, 2022). Todos os oleodutos são regulados pela agência Federal Energy Regulatory Commission (FERC).[10]

No Brasil, os gasodutos e oleodutos, tiveram início com a criação do Conselho Nacional do Petróleo (CNP) em 1938, mas só em janeiro de 1946, foi criada a Comissão de Estudos sobre oleodutos, sendo o primeiro em Santos, São Paulo (OLIVEIRA, 2016). O Brasil é somente o 16º no ranking na lista dos países em extensão de gasodutos e oleodutos.

A Tabela 4.1 a seguir revela que entre 2014-2020 o crescimento da malha dutoviária brasileira de distribuição de gás natural cresceu (vide tabela: densidade em km/mil km²), entretanto quando comparamos com a americana e o seu respectivo crescimento, concluímos que a brasileira é pífia, necessitando ainda de muito mais atenção e investimentos.

---

[10] Federal Energy Regulatory Commission (FERC) – em português, Comissão Federal Reguladora de Energia.

Supply Chain   **115**

Tabela 4.1 – Malha dutoviária brasileira – Gasoduto de Distribuição

Comparativo - Ano		2014	
	Área (milhões Km²)	Gasodutos de Distribuição (mil Km)	Densidade (Km/ mil Km²)
Brasil	8,5	19,3	2,3
EUA	9,3	2.200,0	236,6

O que era...

⟩104x

Fonte: Estados Unidos – American Geosciences Institute (AGI);
Brasil – Ministério das Minas e Energia/Abegás.

Comparativo - Ano		2020	
	Área (milhões Km²)	Gasodutos de Distribuição (mil Km)	Densidade (Km/ mil Km²)
Brasil	8,5	35,5	4,2
EUA	9,3	4.800,0	516,1

O que era...

⟩124x

Fonte: Estados Unidos – Energy Information Administration US (EIA);
Brasil – Centro Brasileiro de Infraestrutura (CBIE).

4.4.4 SISTEMA DE TRANSPORTE FERROVIÁRIO – INFRAESTRUTURA BRASIL

O histórico do sistema de transporte ferroviário no Brasil é deprimente. Para que possamos ter uma ideia, dos mais de 30,4 mil quilômetros de ferrovias existentes, (29,2 mil quilômetros destinados exclusivamente ao transporte de carga), cerca de 10 mil quilômetros foram construídos durante o Império de Dom Pedro II, no século XIX.

A malha ferroviária passou por alguns ciclos de evolução institucional, os quais destaco a seguir:

a) Primeiro ciclo: no final do século XIX, quando foram realizadas as concessões para construção das primeiras estradas de ferro, financiadas principalmente por capital privado inglês.

b) Segundo ciclo: caracterizou-se pelo processo de nacionalização das ferrovias, que culminou com a instituição da Rede Ferroviária Federal S/A (RFFSA) em 1957.

c) Terceiro ciclo: na década de 1990, o Governo Federal realizou a desestatização do setor de transporte ferroviário e este processo foi concluído com a concessão das malhas da Rede Ferroviária Federal S/A (RFFSA).

Desde que as ferrovias foram concedidas à iniciativa privada, durante o processo de desestatização, o transporte ferroviário de carga tem sofrido uma profunda transformação, uma vez que as empresas associadas à Associação Nacional dos Transportadores Ferroviários (ANTF) buscam continuamente o aperfeiçoamento de suas atividades. Esse esforço contínuo se reflete nos números do setor, como apresentados no gráfico a seguir:

Supply Chain

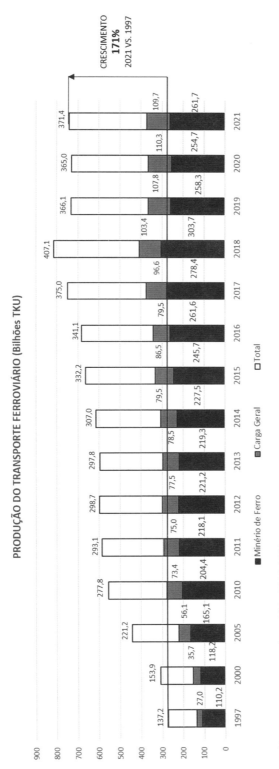

Gráfico 4.1 – Transporte ferroviário 1997-2021.

Baseado no Gráfico 4.1, do início das concessões em 1997 até 2021, o ganho de produção foi de 171%. Outro dado, também interessante, é a redução acentuada dos números de sinistros, tema sempre muito importante a ser observado e acompanhado (vide Gráfico 4.2).

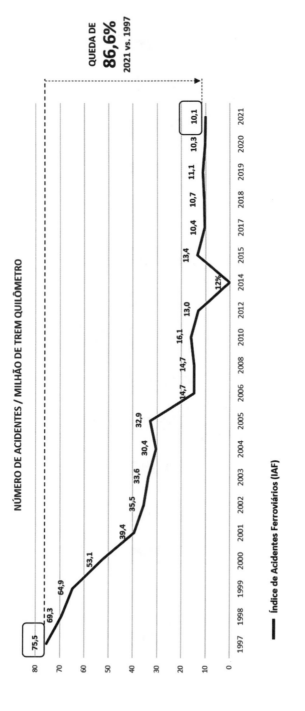

Gráfico 4.2 – Índice de sinistros ferroviários 1997-2021.

Ainda assim, até 2018, o Brasil possuía uma quantidade de percursos de trilhos igual ao Japão, entretanto o território japonês é do tamanho do estado de São Paulo.

O comparativo das malhas ferroviárias entre Brasil e Estados Unidos torna-se mais interessante por conta da extensão territorial semelhante, de acordo com a Agência Nacional de Transporte Ferroviário – ANTF.

4.4.4.1 Comparativo de Infraestrutura Ferroviária – Brasil vs. Estados Unidos

A rede ferroviária dos Estados Unidos, possui um percurso operacional de mais de 293,5 mil quilômetros, sendo a maior do mundo. A malha de transporte de cargas constitui cerca de 76,5% da rede ferroviária total do país, isto é, aproximadamente 225 mil quilômetros. Essa malha é composta por 538 ferrovias. A Union Pacific Railroad e a BNSF Railway estão entre as maiores redes ferroviárias de carga do mundo.

Apesar de a malha brasileira ser muito pequena frente à malha americana, nesses mais de vinte anos de concessão à iniciativa privada, as concessionárias de ferrovias de carga atingiram um elevado ganho de produtividade, graças aos investimentos crescentes e contínuos (ANTF.org.br).

É fato que o Brasil ainda tem um longo caminho pela frente para o desenvolvimento do seu sistema de transporte ferroviário, haja vista que as composições saem de sua origem, com destino aos portos, normalmente cargas de exportação, com mais de 90% de ocupação, no entanto, retornam com pouca ou nenhuma carga. O que reflete a baixa utilização dos ativos, encarecendo a operação.

Outro dado também a ser observado é a baixa densidade da malha ferroviária brasileira. No quadro a seguir, temos um comparativo de dez países, entre eles os BRICS[11] (Brasil, Rússia, Índia, China e África do Sul) e países com dimensões continentais semelhantes ao Brasil. Nesse comparativo a densidade da malha ferroviária brasileira é a menor.

---

[11] O BRICS é um agrupamento econômico atualmente composto por cinco países: Brasil, Rússia, Índia, China e África do Sul. Não se trata de um bloco econômico, como o Mercosul, nem político, como a União Europeia, ou militar, como a Otan, mas de um mecanismo internacional na forma de um agrupamento informal, ou seja, não registrado burocraticamente com estatuto e carta de princípios (Cf. https://brasilescola.uol.com.br/geografia/bric.htm).

Quadro 4.4 – Dimensões continentais e densidade de malha ferroviária

DENSIDADE DAS MALHAS FERROVIÁRIAS	BRICS	ÁREA (MM Km²)	FERROVIAS (Mil Km)	FERROVIAS / ÁREAS (Km / 1.000 Km²)
EUA	NÃO	9,83	293,56	29,86
ÍNDIA	SIM	3,29	68,53	20,83
ÁFRICA DO SUL	SIM	1,22	20,98	17,20
CHINA	SIM	9,60	131,00	13,65
ARGENTINA	NÃO	2,78	36,91	13,28
MÉXICO	NÃO	1,96	20,82	10,62
CANADÁ	NÃO	9,98	77,93	7,81
RÚSSIA	SIM	17,10	87,15	5,10
AUSTRÁLIA	NÃO	7,74	33,34	4,31
BRASIL	SIM	8,52	30,75	3,61

4.4.5 SISTEMA DE TRANSPORTE RODOVIÁRIO – INFRAESTRUTURA BRASIL

A malha rodoviária do Brasil segue um modelo de classificação e hierarquização correspondente à sua funcionalidade, a qual se baseia em mobilidade e acessibilidade.

Quadro 4.5 – Malha Rodoviária – mobilidade e acessibilidade

FUNCIONALIDADE	MOBILIDADE	ACESSIBILIDADE
SISTEMA EXPRESSO	75% - 100%	0% - 25%
SISTEMA ARTERIAL	50% - 75%	25% - 50%
SISTEMA COLETOR	25% - 50%	50% - 75%
SISTEMA LOCAL	0% - 25%	75% - 100%

Supply Chain 121

Formatação estrutural: Engenheira Lúcia Maria Brandão.

Em 1926, o presidente da República Washington Luís, adotou o lema "governar é abrir estradas". Nos anos seguintes, o Brasil observou um aumento significativo da extensão da malha viária, gerando na década de 1940 a necessidade de estabelecer normas para classificação e identificação das rodovias.

Atualmente, a malha rodoviária brasileira possui uma extensão total de 1.563,5 mil quilômetros, sendo 94,7% de rodovias estaduais e municipais, e 5,3% de rodovias federais (82,9 mil quilômetros). Infelizmente, ainda temos a péssima marca de apenas 13,7% de rodovias brasileiras pavimentadas, isto é, 213,5 mil quilômetros de rodovias pavimentadas (DNIT, 2022).

Isso mesmo que você acabou de ler, o Brasil, um país continental, possui uma malha rodoviária, base de seu principal modal, de apenas 1.563,5 mil quilômetros, sendo 1.350,1 mil quilômetros de rodovias não pavimentadas.

O processo de concessão das nossas rodovias ainda engatinha, somente uma pequena parcela das rodovias está sobre a gestão da iniciativa privada – ao todo são 21 trechos que representam 10 mil quilômetros.

Figura 4.18 – Nomenclaturas rodovias.

Fonte: Departamento de Engenharia Civil – Classificação das Rodovias, Universidade Estadual Paulista.

> **Curiosidade**
>
> **Você conhece a nomenclatura das rodovias?**
>
> A nomenclatura das rodovias é definida pela sigla BR, para as rodovias federais, ou indicada pela sigla correspondente a cada estado, para o caso das rodovias estaduais. Junto à sigla seguem três algarismos. O primeiro algarismo indica a categoria da via, de acordo com as definições estabelecidas no Plano Nacional de Viação (PNV), podendo ser: 0 para as radiais; 1 para as longitudinais, 2 para as transversais; 3 para as diagonais; 4 para as ligações e acessos. Os dois outros algarismos definem a posição, a partir da orientação geral da rodovia, relativamente à Capital Federal e aos limites extremos do país (Norte, Sul, Leste e Oeste).

4.4.5.1 Malha Rodoviária – Comparativo Brasil vs. Estados Unidos

Recorrendo novamente ao processo comparativo Brasil e Estados Unidos, temos uma triste realidade a ser apresentada. Os Estados Unidos possuem uma infraestrutura rodoviária de 6.586,6 mil quilômetros, destes 4.473,7 mil quilômetros são pavimentados.

Enquanto os Estados Unidos possuem 67,9% de sua malha rodoviária pavimentada, o Brasil apresenta míseros 13,7%. Na prática, a malha rodoviária americana pavimentada é 21,0 vezes maior que a brasileira. Complementar a essa prévia, para países como Brasil e Estados Unidos, que possuem dimensões semelhantes, a infraestrutura rodoviária americana é 4,2 vezes maior que a brasileira.

Quadro 4.6 – Comparativo Brasil vs. Estados Unidos – Malha rodoviária

COMPARATIVO	RODOVIAS PAVIMENTADAS (Mil Km)	PIB (Trilhões USD)	TRANSPORTE (Milhões TKU)	RODOVIÁRIO (Milhões TKU)
EUA	4.474	21,4	7.803	3.332
BRASIL	213	1,8	1.753	1.078
EUA vs. BR	21,0x	11,9x	4,5x	3,1x

Fonte: Banco Mundial – Center for Transportation Analysis.

Apenas o estado de São Paulo conta com uma densidade de autoestradas que se aproxima do caso americano.

Supply Chain   **123**

Após apresentarmos os modais disponíveis, suas principais funcionalidades, definindo também as suas respectivas vantagens e desvantagens quanto ao seu uso, e concatenar com a base da infraestrutura brasileira, também por modal, comparando a mesma com as infraestruturas dos Estados Unidos e China (vide quadro a seguir), países de dimensões similares ao Brasil, podemos concluir que a infraestrutura logística brasileira no início de 2020 ainda enfrenta problemas que perduram desde o século passado (ILOS, 2020), possui uma infraestrutura ínfima, de péssima qualidade e que ainda tem uma longa jornada pela frente na busca pela modernização e disponibilidade.

Quadro 4.7 – Comparativo de logística entre países de dimensões similares ao Brasil

	Unidade	BRASIL	EUA	CHINA	ALEMA-NHA	ÍNDIA	RÚSSIA
ÁREA	Milhões Km²	8,5	9,1	9,6	0,4	3,0	17,0
RODOVIAS Pavimentadas	Mil Km	213	4.474	4.774	230	3.502	1.054
FERROVIAS	Mil Km	30	225	127	38	68	86
HIDROVIAS	Mil Km	21	41	127	8	15	102
DUTOVIAS	Mil Km	35	4.800	119	34	35	249

É fato que a década de 2010 foi dada como "perdida" quanto a investimentos e modernização na infraestrutura brasileira, sendo assim, é imprescindível que todas as esferas governamentais façam um esforço conjunto para o desenvolvimento da malha logística. Investimentos na modernização de portos e aeroportos, construção de novas ferrovias, pavimentação ampla das nossas rodovias, além é claro da manutenção obsessiva de toda malha logística atual, pois só assim atingiremos um patamar aceitável, condizente com as dimensões e importância do Brasil.

A iniciativa privada não pode ficar fora desse esforço pela modernização da malha logística brasileira, assim se faz necessário avançar com os processos de concessões, nas mais diferentes frentes, e incentivar massivamente as Parcerias Público-Privadas (PPP).

4.5 REDES DE TRANSPORTES

A expressão Redes de Transportes designa o conjunto de todas as vias de transporte, sejam elas, rodovias, linhas férreas, rotas aéreas, vias fluviais navegáveis, dutos, entre outros, interligadas com base em uma determinada densidade e numa região preestabelecida, garantindo assim a movimentação de pessoas e mercadorias.

As redes de transportes são essenciais para garantir o abastecimento das cidades, fazendo com que os produtos e insumos transitem das áreas rurais, agrícolas e industriais até os pontos de consumo.

De fato, boas redes de transportes fomentam o comércio e as atividades produtivas, facilitam a mobilidade das pessoas, promovendo assim, o desenvolvimento econômico e social.

Observando um conceito acadêmico do tema, Lamming (2000, p. 675-691) afirma:

> Rede de Transporte é um conjunto de cadeias de suprimento que descrevem o fluxo de produtos ou serviços desde sua origem até o consumidor final. Envolvem ligações laterais, fluxos reversos, fluxos com sentido duplo, diferentemente do que acontece com as cadeias de suprimento simples, que apresentam modelos lineares e unidirecionais de interligações.

Trazendo o tema para uma visão técnica-estratégica, com aplicabilidade imediata nas operações logísticas, podemos observar o conceito a seguir:

> As Redes de Transportes são combinações dos principais elementos logísticos unitários, como: Centro de Distribuição (área de armazenagem); Cross-docking; Milk-run; Transit-point e Merge-docking, buscando a melhor combinação entre eles na cadeia logística, gerando assim, os melhores resultados (TACLA, 2005).

4.5.1 ELEMENTOS LOGÍSTICOS UNITÁRIOS

As principais redes de transportes, com foco em movimentação de cargas, são formadas pelas combinações dos elementos logísticos unitários, já mencionados, que visam uma melhor e mais otimizada rede.

a) Área de Armazenagem: quando classificadas como elemento logístico unitário e setorial de uma rede de transporte, podem ser consideradas como locais estrategicamente localizados, onde são armazenados produtos e atendidas as ordens de distribuição para os destinos demandantes. As áreas de armazenagem, seja qualquer uma das quatro classificações já vistas, poderá ser única ou múltiplas, a depender da cadeia logística definida. A área de armazenagem[12] será o elemento mais importante da rede, regulando assim estoques, *delivery times*, modelos de transportes e nível de serviço ao cliente.

b) *Cross-docking* ou *X-Dock:* é uma operação de logística integrada entre as áreas de armazenagem e transporte.

- Modelo Padrão: a carga é montada ainda na origem (área de armazenagem), devidamente separada e identificada por entrega, objetivando ocupar um veículo, comumente *truck* ou carreta, no modelo *Full Truckload* (FTL), visando ser transbordada diretamente para veículos menores de entrega, normalmente vans, Veículo Urbano de Carga (VUC), entre outros, no modelo *Last Mile*.[13] O processo obrigatoriamente exige uma roteirização prévia, com horários rígidos de chegada e saída dos veículos, sem novas armazenagens e o ponto de transbordo deve ser em local próximo aos clientes.
- Modelo *Bulk*: a carga é montada na origem (área de armazenagem), *em* formato *Bulk*[14] – uma separação única, objetivando ocupar um veículo, comumente *truck* ou Carreta, no modelo *Full Truckload* (FTL). No ponto de transbordo, a carga deve ser separada por entrega, visando ocupar veículos menores de entrega, normalmente vans, Veículo Urbano de Carga (VUC), entre outros, no modelo *Last Mile*. O processo obrigatoriamente exige uma roteirização prévia, separação e conferência no ponto de transbordo, horários rígidos de chegada e saída de veículos e o ponto de transbordo deve ser em local próximo aos clientes.

Benefícios:

- Redução dos custos de estocagem, pois não há a necessidade de implementação de uma nova área de armazenagem mais próxima aos clientes.

- Processos mais ágeis. Um número menor de operações e manuseios dos produtos.

- Diminuição das falhas operacionais. Com a eliminação de etapas ao longo do processo, um menor número de erros é verificado.

- Melhor nível de serviço, pois as entregas são realizadas em um espaço de tempo menor (redução do *delivery time*).

---

[12] Para saber mais sobre áreas de armazenagem, consultar Capítulo 3.

[13] *Last Mile*, em português, Última Milha.

[14] O formato *Bulk* refere-se à separação da carga de forma consolidada e não por entrega ou por nota fiscal. Na formação dessa carga emite-se um único documento de separação, em algumas operações também chamado de romaneio, no qual as informações de itens e quantidades para separação e expedição estão ali consolidadas.

c) *Milk-Run:* é uma operação logística de transporte em que é definida uma rota e o veículo realiza entregas ou coletas, sendo que as entregas são de um único fornecedor para múltiplos destinos e as coletas são de diferentes fornecedores para um único destino. Essas duas situações, ao contrário do que muitos preconizam, podem ser classificadas como rotas *Milk-Run.*

Um processo de planejamento eficiente e o respeito incondicional às janelas de tempos para as coletas ou entregas são fatores base para o sucesso da operação *Milk-Run.*

Vale destacar que o conceito não é novo e foi "emprestado" das antigas fazendas de produção de leite, nas quais as coletas tinham hora e tempo determinados com rigor, até porque, o não cumprimento dos prazos estabelecidos "azedaria" a logística daquela operação.

Benefícios:

1) Elimina o envio de vários veículos aos pontos de coleta ou entrega.

   - Economia direta no custo de transporte.
   - Maior agilidade no recebimento ou coleta dos materiais ou produtos.
   - Melhor disponibilidade de materiais nos processos produtivos.
   - Coleta da quantidade adequada, sem excessos.
   - Redução de estoque físico, com otimização de espaço.
   - Redução do fluxo de materiais internamente.
   - Maior disponibilidade de *working capital.*

2) Favorece a implementação do *Just-in-Time.*[15]

d) *Merge-Docking* ou *M-Dock:* é também uma operação logística integrada entre as áreas de armazenagem e transporte, semelhante à operação *Cross-Docking* (*X-Dock*).

A carga é montada ainda na origem (área de armazenagem), sendo que uma primeira parte é devidamente separada e identificada por entrega, e uma segunda parte, visando completar a ocupação de 100% do veículo (comumente

---

[15] *Just-in-Time,* ou "no momento certo", é uma filosofia de manufatura na qual a empresa busca produzir na quantidade exata para atender a demanda, comprando matéria-prima no momento correto e entregando o produto no prazo estipulado, evitando estoques em todo o processo produtivo (LEÃO, 2021).

Truck ou Carreta, no modelo *Full Truckload* – FTL) é incluída com o objetivo de reabastecer a área de armazenagem *Merge-Docking*, conceitualmente com itens de alto giro.

Na área *Merge-Docking* a carga é descarregada. A primeira parte é transbordada diretamente para os *stages*[16] de expedição, complementando assim cargas previamente separadas para os mesmos clientes e a segunda parte, composta de itens de alto giro, são conferidas e estocadas, reabastecendo assim a área de *Merge-Docking*.

Na sequência, essas cargas montadas com parte vinda da área de armazenagem (origem) e outra dos itens de alto giro (separados e conferidos na área *Merge-Docking*) são carregadas em veículos menores de entrega, normalmente vans, Veículo Urbano de Carga (VUC), entre outros, no modelo *Last Mile*.

Benefícios:

- Otimização dos custos de transporte, sendo que para as transferências é usado o modelo FTL (trechos longos) e para as entregas, o *Last Mile* (trechos curtos).

- Redução da complexidade operacional, evitando o acúmulo de veículos pequenos na área de armazenagem (origem).

- Ganho direto de tempo e eficiência de planejamento.

- Melhora do nível de serviço para itens de alto giro, que estão estocados na área *Merge-Docking*.

e) *Transit-Point*: é uma nomenclatura dada ao local de passagem ou transferência de produtos de um transporte a outro, sendo que normalmente ocorre redespacho dos produtos ou entrega a cliente. Não agrega qualquer inteligência logística ao processo, tampouco a existência de armazenagem ou operação fiscal.

4.5.2 MODELOS DE OPERAÇÕES DE TRANSPORTE

Existem diferentes equipamentos para atender as mais diversas operações de transporte na utilização dos diferentes modais.

---

[16] *Stage* é uma área definida em layout e devidamente demarcada, para depósito de produtos temporariamente. Utilizada nas áreas de *inbound* (recebimento de materiais e produtos), *outbound* (expedição de materiais e produtos) e áreas de estocagem, quando verticalizadas, que neste caso, também são conhecidas como PD.

Trataremos neste subitem dos equipamentos de transporte relacionados ao modal rodoviário e que possuem aplicabilidade nas redes de transporte correlacionadas aos elementos logísticos unitários.

Veículo toco   Veículo truck

Figura 4.19 – Veículos de carga de médio porte.

Fonte: Depositphotos.

Descrição: caminhão toco ou trucado (dois eixos traseiros), sem engate de semirreboque. A área de carga, também conhecida como caixa de carga, é incorporada ao veículo, isto é, sobre o chassi. A capacidade de carga informada refere-se à carga útil a ser transportada, comumente.

Cavalo Mecânico | simples   Cavalo Mecânico | trucado

Figura 4.20 – Cavalo mecânico ou tracionador.

Fonte: Depositphotos.

Descrição: Cavalo Mecânico, também conhecido como equipamento trator.
CM Simples possui um eixo traseiro engatado ao semirreboque.
CM Trucado possui dois eixos traseiros, podendo ser um ou os dois com tração.

Semirreboque baú   Semirreboque syder

Figura 4.21 – Exemplos de semirreboques.

Fonte: Depositphotos.

Descrição: Os semirreboques são selecionados pelo tipo de carga, podendo ser: carga seca, também conhecida como grade baixa; graneleiros, conhecidos pela grade lateral alta; baú, seco ou refrigerado; syder; basculante; tanque e porta contêiner, com *locks*.[17]

Semirreboque refrigerada   Semirreboque graneleira

Semirreboque tanque

Figura 4.22 – Exemplos de semirreboques.

Fonte: Depositphotos.

---

[17] *Locks*, em português: tranca; trava.

Transporte especial

Conjunto cegonheiro

Veículo guindaste

Figura 4.23 – Exemplos de conjuntos especiais.

Fonte: Depositphotos.

Moto com adaptação para carga

Minifurgão

Furgão | van

VUC

Figura 4.24 – Outros veículos de carga.

Fonte: Depositphotos.

Descrição: os Veículos Urbanos de Carga (VUC) são muito utilizados nos centros urbanos devido ao seu tamanho, capacidade de carga e agilidade no trânsito, além, é claro, de não ter restrição de circulação.

Os demais veículos também são utilizados em entregas urbanas, porém, comumente, para as entregas express, emergências e no e-commerce.

4.5.2.1 Operações de Transporte – Entrega Direta/Transferência

Para esse modelo de entrega e de transferência entre unidades, utiliza-se veículo dedicado, de médio ou grande porte, caracterizado pela contratação de frete *Full Truckload* (FTL). Comumente, quanto às entregas, elas são únicas, isto é, o veículo é dedicado para uma entrega.

Figura 4.25 – Veículo de carga de grande porte.

Fonte: Depositphotos.

Operação Tradicional de Distribuição:

De: Origem – área de armazenagem do embarcador

Para: Destino – área de armazenagem ou loja do comprador

Transferência:

De: Planta/fábrica

Para: Área de Armazenagem (e vice-versa)

e

De: Área de armazenagem central

Para: Área de armazenagem regional (e vice-versa)

4.5.2.2 Operação de Transporte – Entrega Fracionada

Para esse modelo de entrega se utiliza uma fração da capacidade do veículo. A operação é realizada em etapas, até que a carga seja entregue para o destinatário final.

Uma vez que a carga esteja liberada no embarcador, a transportadora faz a programação de coleta, normalmente em veículos pequenos e em rotas preestabelecidas.

Figura 4.26 – Veículo toco.

Fonte: Depositphotos.

Etapa 1 – Curta distância: comumente, a carga é transportada para a filial mais próxima da transportadora ou para um centro consolidador.

Etapa 2 – Longa distância: a carga é transportada para a filial de destino e frequentemente estas transferências são realizadas em veículos grandes, com cargas consolidadas de diversos clientes da transportadora.

Etapa 3 – *Last Mile*: nesta etapa, as cargas são desconsolidadas na filial de destino, roteirizadas para entrega e despachadas em veículos pequenos, com duas ou mais entregas.

O modelo de contratação de frete para a Operação Carga Fracionada é denominado *Less Than Truckload* (LTL).

É importante destacar que esse tipo de operação, ponto a ponto, pode ocorrer por diferentes modais.

4.5.2.3 Operação de Transporte – Entrega ao Cliente/*Last Mile*

Esse modelo de entrega está frequentemente associado a um modelo anterior, de transferência, realizado por veículos grandes.

Na busca por eficiência e produtividade, os veículos menores devem circular em um raio menor, preferencialmente dentro dos centros urbanos. Normalmente, as operações de distribuição estão relacionadas a operações de *Cross-Docking*, *Merge-Docking* ou em regiões remotas, a partir das filiais das transportadoras.

Figura 4.27 – Veículo Urbano de Carga (VUC).

Fonte: Depositphotos.

4.5.2.4 Operação de Transporte – Entrega Expressa ou Emergencial

Esse modelo de entrega está normalmente relacionado a uma operação logística mais ampla, a qual visa atender os clientes num curto espaço de tempo. Busca-se entregar aos clientes um elevadíssimo nível de serviço, com prazo de entrega mensurado em minutos ou no máximo em horas, mas nunca em dias.

Normalmente, os pontos de coleta possuem um estoque avançado dos itens de alto giro ou recebem um fluxo contínuo de ordens já separadas e identificadas para entrega. Os conceitos de *Merge-Docking* e *Cross-Docking* podem ser aplicados nessa operação, sendo que apenas deve ser observado para uma volumetria menor.

Essa operação é atendida quase que exclusivamente por motocicletas, pois são mais ágeis e rápidas nos grandes centros urbanos e esses veículos permanecem, em espera, no local de coleta.

O foco dessas operações são reposição de peças e equipamentos, insumos hospitalares e documentos.

Figura 4.28 – Moto com adaptação para carga.

Fonte: Depositphotos.

Nota do autor

Frequentemente nos deparamos e fazemos uso desse modelo ao solicitarmos, por exemplo, refeições por aplicativos, os quais se valem desse tipo de operação para efetivar a entrega.

4.5.2.5 Operação Transporte – Entrega E-commerce

Com um crescimento exponencial nos últimos anos, as operações de e-commerce ganharam "massa" e volume. Nessa nova realidade em que vivemos, as compras online de praticamente tudo que consumimos no dia a dia ganharam destaque, e em especial importância, o nível que o serviço passou a apresentar, visto que quem compra online tem pressa. O acompanhamento da entrega passou a ser um diferencial competitivo, utilizado para impulsionar as vendas pelo time de marketing.

Figura 4.29 – Furgão/Van.

Fonte: Depositphotos.

Supply Chain 135

Com a expansão das vendas, as operações de e-commerce viram-se obrigadas a expandir suas malhas logísticas. São três os pontos de foco:

- Novas áreas de armazenagem, cada vez mais próximas dos centros consumidores.
- Novas estratégias de transporte, cada vez mais eficientes, e custos mais otimizados.
- Níveis de serviço mais agressivos, atendendo um público cada vez mais exigente.

Nesse modelo de operação, as entregas e-commerce estão evoluindo, sendo mais ágeis em seus deslocamentos fornecedor/cliente, e eliminando etapas. Comumente, veículos comerciais leves, como minifurgões e vans, são utilizadas nessas operações.

4.5.2.6 Operação de Transporte – *"Tailored"* ou Customizado

Esse modelo de entrega normalmente está relacionado a uma Operação Logística Dedicada, na qual a customização visa atender critérios específicos que as operações tradicionais não estão preparadas.

Operações dedicadas são executadas em circuitos fechados, isto é, rotas predeterminadas com tempos específicos de trânsito e de operação nos pontos de carga e descarga.

Para operações *tailored*, o nível de serviço é ainda mais importante, pois a impossibilidade de substituição dos equipamentos faz com que seja dado especial atenção ao tema.

Hoje, algumas customizações já são mais facilmente observadas nas operações, como: veículos com plataforma, *Double Deck* e *Flex Roller* instalados em semirreboques, e em aeroportos é comum observar veículos com estruturas pantográficas, mas é importante lembrar que existem inúmeros outras customizações já operando no mercado logístico.

Figura 4.30 – Veículo pantográfico.

Fonte: Depositphotos.

Adicional a todas as operações de transporte mencionadas anteriormente, o gerenciamento de risco é sem dúvida uma preocupação. O número crescente de sinistros em nossas estradas e vias, faz com que medidas de segurança sejam tomadas de forma estruturadas e de imediato. Para garantir os níveis de serviço esperado, cada vez mais os transportadores e demais operadores na malha logística estão investindo em tecnologias de rastreamento, bloqueio a distância, visibilidade online dos veículos, entre outras ações.

4.5.3 MODELOS DE REDES DE TRANSPORTES

As redes de transportes descritas anteriormente geram, em decorrência das combinações dos elementos logísticos e operações de transportes, movimentos sincronizados ao longo da Cadeia de Suprimentos, impactando em modelos de abastecimento, seja em fluxo lineares e/ou reversos. Na matemática, essas redes são conhecidas por grafos, sendo constituídas por um conjunto finito de nós e arcos.

4.5.3.1 Rede de Embarque Direto (RED)

As Redes de Embarque Direto são, como o próprio nome já diz, embarques realizados diretamente para os clientes. Essas redes também são conhecidas como Modelo Tradicional.

Nas RED, frequentemente são utilizados veículos de grande porte, comumente *truck* ou carreta (conjunto cavalo mecânico e semirreboque).

Modelo Tradicional – Embarque Direto

Na Figura 4.31, a seguir, temos a representação gráfica de um embarque no fornecedor para uma entrega direta no cliente.

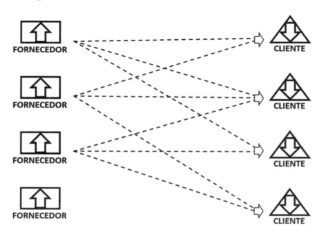

Figura 4.31 – Representação gráfica de um embarque direto.

4.5.3.2 Rede de Embarque Direto com *Milk-Run* (RED-MR)

As Redes de Embarque Direto com a utilização da Operação *Milk-Run* são muito utilizadas pela indústria automobilística objetivando a redução dos estoques em plantas produtivas. A precisão da operação é um fator fundamental de sucesso.

Nesses casos, frequentemente são utilizados veículos de médio ou grande porte, como tocos, *trucks* e eventualmente, carretas (conjunto cavalo mecânico e semirreboque).

Na Figura 4.32, a seguir, temos a representação gráfica da RED-MR na qual o veículo se desloca do embarcador (fornecedor), como ponto inicial, para realizar múltiplas entregas, em diferentes clientes, e com posterior retorno ao embarcador. Lembrando que a Operação *Milk-Run* deve ter roteiro e horários preestabelecidos e de rígido cumprimento.

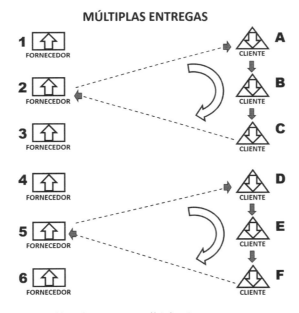

Figura 4.32 – Representação gráfica da RED-MR;Múltiplas Entregas.

Nota do autor

No exemplo da Figura 4.32, estão representados dois circuitos de entregas: no primeiro, o Fornecedor 2 envia um veículo para realizar as entregas nos Clientes A, B e C; no segundo circuito, o Fornecedor 5 envia um veículo para realizar as entregas nos Clientes D, E e F. Lembrando que, em ambos os casos, o veículo, após a conclusão das entregas, retorna ao embarcador original – ponto de partida do circuito.

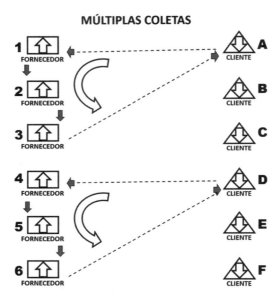

Figura 4.33 – Representação gráfica da RED-MR/Múltiplas Coletas.

> **Nota do autor**
>
> No exemplo da Figura 4.33, estão representados dois circuitos de coletas: no primeiro, o Cliente A envia um veículo para realizar as coletas nos Fornecedores 1, 2 e 3; no segundo circuito, o Cliente D envia um veículo para realizar as coletas nos Fornecedores 4, 5 e 6. Lembrando que, em ambos os casos, o veículo, após a conclusão das coletas, retorna ao ponto de origem – início do circuito.

Lembrando que, a exemplo do primeiro caso, a Operação *Milk-Run* deve ter roteiro e horários preestabelecidos e de rígido cumprimento.

A operação *Milk-Run* pode ser substituída por uma operação regular de entrega de cargas fracionadas, isto é, saídas dos veículos dos fornecedores (embarcadores) com múltiplas entregas, com um roteiro preestabelecido, porém, se não houver prévio agendamento ou janela de entrega nos clientes, a operação deixa de ser caracterizada como tal. Pode-se afirmar que essas operações são menos eficientes e, portanto, mais custosas que as Operações *Milk-Run*.

4.5.3.3 Rede de Embarque via Área de Armazenagem utilizando *Milk-Run* (REAA-MR)

As Redes de Embarque via Áreas de Armazenagem com Operação *Milk-Run* são utilizadas em diversos setores. O sucesso dessa operação está diretamente ligado à agilidade e regularidade com que os clientes recebem os produtos.

Supply Chain   **139**

Nesses casos, comumente são utilizados veículos de médio ou grande porte, como toco, *truck* e eventualmente carreta (conjunto cavalo mecânico e semirreboque).

Na Figura 4.34, a seguir, temos a representação gráfica do embarque do fornecedor para uma área de armazenagem, processo que ocorre independente da operação de atendimento ao cliente – processo de acúmulo de estoque. Após separação, consolidação e identificação das cargas, elas são expedidas no modelo *Milk-Run*, isto é, múltiplas entregas, com as respectivas janelas de entrega em diversos clientes, e com posterior retorno à área de armazenagem.

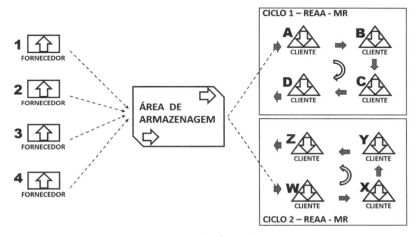

Figura 4.34 – Representação gráfica da REAA-MR/Via Área de Armazenagem.

Nota do autor

Identifica-se aqui Área de Armazenagem, conforme já explicado no Capítulo 3, podemos ter diferentes classificações, ainda sim, todas atendendo aos requerimentos básicos operacionais.

4.5.3.4 Rede de Embarque via Área de Armazenagem utilizando *X-Docking* (REAA-XD)

Essas redes são utilizadas em diversos setores, principalmente bens de consumo.

Na primeira etapa, para as operações de transferência, do fornecedor – área de armazenagem são utilizados veículos de grande porte, normalmente, carretas (conjunto cavalo mecânico e semirreboque), processo que ocorre independente da operação de atendimento ao cliente – processo de acúmulo de estoque.

Na segunda etapa dessa operação de transferência da área de armazenagem para *X-Docking*, são utilizados veículos de grande porte, frequentemente carretas (conjunto cavalo mecânico e semirreboque), em que as cargas podem ser enviadas já separadas e identificadas, ocorrendo assim, somente o transbordo das mesmas, ou então as cargas podem ser enviadas no modelo *Bulk*, para posterior separação e expedição da área de *X-Docking*.

Na terceira etapa, da área de *X-Docking* – Clientes, são utilizados veículos de pequeno porte em operação *Last Mile* – um veículo e várias entregas.

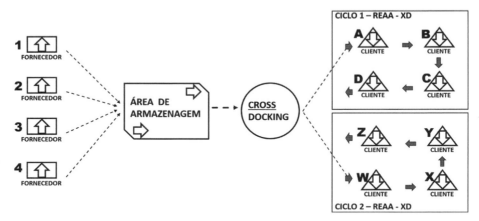

Figura 4.35 – Representação gráfica da REAA-XD/Via *Cross-Docking*.

4.5.3.5 Rede de Embarque via Área de Armazenagem utilizando *Merge-Docking* (REAA-MD)

Semelhante à operação *X-Docking*, na primeira etapa, do fornecedor – área de armazenagem são utilizados veículos de grande porte, frequentemente, carretas (conjunto cavalo mecânico e semirreboque), processo que ocorre independente da operação de atendimento ao cliente – processo de acúmulo de estoque.

Na segunda etapa dessa operação de transferência da área de armazenagem para *Merge-Docking*, são também utilizados veículos de grande porte, carretas (conjunto cavalo mecânico e semirreboque), em que parte das cargas são de produtos, devidamente separados e identificados, que serão utilizados para compor as cargas já separadas na área de *Merge-Docking*, e parte da carga, quando existe espaço no veículo, são utilizadas para reabastecimento, com itens de alto giro, para a operação *Merge-Docking*.

Na última etapa, a terceira *Merge-Docking* – Clientes, são utilizados veículos de pequeno porte – operação *Last Mile*.

Na Figura 4.36, a seguir, temos a representação gráfica do embarque do fornecedor para uma área de armazenagem, podendo ser um centro de distribuição. Após separação e identificação das cargas, elas são transferidas por veículos de grande porte, carretas (conjunto cavalo mecânico e semirreboque) para uma Operação *Merge-Docking*, em que as cargas transferidas, basicamente itens de baixo e médio giro, juntam-se a cargas previamente separadas de itens de alto giro que se encontram na operação *Merge-Docking*, formando assim uma carga única. Na sequência, essas cargas são carregadas em veículos de pequeno porte, para que sejam realizadas as entregas aos clientes – *Last Mile* (um veículo e várias entregas).

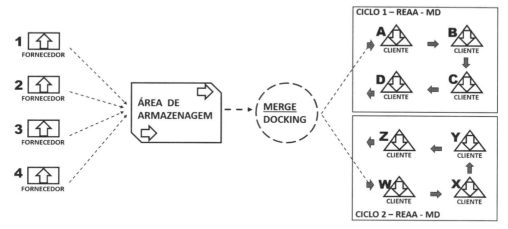

Figura 4.36 – Representação gráfica da REAA-MD / Via *Merge-Docking*.

Quadro 4.8 – Matriz Comparativa dos Modelos de Redes de Transportes, com os respectivos prós e contras.

REDE DE TRANSPORTE	PRÓS	CONTRA
Embarque Direto (Modelo Tradicional)	Sem área de armazenagem intermediária. Operação de transporte mais simples de gerenciar.	Operação compartilhada na Planta (área de armazenagem integrada à Planta).
Embarque Direto com *Milk Run*	Otimização dos custos de transporte para pequenos lotes. *Milk - Run* - rotas de transporte preestabelecida com janelas definidas de coleta ou entrega.	Incremento de complexidade na gestão operacional (Armazenagem e Transporte).
Embarque via Área de Armazenagem com *Milk Run*	Níveis de estoque menores frente ao estoque da área de armazenagem integrada à planta (fabrica). Otimização dos custos de transporte para pequenos lotes. *Milk - Run* - rotas de transporte preestabelecida com janelas definidas de coleta ou entrega.	Maior custo operacional, sendo custos de estoque e movimentação & armazenagem. Maior complexidade de gestão.

REDE DE TRANSPORTE	PRÓS	CONTRA
Embarque via Área de Armazenagem com *Cross-Docking*	Níveis de estoque menores frente ao estoque da área de armazenagem integrada à Planta (fábrica). Otimização dos custos de transporte para pequenos lotes. Ganho de nível de serviço.	Maior complexidade de gestão. Investimentos elevados em tecnologia - WMS (Sistema de Gestão de Armazém). Os sistemas das diferentes operações devem estar sincronizados para a excelência dos serviços.
Embarque via Área de Armazenagem com *Merge-Docking*	Níveis de estoque menores frente ao estoque da área de armazenagem integrada à planta (fábrica) ou outro modelo. Otimização dos custos de transporte para pequenos lotes. Ganho de nível de serviço.	Maior custo operacional, sendo custos de estoque e movimentação & armazenagem em duas áreas distintas. Maior complexidade de gestão. Os sistemas das diferentes operações devem estar sincronizados para a excelência dos serviços.

Comentário:

Transporte na sua essência traz um viés complexo quanto à aplicabilidade, haja vista que envolve diferentes fatores, sejam eles humano, ecossistema ou equipamento.

A exploração desse tema no ambiente acadêmico nem sempre é simples devido às diferentes nuances, mas o autor desta obra o faz parecer tangível e descomplicado.

O conteúdo aqui praticado é de aplicação em salas de aula, nos diferentes cursos de graduação e MBA, mas não só, pois tem aplicação direta a todos os profissionais de logística.

Um livro para o dia a dia.

Eduardo Mendes – Empreendedor e Especialista na Área de Transporte

Administrador. Gestor de Transporte e Engenharia Logísticas há mais de quinze anos, sendo nos últimos sete anos um facilitador para aplicação de tecnologias na área de transporte no Brasil.

CAPÍTULO 5
Planejamento

5.1 INTRODUÇÃO

Planejar é uma ação de consenso no mundo corporativo, mas também motivo de muitos conflitos. Planejar requer a atenção, o compromisso e o tempo de recursos importantes das organizações.

A área de planejamento, subordinada à estrutura de Supply Chain, nas corporações já alinhadas com modelos organizacionais mais avançados, assume grandes responsabilidades e atua diretamente no suporte das decisões estratégicas das empresas.

O ato de planejar é uma ação administrativa que determina previamente o que se deve fazer e quais os objetivos a serem atingidos. O planejamento é a construção de um modelo teórico para uma (realiz)ação futura.

Russell L. Ackoff, em *Planejamento Empresarial* (1982), dispõe sobre planejamento como "a definição de um estado futuro desejado e de meios eficazes para alcançá-los".

Desdobrando o tema, com o objetivo de trazê-lo ainda mais próximo do ambiente corporativo, temos que o ato de planejar significa interpretar a missão organizacional e estabelecer os objetivos da organização, bem como os meios necessários para a realização desses objetivos com o máximo de eficácia e eficiência (CHIAVENATO, 2014).

Importante complementar que o planejamento não diz respeito a decisões futuras, mas às implicações futuras de decisões presentes (DRUCKER, 2014).

A ação contínua de planejamento gera um processo de aprendizado na busca da redução das incertezas futuras, produz números e recomendações mais precisas, obtendo assim, maior margem de segurança.

Apenas para reforçar, planejamento não é um exercício de futurologia, tampouco a simples projeção de dados do passado. Não é mágica!

5.2 CARACTERÍSTICAS GERAIS DO PLANEJAMENTO

Seja qual for a atividade da empresa, a natureza da sua operação, o processo de planejamento caracteriza-se por alguns aspectos ou até mesmo princípios.

Podemos afirmar que o planejamento se projeta para o futuro, devendo ele ser flexível, mas sem perder a estrutura principal, aceitando assim, ajustes e correções.

Uma de suas características peculiares do planejamento é que ele deve ser dinâmico, a ponto de absorver as necessidades que venham a surgir quanto a avanços, recuos e alterações, sejam de origem interna ou externa.

Ampliando os horizontes, é possível detalhar algumas características adicionais do planejamento:

a) Processo permanente e contínuo
   O planejamento é uma ação contínua dentro das organizações, não se limitando a simples recomendações ou mesmo ao detalhamento de um plano de ação. Semelhantes a vários autores, também acredito que planejamento seja uma forma de pensar, de administrar os desafios corporativos.

b) Voltado para o futuro
   Os aspectos de interinidade e futuro estão diretamente conectados com o conceito de planejamento, que por sua vez, podemos assim afirmar, é uma relação entre coisas a fazer e o tempo disponível para tal. A Profa. Marta Valentim (2014) diz que "como o passado já se foi e o presente está sendo, é com o futuro que o planejamento se preocupa".

c) Orientado para a tomada de decisão
   Ao se projetar para o futuro por intermédio de dados e cenários, o planejamento se coloca como base orientativa para o processo decisório. A estruturação de informações, desdobrando-as em cenários com categorias diferentes de possibilidades, limitando assim as alternativas de decisão, traz ao processo decisório maior grau de segurança e consistência.

d) Sistêmico

O planejamento deve ocorrer de forma ordenada, olhando sempre com visão ampliada sobre aquilo que será motivo da ação. Esse processo deve ter profundidade no ambiente no qual será trabalhado. Seja o escopo do planejamento uma empresa ou um departamento da empresa ou até mesmo, uma única área de um departamento, não importa, é necessário que o escopo esteja bem definido, pois assim, será possível ampliar a visão dentro dos limites determinados, sendo o mais profundo possível.

e) Cíclico

Sendo o processo de planejamento uma ação recorrente, projeções futuras num primeiro momento, já se tornaram realidades, isto é, já foram executadas num segundo momento, tornando-se passíveis de avaliação e mensuração para novos planejamentos. Esses novos planejamentos, agora podem ser realizados com bases mais robustas de informações, tendo assim, uma expectativa de assertividade ainda maior; vale então destacar, sendo o processo cíclico, ele é retroalimentado quanto à validade e assertividade das informações e cenários propostos. Um processo de melhoria contínua.

5.3 IMPORTÂNCIA DO PLANEJAMENTO

A base de uma boa administração, para qualquer que seja o segmento econômico de atuação de uma empresa, é a execução de um planejamento ativo e robusto.

O planejamento não deve ser observado como um instrumento normativo nas empresas, ou seja, como um documento de organização e ordenamento administrativo interno que visa estabelecer diretrizes, normatizar métodos e procedimentos, mas sim, como um processo de reflexão contínuo.

É fato que as empresas necessitam atuar de forma coordenada e integrada, bem como considerar o futuro dentro de expectativas plausíveis, assim o planejamento entra como importante ferramenta para equacionar essas atividades.

Em continuidade ao ponto referido, as empresas requerem um certo grau de racionalidade, com padronizações, formalizações e até mesmo ações sistemáticas, e mais uma vez o planejamento atua nesta modelagem.

A frase atribuída a Pitágoras (matemático e filósofo, 571 a.C. – 495 a.C.), traduz com maestria a importância do planejamento, "com organização e tempo, acha-se o segredo de fazer tudo e bem-feito".

5.4 ABRANGÊNCIA DO PLANEJAMENTO

O planejamento possui uma ampla abrangência sobre toda a estrutura organizacional, haja vista que podemos subdividi-lo e assim observá-lo pelas hierarquias, sendo estratégico, tático e operacional.

Figura 5.1 – Estrutura organizacional.

Para que uma empresa alcance o sucesso desejado, ela deve embasar suas ações e estratégias em um planejamento eficaz, que consiste em um processo que envolve os profissionais de todos os níveis da organização e possui como objetivo principal a coordenação das atividades realizadas e otimização dos recursos, a fim de alcançar determinada meta (MARQUES, 2019).

5.4.1 PLANEJAMENTO ESTRATÉGICO

Podemos afirmar que o planejamento estratégico é o modelo de futuro que a empresa deseja alcançar, sendo considerado, portanto, uma visão de longo prazo. O modelo deve estar voltado para a eficácia da organização.

A execução do planejamento estratégico deve ter, impreterivelmente, o envolvimento direto da alta direção. É comum visualizarmos duas etapas nessa construção, sendo a primeira de orientação e a segunda de diagnóstico.

   a) Orientação – deve-se definir o negócio, a missão, a visão, os valores e o horizonte estratégico da empresa.

b) Diagnóstico – consiste na identificação de problemas já presentes na realidade diária da empresa, bem como potenciais oportunidades de soluções.

Cabe acrescentar, que o planejamento estratégico deve ser estruturado com base nas seguintes áreas:

- Finanças
- Comercial – Marketing e Vendas
- Operações – Supply Chain e Manufatura
- Desenvolvimento Organizacional

5.4.2 PLANEJAMENTO TÁTICO

O planejamento tático imprime uma visão de médio prazo. Tem como base o desdobramento do planejamento estratégico, sendo este aplicado por setor. Nessa etapa, serão criados objetivos gerais e específicos, com o propósito de materializar o que foi estabelecido no planejamento estratégico.

Objetivos gerais são aqueles que representam a efetivação da visão, e para tanto, são de longo prazo. Esses objetivos estão diretamente conectados com a primeira etapa, o planejamento estratégico.

Objetivos Específicos são definidos por cada um dos setores, tendo uma extensão de médio prazo. Esses objetivos são o reflexo dessa etapa, ou seja, o planejamento tático.

5.4.3 PLANEJAMENTO OPERACIONAL

Nessa etapa do planejamento, as ações são de curto prazo, visando garantir uma abrangência menor, com objetivos específicos. O foco é monitorar as rotinas operacionais e garantir que os processos definidos sejam realizados com sucesso.

Objetivos Específicos são definidos para cada uma das atividades operacionais, com extensão de curto prazo e devem refletir a qualidade das operações.

Por fim, podemos afirmar que a finalidade do planejamento é garantir que a empresa consiga atingir o desempenho considerado ideal, alcançando assim os seus objetivos.

De forma consolidada, o quadro a seguir representa a ideia completa do desenvolvimento de um planejamento organizacional, subdividido nas hierarquias já vistas.

Quadro 5.1 – Planejamento organizacional e suas hierarquias

PLANEJAMENTO			
NÍVEL	**ESTRATÉGICO**	**TÁTICO**	**OPERACIONAL**
Quem faz e a quem é dirigido?	Feito por e para a alta gestão	Feito por e para os níveis setoriais (gerências e departamentos)	Feito com e para os níveis operacionais de execução
Prazo	Longo	Médio	Curto
Abrangência	Maior	Médio	Menor
Nível de especificidade	Objetivos gerais	Objetivos gerais e específicos	Objetivos específicos
Abordagem	Aborda a organização como um todo	Aborda os setores	Aborda as tarefas e atividades específicas
Origem	Surge como Planejamento Base	Decorre do Planejamento Estratégico	Decorre do Planejamento Tático

Fonte: UFRPE, 2019.

5.5 HIERARQUIA DO PLANEJAMENTO

A hierarquia apresentada anteriormente e de forma sintetizada contribui para o entendimento do tema, mas é necessário expandi-la, ganhando assim amplitude e entendimento sobre esse universo.

Veja o quadro a seguir:

Quadro 5.2 – Hierarquia de planejamento

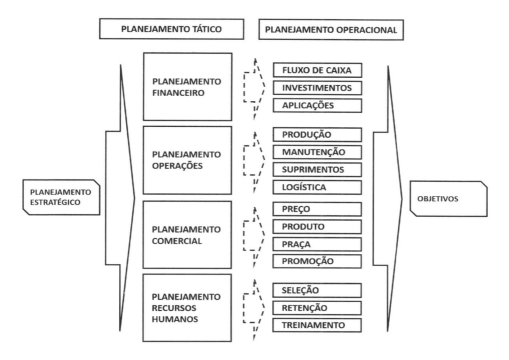

Fonte: VALENTIN, 2008 – adaptado pelo autor.

Com base no quadro apresentado, é imprescindível reforçar que o desdobramento do planejamento estratégico está em quatro pilares da organização:

- Financeiro;
- Operações – compreenda-se Manufatura e Supply Chain;
- Comercial – entenda-se Marketing e Vendas; e
- RH.

Um olhar técnico e profundo para cada um desses pilares, possibilita que a organização faça uma "autoavaliação 360°", respondendo assim questões importantes que indicarão para onde ela, a organização, deseja caminhar, com qual velocidade entende ser possível, como quer ser reconhecida e tantas outras questões.

Um passo à frente e pode-se observar que na amplificação de cada um dos pilares, mesmo que de uma forma ainda simplificada e necessariamente analisando sempre as características de cada organização, é possível olhar para a nova rede, em que quatorze pontos são destacados e merecem forte atenção, para que objetivos sejam definidos com a extensão necessária.

5.6 BARREIRAS AO PLANEJAMENTO

A arte de planejar, quanto à sua essência, está distante de glamour, sendo um processo árduo, de pouca criatividade e de muito suor, tendo por vezes a necessidade de buscar o intangível.

O profissional de planejamento depara-se, com bastante frequência, com inúmeras barreiras que, eventualmente, o impede de apresentar e defender números ainda mais consistentes. Ainda assim, é importante visualizar os objetivos com clareza, saber com firmeza onde chegar e o que entregar, pois somente assim conseguirá traçar a sua jornada.

Comumente, as barreiras surgem quando busca-se implementar algo que ainda não faz parte da cultura da empresa. Pode-se então afirmar que o processo de planejamento é tão mais complexo e difícil de ser implementado quanto mais ausente for o envolvimento e participação da alta gestão. Adicionalmente a esse ponto, pode-se descrever outros mais, complementares:

a) Inflexibilidade na gestão do plano
   Um plano é desenvolvido com base em premissas e desejos de realizações, que por vezes sofrem alterações em decorrência de fatores internos e externos. Sendo assim, é fundamental que haja flexibilidade, espaço para as alterações e alinhamento de rotas.

b) Planejamento de operações não repetitivas
   O processo de planejamento está sobre alicerces de movimentos e ações que se repetem ao longo do tempo, resultando em controle e padronização.
   Executar o planejamento de operações não repetitivas, por si só já denota imenso desafio, sendo então necessário identificar etapas comuns a cada processo de planejamento, buscando a extrapolação de dados, isto é, a obtenção de valores de uma função fora de um intervalo, mediante o conhecimento de seu comportamento dentro deste intervalo.

c) Custo-benefício
   O ato de planejar é o desdobramento de várias ações, as quais indicam, recomendam ou sugerem caminhos, estes por vezes, com *trade-off* negativos.
   É mandatório que área de planejamento, na figura do planejador, desenvolva estudos prévios de custo-benefício para a viabilização dos caminhos traçados.

d) Incapacidade da plena previsão
   É fato que o modelo de planejamento depende de inúmeras variáveis, estas por vezes dependem de inúmeros fatores internos e externos, sendo então

necessário que a área de planejamento esteja conectada às demais áreas, tendo acesso imediato às variações conhecidas das premissas assumidas e divulgadas.

e) Inexistência de sistemas de informação
Um plano a ser desenvolvido demanda uma infinidade de informações históricas e uma prévia dos desejos futuros, sendo assim, sem sistemas de informação, por conseguinte sem dados confiáveis e disponíveis para modelagem, torna-se impraticável o ato de planejar.

5.7 BENEFÍCIOS DO PLANEJAMENTO

A frase a seguir expressa de uma maneira simples e ao mesmo tempo, sofisticada, os benefícios do planejamento, no qual "não somos obrigados a nos planejar; mas, sem metas, os caminhos tendem a serem mais difíceis" (CHACON).

A afirmação de que o ato de se planejar reduz as nossas dificuldades futuras, não está associado somente a área financeira, mas sim em todos os aspectos da vida pessoal e corporativa. Entenda-se neste último caso, as organizações.

Olhando especificamente para o ambiente corporativo, podemos afirmar que o planejamento, subdividido em suas hierarquias, é a mola propulsora para que as organizações tenham um viés de melhoria contínua em seus processos.

Tornar o caminho mais fácil e impulsionar as organizações para um ambiente de melhoria contínua são benefícios importantes associados ao processo de planejamento. Cabe refletir e destacar outros mais:

a) Meta unificada – agiliza decisões
O planejamento quando bem executado, com o engajamento de toda a liderança da empresa, garante que todas as ações e projetos estejam alinhados a um propósito maior, coibindo ações isoladas com viés pessoal ou departamental.

b) Ganho de eficiência – maior produtividade
Direcionando os esforços para objetivos maiores, as organizações ganham em eficiência, evitando assim desperdício de recursos financeiros e pessoais. Mantém a atenção de todos nos objetivos que realmente podem fazer a diferença quanto ao que se pretende atingir e a velocidade para alcançar o que se deseja.

c) Assertividade das ações – validação de investimentos
Os recursos financeiros e pessoais, em qualquer cenário, são comumente escassos e devem ter um uso racional. Em que investir o tempo das pessoas e os recursos monetários, nos ambientes corporativos são decisões que passam pela expectativa de retorno, sendo assim, ter claro os objetivos e metas a serem alcançados contribuem para que não haja desvios do que se pretende entregar. Maior assertividade das ações.

d) Acompanhamento dos resultados – fator motivador
Tudo aquilo que conhecemos e acreditamos, nos faz engajar para realizar! O envolvimento de um time multifuncional na construção de um planejamento voltado para objetivos claros e bem comunicados, gera engajamento, motivando todos os envolvidos no acompanhamento dos entregáveis e nas correções de rotas, quando necessário.

e) Crescimento de receita e lucratividade
As possibilidades quanto à ampliação de receita e lucratividade são amplas, pois os exercícios constantes de avaliar os próximos passos, tendo claro a direção a seguir e eventuais correções de rotas, sugere uma linha estruturada de melhoria contínua, o que imprime resultados sempre muito positivos.

É plausível afirmar que todos os benefícios citados são parte de um todo, algo ainda maior, que leva as organizações ao sucesso.

5.8 FERRAMENTAS COM ÊNFASE NO CICLO S&OP

A execução do planejamento, seja o estratégico, de demanda, entre outros, requer ferramentas que suportem o processo de extração e modelagem de dados, garantindo assim a geração de informações. Requer adicionalmente, ferramentas de geração de cenários, alinhada a técnicas de priorização e análise de riscos.

De forma breve, descrevo a seguir algumas das ferramentas mais usuais, mas não exclusivas ou restritas aos processos de planejamento. Comumente, essas ferramentas estão associadas a outras mais, que contribuem para que possamos obter o desdobramento do planejamento estratégico, este com visão de longo prazo, para planejamentos táticos (visão de médio prazo) e planejamentos operacionais (estes de curto prazo).

5.8.1 FERRAMENTAS E/OU TÉCNICAS USUAIS:

a) *Brainstorming*
O termo em português tem o significado de "tempestade de ideias". Essa técnica de discussão em grupo é empregada para listar um grande número de ideias e sugestões, num curto espaço de tempo. As pessoas apresentam, de forma espontânea, as suas ideias, as quais à medida que vão surgindo, são registradas. O objetivo é que uma palavra ou ideia puxe a outra, favorecendo assim, a apresentação de muitas sugestões.

b) Análise S.W.O.T.
A matriz S. (*Strengths* – Força), W. (*Weaknesses* – Fraquezas), O. (*Opportunities* – Oportunidades), T. (*Threats* – Ameaças) é uma ferramenta que possibilita a organização para visualizar as suas forças e fraquezas, oportunidades e

ameaças, por intermédio de prismas diferentes, tendo assim, uma visão interna (de dentro da organização) e externa (de concorrentes, fatores macroeconômicos, entre outros pontos), tendo para ambos os casos, um olhar para fatores positivo e negativo.

c) Técnica 5W2H

Essa técnica tem como objetivo responder as perguntas: W1 (*What* – O quê), W2 (*Why* – Por quê), W3 (*Who* – Quem), W4 (*Where* – Onde), W5 (*When* – Quando) e H1 (*How* – Como), H2 (*How Much* – Quanto). É uma ferramenta simples e bastante útil para detalhar o processo de planejamento.

d) Matriz GUT

A Matriz GUT é uma ferramenta que auxilia na priorização de resolução de problemas e também é conhecida como Matriz de Prioridades. A análise GUT – G (Gravidade), U (Urgência), T (Tendência) é muito utilizada para orientação na tomada de decisões complexas e que exigem a análise de vários problemas.

e) Diagrama de Ishikawa

Também conhecido como Diagrama de Espinha de Peixe ou Diagrama de Causa e Efeito, é uma ferramenta visual que ajuda a levantar as causas-raízes de um problema, que por sua vez, podem ser classificados em seis tipos – máquina, materiais, mão de obra, meio ambiente, medida e método.

f) Diagrama de Árvore de Decisão

As Árvores de Decisão são um dos modelos mais práticos e mais usados em *inferência indutiva*.[1] Uma árvore de decisão é um mapa dos possíveis resultados de uma série de escolhas relacionadas. Pela estruturação do mapa, o agente construtor poderá comparar possíveis ações com base em seus custos, probabilidades e benefícios. O processo de construção de uma árvore de decisão comumente, inicia-se com um único nó (nomenclatura utilizada por alguns autores para identificar a decisão principal), que se divide em possíveis resultados. Cada um desses resultados leva a nós adicionais, que se ramificam em outras possibilidades, daí a formatação de uma árvore.

g) Ciclo PDCA

Basicamente, as etapas do ciclo são constituídas de P – *Plan*/Planejar; D – *Do*/Executar; C – *Check*/Checar; A – *Act*/Agir, e o principal objetivo é o aperfeiçoamento contínuo. O ciclo PDCA está estruturado sobre quatro grandes etapas, com o propósito de controlar o processo e o foco na solução de problemas.

---

[1] Inferência indutiva é tudo aquilo que seja baseado na observação; que diz respeito a partir de um caso específico para deduzir um caso geral.

5.8.2 CICLO *SALES AND OPERATIONS PLANNING* (S&OP)

A partir do planejamento estratégico, se faz necessário estruturar um processo no qual seja possível desdobrá-lo em etapas, com visões mais reduzidas, trazendo para uma revisão mensal, com olhar anual, entenda-se aqui um olhar de doze meses.

A ferramenta *Sales and Operations Planning*, ou somente S&OP, não é nova. Na realidade é uma ferramenta da década de 1980, uma evolução de conceitos anteriormente estruturados com foco em produção e demanda, neste caso (demanda), como plano de venda isolado, isto é, não integrado aos demais departamentos da organização.

Para um correto entendimento, é importante um alinhamento de conceitos:

a) Planejamento estratégico, realizado em empresas devidamente estruturadas, comumente de três em três anos ou de cinco em cinco anos, a depender do mercado de atuação e as mudanças econômicas e sociais do país. Vale ressaltar que revisões anuais nos planos são comuns e devem ocorrer.

b) Planejamento ou plano de negócios, também conhecido como *budget* é um primeiro desdobramento do plano estratégico. É um plano que tem um horizonte definido e como objetivo, uma eficiente alocação dos recursos que apoiam o planejamento estratégico da organização. Na construção desse plano ou orçamento, premissas são assumidas e as áreas se comprometem com os objetivos do negócio, para o período preestabelecido, normalmente o ano subsequente fiscal.

O ciclo S&OP concebe a melhor previsão que a organização pode construir, considerando as variáveis atualizadas de mercado e as capacidades internas do negócio e contribui de forma incisiva na melhoria da qualidade e acurácia dos planos de negócio, uma vez que seu processo atua sempre com olhar para os próximos doze meses (vide quadro a seguir).

Supply Chain   155

Quadro 5.3 – Planejamento estratégico e ciclo S&OP

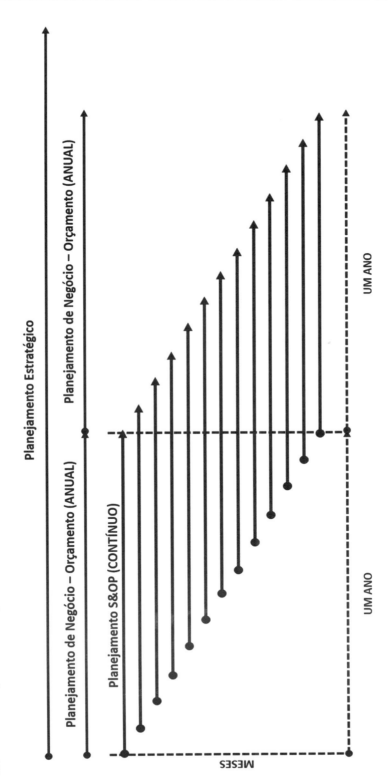

a) S&OP – Conceito

É um processo de comunicação colaborativa e tomada de decisão, para equilibrar a oferta e a demanda, ao longo da Cadeia de Suprimentos, maximizando os resultados financeiros e a satisfação do cliente. Unifica ações de diversas áreas, para desenvolver e entregar um plano único e integrado, para a organização. Interessante observar o conceito do S&OP, sendo então possível compreender o quão importante é essa ferramenta para a gestão de uma organização. Lembrando que o Ciclo S&OP desdobra o planejamento estratégico, visão de longo prazo, em um plano tático com visão de médio prazo, renovada mensalmente. Outro ponto a ser observado quanto ao conceito do Ciclo S&OP é o seu papel integrador e colaborativo, que está no conceito e essência do Supply Chain, seja como área interna em uma organização, seja como motriz para a tomada de decisão.

b) S&OP – Fundamentos do Processo

O *Sales and Operations Planning* (S&OP) deve ser estruturado sobre quatro bases robustas, que ampliem os horizontes de análises e permitam o desdobramento em cenários factíveis. São informações conectadas ao processo, de acordo com as etapas do Ciclo S&OP, garantindo que a execução ocorra de forma coordenada e acessível para as devidas análises, em tempo hábil, a fim de permitir a criação dos cenários futuros possíveis e destacar as restrições identificadas, por área.

i) Base – Planejamento de Demanda

É o processo que gerencia e disponibiliza informações sobre os mercados em que a empresa opera e os mercados-alvo. Está associado a possíveis eventos que poderão acontecer no futuro e que impacta diretamente a Cadeia de Suprimentos. O modelo inicial é construído em bases estatísticas que permitem uma avaliação histórica, com potencial desdobramento futuro, suportado por eventos sazonais e programados. O desejo do time Comercial – Vendas não deve ter restrições, mas deve sim, ser suportado por ações específicas a serem informadas por eles. O detalhamento dos números ocorre por grupos de produtos ou famílias, evitando assim a granularidade do item (SKU – *Stock Keeping Unit*/Unidade de Manutenção de Estoque).

ii) Base – Planejamento de Operações

É a equalização da somatória dos Planejamentos das áreas de Manufatura, aqui identificadas como as áreas produtivas, e Supply Chain, neste caso entenda-se Compras e Logística, com as operações de Armazenagem & Movimentação e Transporte. Adicionalmente a esse processo, podemos incluir a área de COMEX – Importação & Exportação, quando as bases possuem interdependência de produtos e materiais importados ou a serem exportados. Os planejadores de produção devem realizar as suas análises e destacar eventuais restrições de capacidade fabril, linhas produtivas e disponibilidade de materiais baseados no desejo *inicial e irrestrito*[2] de demanda. Essas análises sugerem um nível de granularidade por item, pois o uso de matérias-primas e embalagens devem ser detalhados nesse momento.

iii) Base – Planejamento de Estoque

O desejo amplo e irrestrito da demanda, pode por vezes, esbarrar no dimensionamento dos estoques e suas coberturas estratégicas. Isso porque o estoque parado reflete um capital (dinheiro) investido, o qual todas as empresas possuem os seus respectivos limites e políticas. Outro importante ponto a ser observado é o número de áreas de armazenagem que a empresa possui, pois estatisticamente a cada ponto adicional de armazenagem, a empresa incrementa aproximadamente 20% de estoque. Esse planejamento deve ocorrer à "quatro mãos", sendo as recomendações dos números de estoque, por item, uma responsabilidade dos planejadores, mas a valorização sobre os cenários propostos, deve ser realizada pelo time financeiro, o qual tem a palavra final sobre o tema. Os diferentes modelos de estoque e suas aplicações já foram descritos no Capítulo 3.

iv) Base – Planejamento Financeiro

O Planejamento Financeiro, no Ciclo S&OP, é sem dúvidas, o grande guardião do propósito fim, o qual o ciclo se projeta. Atender as demandas, a qualquer custo, é coisa do passado e não deve voltar a ocorrer. A validação financeira dos diferentes cenários, a comparação e as suas variações referentes ao Plano de Negócio (orçamento/*budget*) são de responsabilidade do planejamento financeiro. A atuação proativa e consistente do time financeiro envolvido no ciclo reduz o número de cenários para os factíveis e propõem, um ambiente de consenso, no momento oportuno das discussões. Esclarecidos os fundamentos – base do Ciclo S&OP – *Sales and Operations Planning*, é possível avançar para o processo de execução. As características definidas nesse modelo, implicam na participação ativa, isto é, no engajamento dos responsáveis por cada etapa, bem como na atuação disruptiva de toda a diretoria da empresa, incluindo, e principalmente, a figura do CEO/presidente.[3]

A Figura 5.2, a seguir, caracteriza o Ciclo S&OP em seus cinco passos, formalizando assim, cinco reuniões ao logo do mês. Algumas empresas, seja pela característica organizacional, seja por outros fatores internos, realizam o Planejamento de Demanda em uma única reunião, unificando os passos 1 – Marketing e 2 – Vendas.

---

[2] O planejamento de produção e de materiais deve considerar a demanda informada pelo time Comercial – Marketing e Vendas, sem nenhuma restrição prévia.

[3] Ao longo de muitos anos, vivenciei experiências de implementação dessa ferramenta, em diferentes setores da economia, com um número expressivo de sucesso, e uma característica comum a todos esses casos: o tema S&OP nunca foi tratado como ferramenta de uma área, e sim, como ferramenta do negócio, com o envolvimento, pessoal e direto, do cargo mais elevado da organização

Tal posição deve ser respeitada, mas não a recomendo, pois a manutenção das reuniões separadas fazem com que as discussões pertinentes a cada um dos passos, como valores estatísticos (histórico), projeções de *market share*,[4] ações de marketing, entre outras, sejam mais ricas e com resultados melhores na avaliação final.

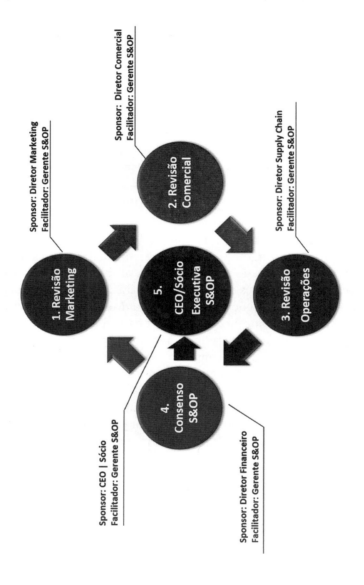

Figura 5.2 – Os cinco passos da Execução do Ciclo S&OP – *Sales and Operations Planning*.[5]

---

[4] *Market share*, que em português pode ser entendido como quota do mercado ou participação no mercado. É uma porcentagem que corresponde à relevância da sua empresa diante dos competidores no mercado em que ela atua.

[5] Destaco o meu agradecimento a todos os profissionais que contribuíram para o desenvolvimento desse modelo, em especial a Ricardo S. Félix – Executivo de Planejamento & Supply Chain e ao Professor MSc. Eduardo Toffoli.

Supply Chain

Para cada um dos cinco passos citados, um template[6] foi estruturado da reunião tema. Esse modelo já foi testado inúmeras vezes, trazendo em seu conteúdo, um longo processo de melhoria contínua.

As reuniões do ciclo atuam com o conceito M+3, isto é, todas as discussões e projeções tratam do mês 3 (foco) até o mês 12, pois os meses M+0, M+1 e M+2 devem estar em operação e com as suas projeções "congeladas", respectivamente.

As figuras a seguir nos ajudam a entender o modelo de atuação do Ciclo S&OP.

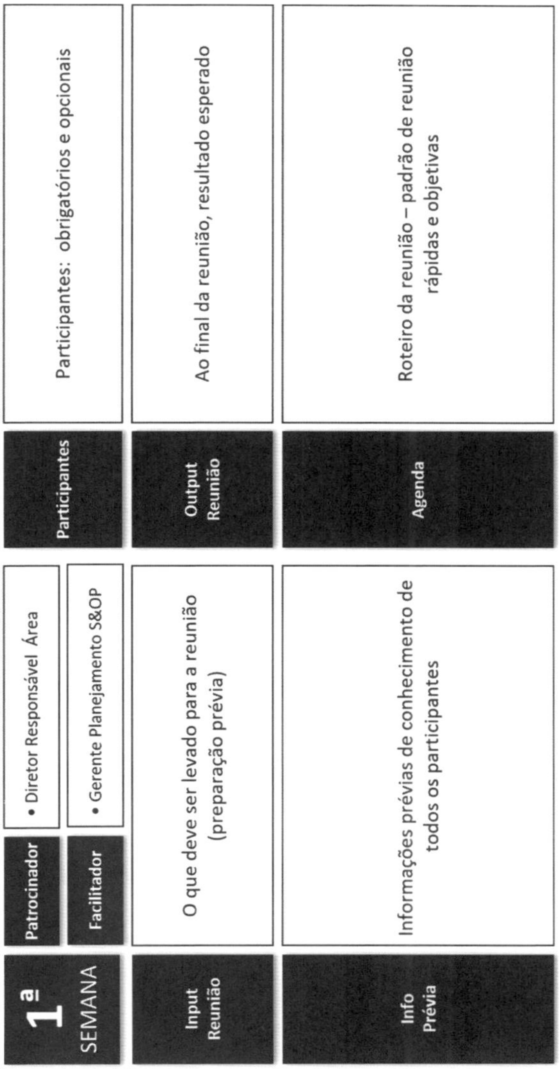

Figura 5.3 – Template (modelo) da Reunião do Ciclo S&OP – Sales and Operations Planning.

---

[6] Template: modelo de documento sem conteúdo, apenas com apresentação visual.

Semana: momento do mês que deve ocorrer a reunião.

Patrocinador: é a figura do responsável, o qual tem o compromisso de garantir que todos os processos prévios e durante a reunião ocorram em harmonia com o que foi estabelecido e acordado na definição do processo S&OP.

Facilitador: comumente, é a figura do Gerente de Planejamento – S&OP, como o próprio nome informa, é o responsável em facilitar que todo o processo ocorra, mas também em garantir que a metodologia seja cumprida, e esclarecer, diante de eventuais impasses, quais os cenários ou opções possíveis.

Input Reunião: são os temas e informações que deverão ser trazidos para a discussão na reunião.

Info Prévia: são as informações que devem estar disponíveis a todos os participantes, previamente à reunião.

Agenda: deve conter todos os temas pertinentes à reunião que será realizada. É de responsabilidade do patrocinador e do facilitador que os temas sejam explorados de forma objetiva e clara.

Output Reunião: expressa tudo o que se deve ter ao final da reunião. Representa o resultado da reunião.

Exemplo - Projeção

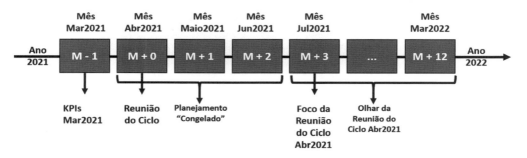

Figura 5.4 – Conceito M+3.

M-1: corresponde ao mês imediatamente anterior ao mês atual, nesse caso, Março2021.

M+0: corresponde ao mês atual, nesse exemplo é o mês Abril2021, o qual está ocorrendo o Ciclo S&OP.

M+1: corresponde ao mês imediatamente subsequente ao M+0, sendo o mês Maio2021.

M+2: intuitivamente corresponde ao mês subsequente ao anterior, isto é, refere-se ao mês Junho2021.

M+0: refere-se aos volumes que estão em operação.

M+1 e M+2: são projeções congeladas dentro do Ciclo S&OP.

M+3: mês em que será realizado o planejamento dentro do Ciclo S&OP de abril, sendo que nesse exemplo refere-se ao mês de julho.

M+3 ao M+12: meses que serão tratados no Ciclo S&OP de Abril2021, mas apenas o M+3 (nesse exemplo – Julho2021) ao final do ciclo será congelado.

Período de congelamento: é o período no qual a demanda definida no Ciclo S&OP não deve ser mais alterada ou sofrer qualquer atualização. Esse período é importante e deve ser respeitado por toda a organização, pois somente assim, os departamentos terão tempo hábil para aquisição de materiais, diretos e indiretos, matérias-primas e planejamento de mão de obra e manutenções diversas, a fim de atenderem a demanda previamente planejada. Um ponto adicional, o Período de Congelamento traz previsibilidade à Cadeia de Suprimentos.

O tema Período de Congelamento é sempre complexo a ser acordado com o departamento Comercial – Marketing e Vendas, quanto à implementação da ferramenta S&OP. Argumentos de que estão limitando as vendas, de que processos são mais importantes do que vender, e tantos outros comentários, sempre estarão presentes nessas discussões. Atender a demanda é uma responsabilidade de todos, mas como já comentado anteriormente, atender a demanda a qualquer custo é coisa do passado.

O Ciclo S&OP deve ter a maturidade para tratar as exceções, quanto à flexibilização do período de congelamento, sempre que necessário. Obviamente, impedindo que as exceções se tornem regras.

A seguir, o modelo de pauta (template) para cada um dos cinco passos do ciclo S&OP.

Passo 1 – Reunião de marketing:

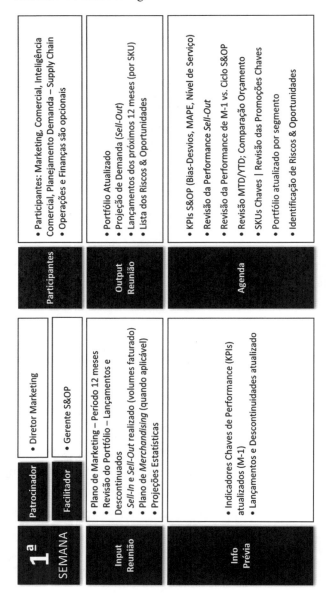

Figura 5.5 – Template – Reunião de marketing.

Objetivo: Planejamento da Demanda (visão *Sell-Out*[7]).

Os inputs do time de marketing, área responsável, dentre alguns temas, em definir os canais de atuação e formas de atrair novos clientes, em resumo pelo incremento da demanda, são fundamentais e enriquecedores para um planejamento de demanda amplo e irrestrito.

---

[7] *Sell-Out* é a venda realizada pelo distribuidor ou varejo para o cliente final.

Adicionalmente, um olhar crítico ao portfólio contribui para que os esforços da organização estejam efetivamente direcionados para itens lucrativos e estratégicos. Itens de combate são sempre importantes e devem estar nas discussões mensais.

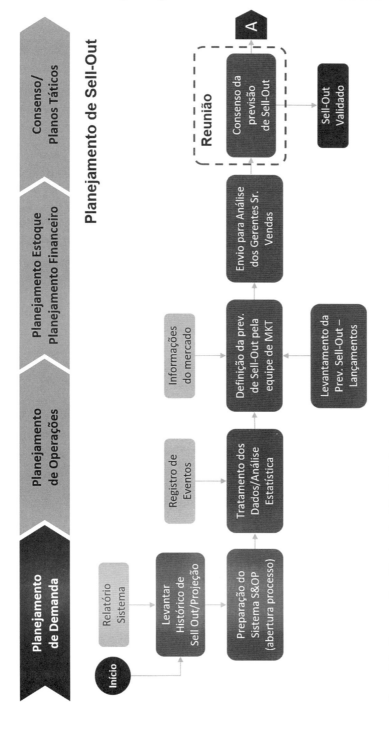

Figura 5.6 – Processo Simplificado – Revisão de Marketing.

As revisões de marketing tendem a ser bastante elucidativas, pois nos traz uma visão mais clara das ações futuras, com uma forte experiência de potenciais resultados (visão *Sell-Out*).

Passo 2 – Reunião comercial – vendas:

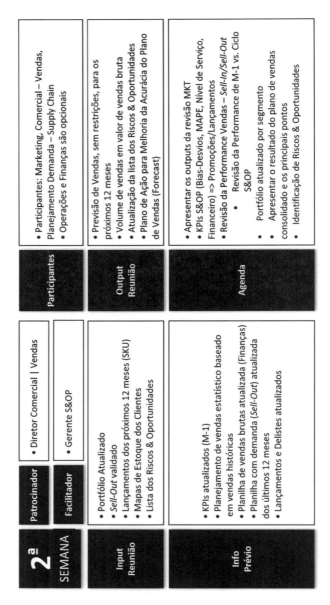

Figura 5.7 – Template – Reunião Comercial – Vendas.

Objetivo: Planejamento de Demanda (visão *Sell-In*).[8]

---

[8] *Sell-In* é a venda realizada pelo fabricante (a indústria) para o distribuidor ou varejo.

A participação do time de Comercial – Vendas é imprescindível, pois sem a qual, não seria possível trazer para as discussões do Ciclo S&OP os dados e percepções de quem está na linha de frente. A atuação direta junto aos clientes fornece uma gama de dados e expectativas futuras que alimentam as planilhas e auxiliam na modelagem dos cenários de demanda.

A responsabilidade de trazer uma visão de demanda irrestrita, não pode estar desassociada dos níveis de estoque dos clientes.

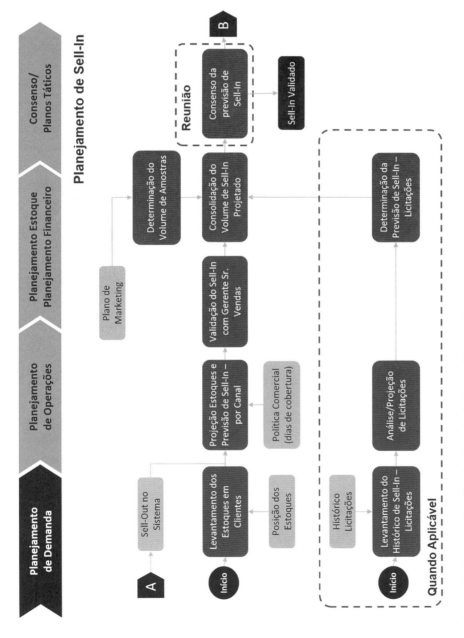

Figura 5.8 – Processo Simplificado – Revisão do Comercial – Vendas.

Ao final das duas primeiras semanas do ciclo, teremos uma visão irrestrita das necessidades do mercado, em outras palavras, teremos o resultado na visão de Marketing e Comercial – Vendas, de tudo que os clientes pretendem comprar nos próximos meses, sem qualquer restrição ou impedimento das áreas envolvidas.

Passo 3 – Revisão de operações (manufatura e *Supply Chain*):

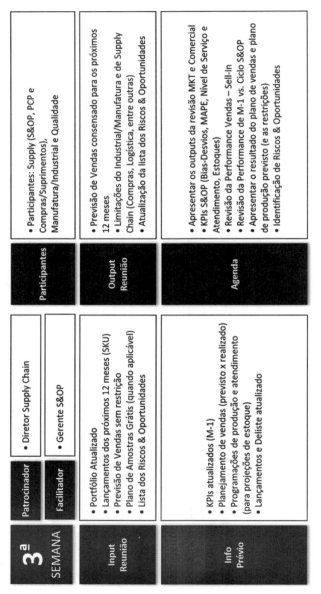

Figura 5.9 – Template – Reunião Operações (Manufatura e Supply Chain).

Objetivo: listar e sinalizar as possíveis restrições de atendimento, quanto à capacidade fabril, matérias-primas, embalagens, entre outros, referente ao planejamento de demanda – versão Marketing e Comercial – Vendas, sem restrições.

Supply Chain

O trabalho colaborativo ao longo de todo o ciclo é importantíssimo. Nessa etapa em especial, o trabalho conjunto, manufatura e supply chain, é ainda mais importante e decisivo para a qualidade das informações que serão geradas.

A manutenção da essência do Ciclo S&OP nessa etapa, é sim um grande desafio, o qual todos os envolvidos devem querer superá-lo.

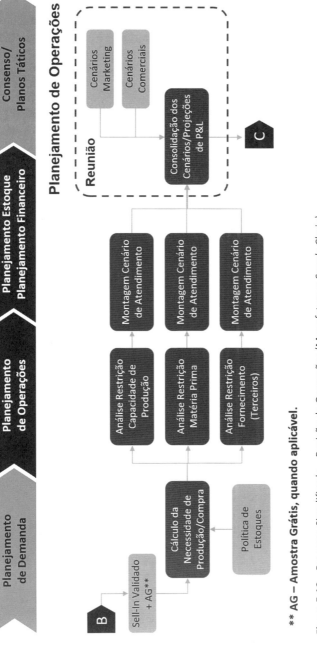

** **AG – Amostra Grátis, quando aplicável.**

Figura 5.10 – Processo Simplificado – Revisão de Operações (Manufatura e *Supply Chain*).

Com a finalização de mais essa etapa do ciclo, o processo avança para a equalização dos números, haja vista que nesse momento temos as necessidades geradas pelos times de Marketing e Comercial – Vendas, e temos as capacidades operacionais definidas dentro das possibilidades internas e externas.

Dois pontos adicionais a serem observados são o planejamento de estoque e o financeiro. Com as sinalizações claras, da área de Operações, sobre as restrições de capacidade e materiais, torna-se possível uma análise criteriosa dos estoques, desdobrando assim para um planejamento efetivo. O mesmo ocorre com a análise financeira, essa última com base nos cenários já modelados e um planejamento de estoque realista, é possível a efetivação do planejamento financeiro.

Passo 4 – Reunião de consenso:

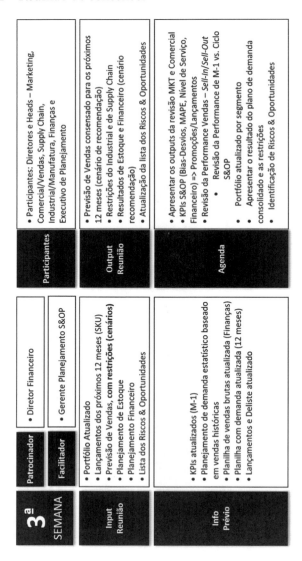

Figura 5.11 – Template – Reunião de Consenso.

Supply Chain 169

Objetivo: acordar qual dos cenários propostos possui mais aderência aos planos de negócio da organização. Garantir clareza de entendimento quanto às restrições de capacidade e materiais, bem como as possíveis ações de mitigação. Alinhamento quanto aos riscos e oportunidades para entrega dos resultados comprometidos.

Os participantes envolvidos nessa etapa do ciclo são, basicamente, os diretores e *heads* de áreas, responsáveis pelo negócio. Deve partir deles, diretores e *heads* de áreas, a definição de um cenário factível de execução, passível de entregar os resultados comprometidos com a organização e complementarmente, uma sinalização clara dos riscos e oportunidades dos principais eventos ocorrerem.

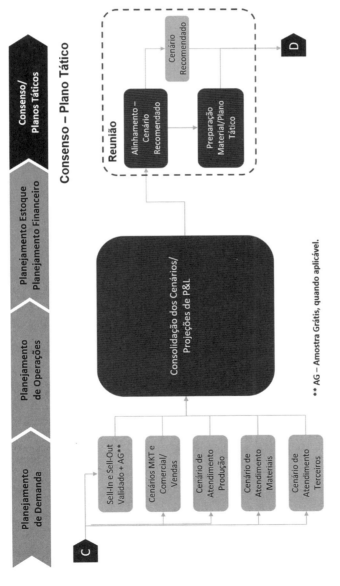

Figura 5.12 – Processo Simplificado – Reunião de Consenso.

Frequentemente, essa etapa é considerada a mais complexa do ciclo, na qual dados e informações não são suficientes, pois aqui o consenso não só do ou dos cenários a serem apresentados, mas também das responsabilidades quanto a cada uma das restrições sinalizadas; devem estar muito bem definidas e acordadas, evitando surpresas na etapa seguinte, essa, junto ao *board* da organização (grupo de liderança sênior da empresa – as pessoas que realmente definem as estratégias da organização).

Passo 5 – Reunião de fechamento:

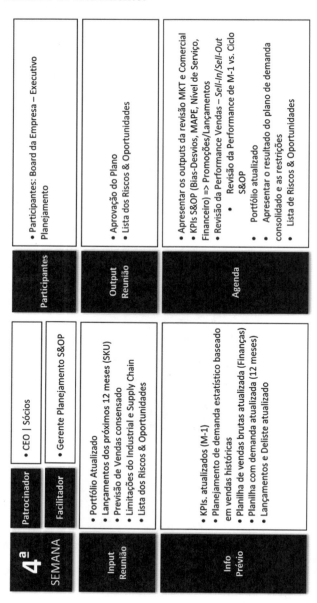

Figura 5.13 – Template – Reunião de Fechamento.

Objetivo: apresentar os resultados do ciclo atual (plano tático revisado) ao *board* da organização, com base no cenário de consenso. Somando-se ao cenário a ser apresentado, deve-se também apresentar as principais restrições operacionais, as ações de mitigação de riscos e as potenciais oportunidades.

Importante reforçar que a etapa de fechamento do ciclo deve garantir que CEO/sócios estejam plenamente cientes do plano tático, este, resultado direto dos números e modelagens efetivados ao longo do Ciclo S&OP.

Ciclo encerrado!

A cada ciclo finalizado há sempre algo a ser aprendido, portanto, garantir que o time de planejamento, diretamente responsável e envolvido no processo S&OP, faça uma sessão de *lessons learned*[9] é de extrema importância para a evolução e aplicação da ferramenta. Isso é melhoria contínua!

5.8.3   DIAGNÓSTICO DE MATURIDADE DO CICLO S&OP

A implementação da ferramenta Ciclo S&OP – *Sales and Operations Planning* jamais deve ser subestimada e o processo deve ser conduzido por especialistas do tema.

O uso de uma ferramenta de diagnóstico para identificação da maturidade do ciclo, contribui de forma incisiva, para um resultado assertivo quanto ao atual estágio do processo. Sendo também possível, a identificação de oportunidades, as quais poderão ser desdobrados em ações futuras, em um plano de melhoria contínua.

Uma das ferramentas que frequentemente é aplicada refere-se à ferramenta de diagnóstico de Larry Lapide (2005).

Larry Lapide, por meio de seu modelo de análise de maturidade do Ciclo S&OP, nos apresentou uma ferramenta de uso fácil e de resultados consistentes, contribuindo assim para a ampliação e correto emprego do Ciclo S&OP.

Vejamos a seguir o modelo de classificação:

---

[9]   *Lessons learned*, em português, lições aprendidas.

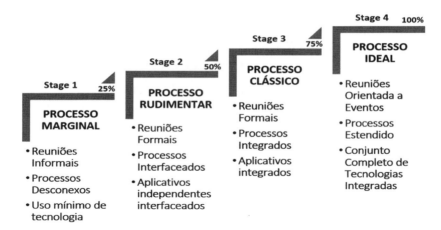

Figura 5.14 – Modelo de Maturidade do Ciclo S&OP.

Cabe esclarecer que a ferramenta de diagnóstico pode também ser empregada quando ainda não temos o Ciclo S&OP formalmente implementado. O resultado obtido a partir dessa ferramenta, pode ser utilizado como vetor, sinalizando assim, uma origem (ponto de partida) e contribuindo para que se defina um destino (ponto de chegada), em outras palavras, quais requisitos deve cumprir para alcançar a meta proposta.

Uma releitura da ferramenta de Larry Lapide pode ser observada a seguir, em que é possível identificar nomenclaturas comumente utilizadas no ambiente corporativo, e esclarecimentos adicionais sobre cada estágio proposto.

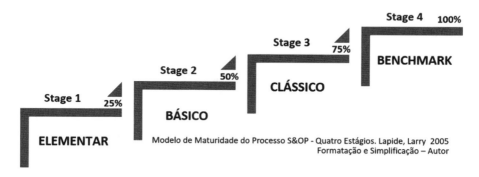

Figura 5.15 – Maturidade no processo S&OP e nomenclaturas no ambiente corporativo.

Processo Elementar: empresas que possuem algum tipo de processo de planejamento, que tende a ser menos formalizado e esporádico, e muitas vezes apresentam natureza caótica (0 a 25%).

Processo Básico: empresas que possuem processos formais de planejamento, mas não são totalmente integradas, possuindo ou participando apenas de elementos básicos do processo de S&OP (25,1 a 50%).

Processo Clássico: empresas que possuem processos de planejamento formal e que seguem as diretrizes estabelecidas por organizações profissionais, como a Associação para Gerenciamento de Supply Chain (APICS) (50,1 a 75%).

Benchmark: Ciclo S&OP com forte maturidade organizacional, completamente integrado, colaborativo e com a alta direção envolvida e participativa. Processo S&OP eficiente e eficaz, com visão clara de melhoria contínua (75,1 a 100%).[10]

5.9 CASE – APLICAÇÃO PRÁTICA DO MODELO DE DIAGNÓSTICO DE MATURIDADE DO CICLO S&OP

O case a seguir traz uma visão aplicada do modelo de diagnóstico de maturidade do Ciclo S&OP em uma grande corporação industrial. Por motivos de confidencialidade, não serão identificados a empresa e o seu segmento de mercado.

Histórico – Contexto básico

A empresa, aqui denominada de **A**, possui um histórico de mais de 20 anos de atividades, administrada por uma liderança ativa e participativa.

Apresenta um modelo de crescimento agressivo, expresso em aquisições e reinvestimentos, sendo líder no Brasil de alguns segmentos em que atua.

Somente a partir de 2014, a empresa **A** tomou ações de modernização e atualização de processos administrativos-operacionais, dentre estes, a implementação da ferramenta Ciclo S&OP, em 2015.

Como base num levantamento histórico, pôde-se verificar que o processo de desenvolvimento e implementação da ferramenta foi muito bem realizado. Seguindo todas as melhores práticas do mercado, o processo foi claramente conduzido por especialistas do tema.

Um novo momento

Passados quatro anos da implementação, várias mudanças organizacionais já haviam ocorrido, e complementar a estes fatos, muitas liderança inicialmente presentes, já tinham deixado a organização.

---

[10] Destaco o meu agradecimento a todos os profissionais que contribuíram para o desenvolvimento desse modelo, em especial a Ricardo S. Félix – Executivo de Planejamento & Supply Chain e ao Professor MSc Eduardo Toffoli.

Diante de uma nova liderança, surgiu um novo momento para o Ciclo S&OP. Nesse momento de revitalização e retomada do processo, foi utilizada a ferramenta de diagnóstico de maturidade do ciclo (LAPIDE, 2005).

O diagnóstico sintetizado proporcionou alguns pontos de análise e confirmação.

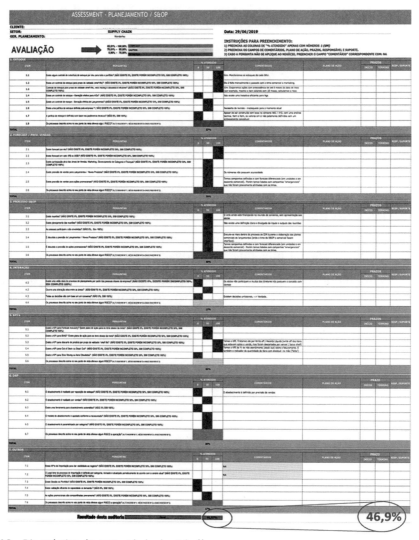

Figura 5.16 – Diagnóstico de maturidade do ciclo.[11]

---

[11] Assessment de Planejamento – S&OP inicial com resultado de 46,9%. Página extraída do Curso Supply Chain Turbo.

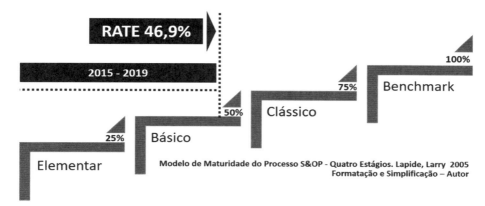

Figura 5.17 – Avaliação de maturidade do ciclo.

Principais pontos observados:

- Rate de 46,9%. Classificação – Processo S&OP Básico.
- Processo perdeu força ao longo do tempo.
- Ausência de "*teamwork*" – trabalho em time/cooperação.
- Reuniões desconexas – ausência de liderança.

Olhando para o resultado do diagnóstico do ciclo, juntamente a uma avaliação mais profunda quanto à estrutura organizacional da área de Planejamento S&OP, foi possível caracterizar a posição atual, dentro da linha de tempo traçada pela organização. Observe na figura ao lado, os gaps identificados no atual processo do Ciclo S&OP, 2019.

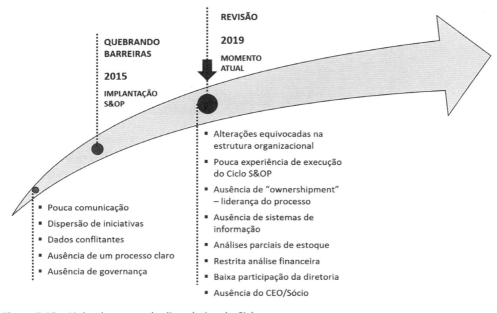

Figura 5.18 – Linha do tempo do diagnóstico do Ciclo.

Uma nova jornada

Tendo muito clara a situação atual e reconhecendo que muitos desafios já foram superados, foi definida uma nova jornada a ser cumprida, essa agora tão ou mais desafiadora quanto à primeira. Crescimento de 27,3 pp em rate, saltando para uma classificação – Ciclo S&OP Clássico, num prazo desafiador de quatro semestres (dois anos).

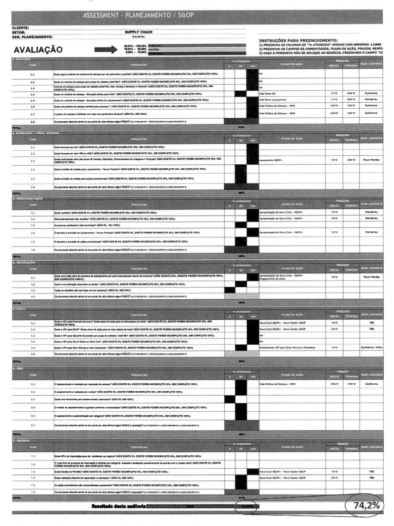

Figura 5.19 – Diagnóstico de maturidade do ciclo.[12]

---

[12] Assessment de Planejamento – S&OP revisão com resultado sugerido de 74,2%. Página extraída do Curso Supply Chain Turbo.

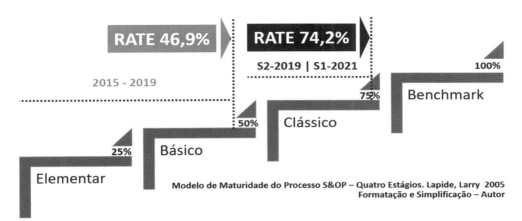

Figura 5.20 – Planejamento – S&OP revisão com resultado sugerido de 74,2%.

Com base nas etapas realizadas, foi possível identificar no diagnóstico os pontos não executados ou executados parcialmente, o que contribuiu para a definição de um Plano de Ação em que se registraram as atividades que deveriam ser focadas no próximo período – quatro semestres. Importante destacar, que o atingimento da meta indicada foi proposto para dois anos, porém as atividades foram escalonas ao longo dos quatro semestres, proporcionando assim resultados também no curto e médio prazo, bem como correções de rota, quando se fizeram necessárias.

A linha do tempo traçada pela organização, agora atualizada com a meta desejada, reforça o compromisso assumido. Observa-se na figura ao lado os principais pontos a serem trabalhados durante o período de execução, processo do Ciclo S&OP, S2-2019/S1-2021.

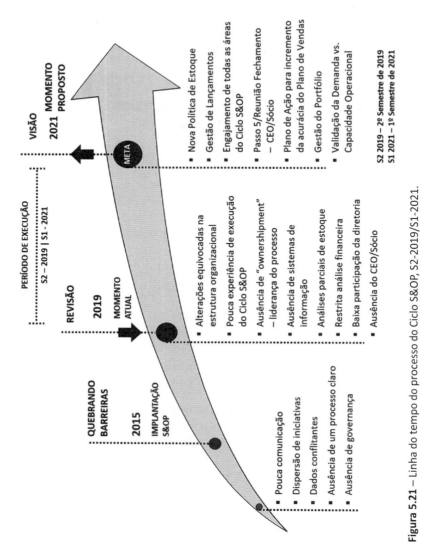

Figura 5.21 – Linha do tempo do processo do Ciclo S&OP, S2-2019/S1-2021.

Nessa nova jornada é importante destacar que todos os participantes do Ciclo S&OP, dessa vez, do CEO/Sócio ao Analista de Planejamento, foram envolvidos e engajados no novo propósito.

Também, todos tiveram informações claras sobre o momento atual – "onde estamos", o *roadmap*, isto é, o "trajeto que se deseja cumprir" – todas as ações a serem executadas e por fim, a meta – "onde queremos chegar".

O destaque aqui está sendo dado ao modelo de comunicação realizado, pois somente assim, foi possível garantir o entendimento e engajamento dos participantes do processo ao tema de interesse.

Principais resultados

Ao longo da jornada foram realizados alguns *Stop-Go*,[13] avaliações para medir os avanços do projeto e definir possíveis correções de rotas, quando necessário.

Muitos dos resultados alcançados foram surgindo naturalmente com a evolução do processo, outros tiveram uma ação direta e objetiva para serem alcançados, a exemplo das novas políticas de estoque de MP (matéria-prima), ME (material de embalagem) e PA (produto acabado).

- Política de Estoque – MP/ME: foram tomadas ações de revisão, sem grandes alterações. A principal ação nesse tópico foi cumprir o que a política já determinava. Interessante como as coisas se perdem com o passar do tempo, quando não há uma gestão por indicadores de performance. Atenção a esse ponto!

- Política de Estoque – PA: com base numa análise ampla, observou-se que muitos itens que possuíam coberturas elevadas, na realidade não tinham tal necessidade; enquanto outros padeciam com baixas coberturas, gerando faltas sistematicamente. A correção da política de estoque, com um correto balanceamento item-cobertura, trouxe ao final, um crescimento de apenas 6,2% do estoque em valor, algo relativamente pequeno, quando comparado com o enorme benefício oferecido.

O principal ponto de atenção e resultado alcançado foi a implementação do "número único para toda a organização". Todas as áreas da empresa passaram a trabalhar exatamente com o número construído no processo S&OP. Para as análises financeiras, para as definições metas de vendas para premiação, as necessidades de produção e materiais usam atualmente, como base de informação, o número do Ciclo S&OP.

Seguem alguns resultados de nível de serviço, em que melhoras foram observadas com o avanço do Ciclo S&OP.

---

[13] *Stop-Go*, em tradução livre é parar-seguir, mas nesse caso traduz a ideia de paradas para avaliação do processo, correções quando necessárias e o fortalecimento e importância do tema. Pode-se também definir como um processo rápido de parada – avaliação – revisão – (re)largada, no qual se busca agilidade e foco para a realização de uma checagem quanto ao andamento do projeto e uma verificação das atividades do plano de ação. As ações de correção também são definidas e implementadas rapidamente, evitando assim, a perda de tempo e a dissipação da atenção ao tema principal.

Figura 5.22 – Resultados da nova política de estoque.

Como conclusão desse caso, podemos destacar os principais benefícios gerados em decorrência dessa revitalização do Ciclo S&OP na Empresa **A**.

- Previsão de demanda com melhor acurácia.
- Processo de lançamentos de novos produtos mais assertivo.
- Melhor balanceamento dos estoques de PA-MP-ME.
- Resultados financeiros claros e objetivos.
- Melhor visibilidade e maior agilidade para a tomada de decisões.
- Melhor o nível de serviço.

E por fim, meta atingida e um processo de S&OP ainda mais robusto e eficiente, quanto aos seus propósitos.

CAPÍTULO 6

Serviço ao Cliente

6.1 INTRODUÇÃO

Em muitas das pesquisas realizadas sobre *customer service*[1] verifica-se que o entendimento dado a tal nomenclatura se restringe quase que unanimemente aos serviços de atendimento ao cliente final, ao consumidor, um viés B2C. É notória a ausência de publicações sobre o universo de serviço ao cliente com o viés corporativo, um olhar para a relação B2B, num contexto de Supply Chain.

Sobre esse aspecto em questão, o foco neste capítulo é exatamente a relação de negócio entre duas empresas, B2B, alinhado ao contexto de Supply Chain, num ambiente corporativo.

6.2 RELAÇÕES DE NEGÓCIO

A ideia de contextualizar as relações de negócios busca trazer luz a um ambiente com poucos estudos técnicos publicados quanto aos conceitos e foco das atividades exercidas.

---

[1] *Customer service*, em português, serviço ao cliente.

Inicialmente, há duas relações de negócios que podemos descrever como as mais conhecidas, e por que não dizer, as mais frequentes. Ambas podem ocorrer no ambiente físico (tradicional) ou no ambiente digital (comércio eletrônico).

6.2.1 B2B

Business-to-Business[2] refere-se a duas empresas que fazem negócio no modelo cliente/fornecedor. Pode-se então afirmar, que o foco da companhia vendedora é comercializar produtos e serviços que sejam de interesse de outras empresas. Nesse modelo de negócio, os itens ou serviços serão revendidos ou transformados pelo comprador.

6.2.2 B2C

Business-to-Consumer[3] refere-se aos negócios entre uma empresa e o consumidor final – entenda-se aqui a pessoa que irá utilizar o serviço ou consumir o produto. É, sem dúvida, o modelo de negócio mais comum, que abrange todo o varejo e seus inúmeros segmentos.

As características de negócio que envolvem os dois modelos mencionados são comumente avaliadas em quatro importantes aspectos.

a) Tempo de compra: em negócios B2B, as vendas são mais complexas e o tempo até o fechamento da compra é maior, o que gera um desafio extra para as equipes comerciais/vendas. Para o desenvolvimento de novos fornecedores, as empresas investem muitos recursos, como pessoas, dinheiro e tempo de profissionais especializados. As alterações são mais lentas e necessitam passar por um fluxo de aprovações. Já em negócios B2C, as alterações são rápidas e diretas, pois o consumidor final considera outros atributos e a decisão comumente é pessoal.

b) Recorrência: nos negócios B2B, o trajeto até a efetivação do pedido, a venda propriamente dita, é mais longo, porém uma vez que ela ocorre, o ciclo tende a ser recorrente. Diferentemente do que observamos para o consumidor final. Um ótimo exemplo para descrever essa recorrência de vendas está na indústria farmacêutica, na qual o desenvolvimento de um novo medicamento, associado a um insumo farmacêutico ativo, também conhecido como IFA, poderá levar anos neste processo. Uma vez desenvolvido e aprovado o medicamento junto aos órgãos responsáveis, a recorrência de compra é mandatória, não sendo possível a alteração de fornecedores e até mesmo rotas de produção

---

[2]   *Business-to-Business*, em português, empresa para empresa.
[3]   *Business-to-Consumer*, em português, empresa para consumidor.

Supply Chain

sem que haja um novo processo de validação e aprovação pelos órgãos competentes. Isso pode levar anos!

c) Tamanho da venda: as ações de negócios envolvendo os modelos B2B e B2C tendem a ter complexidades bem distintas. Enquanto nas interações B2C as vendas são muitas vezes unitárias, nas negociações B2B, as vendas são de volumes e valores bastante expressivos. Podemos exemplificar o aspecto "tamanho da venda" considerando dois casos comuns no mercado atualmente. *A venda de *Fast Moving Consumer Goods* (FMCG),[4] a exemplo de produtos de higiene e limpeza, *pet food*,[5] entre outros, para as grandes redes varejistas do país. Comumente são vendas extremamente volumosas, reflexo de negociações bastante duras. *A indústria farmacêutica possui um canal de escoamento dos seus produtos, extremamente concentrado, em pouquíssimos distribuidores e grandes redes, assim o tamanho das vendas, para este pequeno grupo de clientes, pode representar, conforme alguns exemplos recentes, até 70% de todo o volume mensal da indústria.

d) Tomadores de decisão: o processo de venda na relação B2B, apresenta um grau de dificuldade bastante elevado, haja vista que nessa relação o fluxo de aprovadores comumente é extenso. Já quando observamos a relação de venda B2C, o processo é mais ágil, até porque o número de aprovadores ou pessoas a serem influenciadas é consideravelmente menor, quando não, única.

As duas relações de negócios mencionadas anteriormente, caracterizam uma parcela significativa do comércio. Entretanto, podemos descrever duas outras mais, as quais também contribuem para as relações de negócios: uma delas abrangendo relações entre consumidores e outra mais recente, em que a indústria busca a atuação direta junto ao consumidor.

6.2.3   C2C

Consumer-to-Consumer[6] refere-se aos negócios entre duas pessoas físicas, isto é, não associadas a uma empresa, pessoa jurídica. A comercialização de produtos e serviços podem ocorrer com o suporte ou intermediação de alguma plataforma on-line, sendo esta por sua vez, um ambiente de auxílio técnico e/ou administrativo.

Nesse caso é comum o "vendedor" não oferecer qualquer garantia ou documentação legal e a negociação ser baseada na "confiança".

---

[4]   *Fast Moving Consumer Goods* (FMCG) – em português, Produtos de Consumo Rápido.

[5]   *Pet food*, em português, alimentos para pet.

[6]   *Consumer-to-Consumer*, em português, consumidor para consumidor.

6.2.4 D2C

Direct-to-Consumer[7] é um formato de vendas em que as indústrias – que normalmente atendem somente pessoas jurídicas, varejistas e distribuidores e no modelo B2B – passam a vender diretamente para o consumidor final, sem o uso de intermediários.

Esse formato também é conhecido como *cutting out the middleman* ou cortando o intermediário.

O modelo D2C parece inevitável, uma vez que aproxima o fabricante (indústria) do consumidor, eliminando intermediários e deixando o fabricante em contato direto com o consumidor, melhorando assim a experiência do cliente final e aperfeiçoando os serviços prestado.

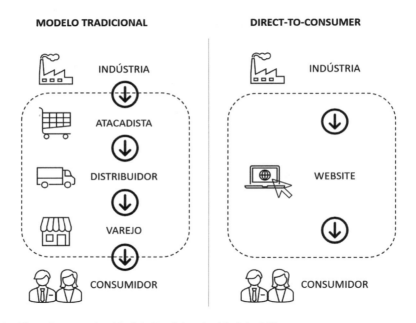

Figura 6.1 – Fluxo Comparativo Modelo Tradicional e Modelo D2C.

Fonte: OGI&co.

6.3 CARACTERÍSTICAS GERAIS DO SERVIÇO AO CLIENTE

Atender ao cliente, na expressão mais ampla, requer atenção aos detalhes, processos eficientes, mas acima de tudo, uma visão estratégica clara por parte da organização e um time engajado ao propósito de servir.

Portanto, de uma forma estruturada, esse "servir ao cliente" passa por fornecer informações e assistência, criando assim um ambiente de confiança mútuo.

---

[7] *Direct-to-Consumer*, em português, direto para o consumidor.

Já em uma visão mais processual, o Serviço ao Cliente, alinhado ao contexto de Supply Chain, num ambiente corporativo, deve ser conceitualizado como: processo integral de atendimento do pedido do cliente, o que inclui da recepção do pedido, que pode ocorrer por meio físico ou eletrônico, critérios de crédito e a determinação da forma de pagamento, priorização e alocação de estoque, separação e embalamento das mercadorias, embarque e entrega, disponibilização dos serviços ao usuário final e acerto de eventuais devoluções de produtos, e por fim, o acompanhamento do pagamento da fatura.

Algo complexo, quando detalhado da maneira citada, mas pode-se resumir toda a ação processual do Serviço ao Cliente em *Order-to-Cash* (OTC),[8] assim caracteriza-se as responsabilidades e ações desse departamento que é vital a qualquer organização. Cabe reforçar que a área de Supply Chain deve ser a guardiã desse processo, sendo ela uma área neutra na organização e que possui uma visão completa, isto é, *End-to-End* (E2E).[9]

Atenção às responsabilidades de critérios de crédito, à determinação da forma de pagamento e ao acompanhamento do pagamento da fatura, pois essas responsabilidades são, e devem permanecer, do time financeiro, especializado neste tema. Aos profissionais de Serviço ao Cliente cabe acompanhar o processo, garantindo o cumprimento dos prazos internos, sendo assim, representantes dos interesses do cliente dentro da organização.

6.4 FUNDAMENTOS DO SERVIÇO AO CLIENTE

As bases nas quais estão alicerçadas o Serviço ao Cliente numa organização estão muito bem definidas sobre dois pilares.

1. Gestão do pedido (*Order Management*)

2. Gestão do cliente (*Customer Management*)

A integração desses dois pilares permite atender de forma completa e inequívoca as necessidades dos clientes, algo simples de entender, porém complexo de realizar.

Frequentemente é possível observar estruturas organizacionais que atuam de forma independente para cada um desses dois pilares. Essas estruturas estão direcionadas por processo, tendo como principal vertente a especialização das atividades internas, ou seja, o time de Serviço ao Cliente está voltado para uma visão interna, quase sempre equivocada quanto às necessidades do cliente.

É, portanto, necessário uma estrutura organizacional na área de Serviço ao Cliente que atue de forma sinérgica e direta, valorizando o contato com o cliente de forma a atendê-lo em todas as suas necessidades.

---

[8] *Order-to-Cash* (OTC), em português, do pedido até o pagamento.

[9] *End-to-End* (E2E), em português, de ponta a ponta.

O cliente, ao acionar a empresa, deve identificar rapidamente o seu representante local, e este por sua vez, deve garantir um pronto atendimento. Manter um contato frequente com o cliente, sendo sempre proativo diante de eventuais problemas, é a postura esperada do representante interno.

A recomendação, dentre os resultados que melhor foram apresentados, é a "organização por célula", na qual cada uma das células atua de forma linear em todos os processos relacionados nos dois pilares.

A classificação dos clientes para estruturação dessas células deve ser realizada por faturamento, volume de vendas, canal de vendas, entre outras, sempre alinhada com a estratégia da organização.

6.4.1 GESTÃO DO PEDIDO – *ORDER MANAGEMENT*

O fluxo de produtos da empresa (fornecedor) para o cliente deve ser gerenciado em sua totalidade, garantindo assim a redução dos prazos e a manutenção de custos competitivos.

Ainda sobre esse aspecto, o tempo do ciclo do pedido, que é definido como o tempo decorrido entre o momento do pedido e aquele da entrega do produto ao cliente (BALLOU, 2009), deve ser monitorado em cada uma das fases, o que implica uma gestão do pedido eficiente, evitando assim potenciais desvios ao longo do processo.

Com o emprego direto de novas tecnologias, o avanço do *Supply Chain 4.0* e o crescimento das novas formas de comércio, há necessidade de respostas assertivas, mais ágeis e customizadas por parte das empresas aos seus clientes, estes por sua vez, cada dia mais exigentes.

A definição das Regras de Atendimento, em conjunto com as Políticas de Serviço, é mandatória para uma organização que tem em sua estratégia, um pleno e amplo serviço ao cliente. A área de mesmo nome, deve formalizar tais regras e garantir a implementação das políticas de serviço, garantindo também, que o tema seja comunicado a todos os envolvidos.

A formatação normalmente utilizada para representar o ciclo do pedido é:

Figura 6.2 – Ciclo do pedido.

Para cada uma das etapas do XPAFE cabe agregar uma explanação, para que haja um melhor entendimento e atuação dentro deste processo de servir ao cliente.

a) Extração do Pedido

A forma com que cada empresa faz a *extração* (captura) de seus pedidos, pode ter as suas particularidades, mas o fim é sempre o mesmo, ou seja, realizar a entrada do pedido no sistema da organização, para que o pedido possa receber as tratativas internas e ser atendido ao final do processo.

Fluxo – Ciclo do Pedido:

(1) Cliente emite o pedido

(2) Fornecedor recebe o pedido e incorpora (dá entrada) em seu sistema

b) Processamento

O *processamento* do pedido é um conjunto de validações internas para assegurar que todas as informações, nele contido, estejam válidas, ou seja, não exista inconsistência em nenhum dos campos do pedido e suas informações conferem com o Data Base da organização.

As validações que ocorrem nesse processo são de aspecto fiscal, política de preço e descontos, item e quantidade, padrão de faturamento, endereço de faturamento e entrega, entre outros pontos.

Ainda na etapa de processamento, ocorre a validação do setor financeiro referente aos temas crédito e prazo de pagamento.

Fluxo – Ciclo do Pedido:

(3) Processamento do pedido

(4) Análise de crédito

(5) Prazo de Pagamento

c) Alocação

Diferentemente do que muitos acreditam, o processo de *alocação* faz parte do ciclo do pedido. Momento no qual serão colocadas em prática, as regras de atendimento, como a priorização dos pedidos, bloqueio ou desbloqueio de produtos, regiões de atendimento, entre outras.

No processo de alocação, uma vez que as regiões de atendimento foram determinadas e sequenciadas; os pedidos, pelos critérios de priorização, foram também sequenciados; inicia-se a alocação de estoque disponível por pedido.[10]

Fluxo – Ciclo do Pedido:

(6) Análise de Rota – Local de Entrega

(7) Análise de Estoque – Disponibilização

(8) Separa & Embala o Pedido – *Picking & Packaging*

d) Faturamento

O *faturamento*, ação fiscal no processo logístico, garante a emissão do documento fiscal, a nota fiscal. Por governança e assumindo o rigor operacional,

---

[10] A alocação de estoque ocorre no sistema ERP da organização, a exemplo do SAP, Oracle, entre outros. Entretanto, caso a empresa tenha a sua área de logística terceirizada ou trabalhe com um sistema de gerenciamento de armazém, como o *Warehouse Management System* (WMS), o processo de alocação também deverá ocorrer no sistema logístico em questão.

padrão nas operações de excelência, a nota fiscal deve ser emitida após o carregamento do veículo.

Destaca-se aqui, a importância de o processo de expedição garantir que as etapas de conferência e carregamento dos produtos ocorram previamente à emissão da nota fiscal. Esse fato é relevante, pois durante o processo de *picking & packaging* poderão ocorrer falhas, sendo estas detectadas na conferência dos produtos. Adicionalmente ao caso mencionado, poderá também ocorrer avarias durante o processo de carregamento, sendo necessário, diante da impossibilidade de substituição do produto, a alteração no pedido, garantindo assim a igualdade do que foi carregado com a nota fiscal.

Fluxo – Ciclo do Pedido:

(9) Geração dos documentos fiscal – Nota Fiscal

e) Entrega

A programação de *entrega* inicia-se a partir da programação de transporte, em que se realiza a roteirização, tipos de carga, veículo, entre outros pontos.

A partir da programação de transporte é possível efetuar o planejamento de transporte, com a comunicação as transportadoras, o agendamento dos veículos, com a sequência de carregamento.

Após o processo de carregamento do veículo e emissão da nota fiscal, ocorre a expedição do veículo e partir deste momento, os produtos são considerados "em trânsito".

Com perfil cada vez mais exigente, os clientes demandam atualizações periódicas do status de entrega, assim o acompanhamento das cargas, do ponto de origem (expedição) até o ponto de entrega (cliente), tem sido um desafio a ser vencido.

Por fim, o controle de entrega dos produtos é mais uma etapa nessa jornada, pois é necessário garantir a comprovação da entrega e a integridade dos produtos.

Quando necessário, o processo de logística reversa poderá ser acionado.[11]

A Figura 6.3, a seguir, caracteriza o Ciclo do Pedido – XPAFE com o detalhamento de cada uma das onze fases.

---

[11] Com o avanço da Logística 4.0, novas e importantes tecnologias estão sendo incorporadas ao processo de gestão de transporte. A Torre de Controle de Transporte tem sido uma das principais soluções colaborativas implementadas por diversas empresas que estão buscando oferecer um melhor atendimento aos seus clientes.

Figura 6.3 – Ciclo do Pedido XPAFE.

Fonte: HRM Logística – adaptada pelo autor.

6.4.1.1 Nível de Serviço

Uma frase bastante realista sobre esse tema é "qualquer um que pensa que o cliente não é importante, deveria tentar sobreviver sem ele, por um período de 90 dias" (autor desconhecido).

É claro que atender ao cliente é fundamental para qualquer organização! Hoje, temos a clareza que apenas bons produtos e preços competitivos já não são mais suficientes, mesmo sendo essenciais, são necessários outros atributos.

A excelência no atendimento ao cliente passa hoje por ter um ciclo do pedido enxuto, disponibilidade de produto, agilidade na entrega, ausência de avarias, entre outros pontos. Pode-se então afirmar que o nível de serviço ao cliente é uma somatória de todos os esforços para a satisfação dos clientes (FARIAS).

Uma estratégia é olharmos para o ciclo do pedido e determinarmos um prazo, comumente em dia útil, para cada uma das etapas. O tempo total do ciclo do pedido é chamado de *lead-time*, ou seja, é o tempo decorrido desde o momento em que um cliente faz um pedido até o recebimento do produto. Outra forma, portanto, de avaliarmos o nível de serviço ao cliente é o quanto a operação, nas diversas áreas, está aderente aos prazos acordados nas Regras de Atendimento.

Lembrando, que o cadastro do prazo para execução de cada uma das etapas do XPAFE deve ser realizado no sistema de gestão da companhia, também conhecido como *Enterprise Resource Planning* (ERP).

Comentário: é muito comum, situações de desconforto nas organizações sobre o conceito de *lead-time* e *delivery time* (em algumas organizações, *transit time*).

A área Comercial – Vendas necessita informar aos clientes sobre o prazo de atendimento dos pedidos, na prática, necessita informar o tempo do ciclo completo do pedido, o *lead-time*.

Entretanto, seja por falta de conhecimento ou interpretação equivocada, a solicitação normalmente é realizada quanto ao tempo de entrega do pedido, induzindo assim a área de Logística a informar o *delivery time (transit time)*, isto é, o prazo de entrega que a transportadora possui após a emissão do documento fiscal (nota fiscal), prazo esse, que não considera os trâmites internos do pedido.

Portanto, atenção ao tema, ao informar a área Comercial – Vendas sobre o prazo de entrega dos pedidos, sejam claros:

* Do momento da captura do pedido até a entrega ao cliente (ciclo completo do pedido – XPAFE), deve-se informar o *lead-time*.

* Do momento do faturamento, ou seja, emissão da nota fiscal, até a entrega ao cliente, deve-se informar o *delivery time* (em algumas organizações, *transit time*).

A exemplo das grandes corporações, que buscam a excelência no atendimento ao cliente, lembro aqui que o foco é a relação de negócio B2B – empresa para empresa –, e o prazo interno para tratativas dos pedidos é normalmente de 2 dias úteis.

Vejamos, a seguir, o exemplo de uma grande multinacional do setor de bens de consumo.

Ciclo do Pedido – Nível de Serviço

Passo 1 – Extração

Recebimento dos pedidos, podendo ser manual ou via eletrônica (EDI – *Electronic Data Interchange*/Troca Eletrônica de Dados).

Transmissão dos Pedidos: *0 (zero) dia*.

Portanto, os pedidos devem ser incorporados ao sistema da organização, no mesmo dia em que o cliente efetivou a compra, isto é, na data de emissão do pedido.

Passo 2 – Processamento

Validações dos pedidos referente às questões fiscais, como nome, CNPJ, entre outras, e questões financeiras, como crédito e prazo de pagamento.

Liberação dos Pedidos: *1 (um) dia útil.*

Portanto, os pedidos devem ser processados até a data subsequente à sua entrada na organização. As liberações dos pedidos devem ocorrer automaticamente, sendo excluídos dessa autorização somente os pedidos que apresentarem alguma inconsistência. Sistemicamente, os pedidos que apresentarem qualquer inconsistência deverão ser enviados para um *LogErro* e ser tratados manualmente pela equipe do financeiro.

Passo 3 – Alocação

Nessa etapa do processo, os pedidos são classificação por prioridade de atendimento e é alocado o estoque para cada um dos pedidos, conforme disponibilidade de produto.

Classificação dos Pedidos: *0 (zero) dia.*

Portanto, na mesma data em que os pedidos são liberados pela área financeira, referente às atividades anteriores, eles devem ser processados conforme a sua classificação por prioridade, baseada nas regras de atendimento parametrizadas no sistema, sendo na sequência, alocado o estoque para cada um dos pedidos, conforme a disponibilidade dos produtos. É também nessa etapa que se verifica a data de entrega, quando programada pelo cliente, podendo o pedido permanecer "em carteira" até a correta data de envio para a próxima etapa.

Após o processo descrito no parágrafo anterior, todos os pedidos que tiveram produtos alocados, dentro do prazo de atendimento comprometido com o cliente, deverão ser enviados à área de logística (interna ou terceirizada) para continuidade das atividades.

Passo 4 – Faturamento

Nesse momento é realizado o planejamento de carregamento e transporte, identificando assim, os pedidos por cliente, região e transportadora.

Processamento do Pedido: *1 (um) dia útil.*

Portanto, a área logística, armazenagem e transporte, possuem até 1 dia para realização de suas atividades. Baseado no planejamento já citado, as ordens de separação (*picking & packaging*) são disponibilizadas para a área de armazém, bem como, de posse desse mesmo planejamento, a área de transporte programa os veículos para coleta. Lembrando que a recomendação é para que a emissão da nota fiscal ocorra somente após o carregamento do veículo.

Cabe ressaltar que esse prazo estipulado, deve ser respeitado baseado nas capacidades operacionais previamente dimensionadas.

Passo 5 – Entrega

Finalizado o processo da etapa anterior, com a emissão da nota fiscal e liberação do veículo, inicia-se o prazo acordado com o transportador, comumente em dia útil, para execução da entrega ao cliente conforme região/tipo de carga.

Expedição/Entrega do Pedido: *delivery time* – prazo de entrega (comumente em dia útil) acordado com o transportador, quando da sua contratação, por região/tipo de carga.

Portanto, a etapa de entrega deve respeitar os acordos operacionais e comerciais com os respectivos parceiros de transporte, quando esse processo é terceirizado com empresas do mercado.

Quando o processo é realizado por frota própria, também é recomendável que seja acordado internamente os prazos de entrega, pois isso influencia diretamente nos níveis de serviço a serem disponibilizados aos clientes.[12]

O Ciclo Interno do Pedido, no exemplo em questão, é de 2 dias úteis e para fecharmos o Ciclo Completo do Pedido, precisamos adicionar o *delivery time (transit time)* ao período interno.

O quadro a seguir é um resumo esquemático do exemplo proposto. Lembrando, que esse exemplo é um retrato do que as grandes organizações praticam na relação de negócio B2B.

---

[12] É comum o contratante de transporte não se atentar durante as negociações com as transportadoras que a data da coleta não esteja considerada no prazo de entrega. Certificar-se, portanto, desse tema e alinhar as expectativas é fundamental para que o nível de serviço acordado com o cliente seja realmente cumprido.

Quadro 6.1 – Ciclo completo do pedido

	CICLO COMPLETO DO PEDIDO				
	CIP - CICLO INTERNO DO PEDIDO				CEP - CICLO EXTERNO DO PEDIDO
	X	P	A	F	E
	EXTRAÇÃO	PROCESSAMENTO	ALOCAÇÃO	FATURAMENTO	ENTREGA
Introdução	Recebimento dos pedidos, podendo ser manual ou via eletrônica (EDI – Electronic Data Interchange/ Troca Eletrônica de Dados).	Validações dos pedidos referente as questões fiscais, como nome, CNPJ, entre outras e questões financeiras, como crédito e prazo de pagamento.	Nesta etapa do processo, os pedidos são classificação por prioridade de atendimento e alocado o estoque para cada um dos pedidos, conforme disponibilidade de produto.	Neste momento é realizado o planejamento de carregamento e transporte, identificando assim, os pedidos por cliente, região e transportadora.	Finalizado o processo da etapa anterior com a emissão da nota fiscal e liberação do veículo, inicia-se o prazo acordado com o transportador, comumente em dia, para execução da entrega ao cliente conforme região/cliente
Prazo	Transmissão dos pedidos: 0 (zero) dia.	Liberação dos pedidos: 1 (um) dia.	Classificação dos pedidos: 0 (zero) dia.	Processamento do pedido: 1 (um) dia.	Expedição/Entrega do Pedido: Delivery time – Prazo de Entrega (comumente em dia) acordado com o transportador, quando da sua contratação, por região/tipo de carga.

Comentário

Portanto, os pedidos devem ser incorporados ao sistema da organização, no mesmo dia em que o cliente efetivou a compra.

Portanto, os pedidos devem ser processados até a data subsequente a sua entrada na organização.

As liberações dos pedidos devem ocorrer automaticamente, sendo excluídos desta autorização somente os pedidos que apresentarem alguma inconsistência.

Sistemicamente, os pedidos que apresentarem qualquer inconsistência deverão ser enviados para um LogErro e ser tratados manualmente pela equipe do financeiro.

Portanto, na mesma data em que os pedidos são liberados pela área financeira, referente as atividades anteriores, eles devem ser processados conforme a sua classificação por prioridade, baseado nas regras de atendimento parametrizadas no sistema, sendo na sequência, alocado o estoque para cada um dos pedidos, conforme a disponibilidade dos produtos.

É também nesta etapa, que se verifica a data de entrega, quando programada pelo cliente, podendo o pedido permanecer "em carteira" até a correta data de envio para a próxima etapa.

Após o processo acima, todos os pedidos que tiveram produtos alocados, dentro do prazo de atendimento comprometido com o cliente, deverão ser enviados à área de logística (interna ou terceirizada) para continuidade das atividades.

Portanto, a área logística, armazém e transporte possuem até um dia para realização de suas atividades.

Baseado no planejamento acima citado, as ordens de separação (picking e packaging) são disponibilizadas para a área de armazém, bem como, de posse deste mesmo planejamento, a área de transporte programa os veículos para coleta. Lembrando que a recomendação é para que a emissão da nota fiscal ocorra somente após o carregamento do veículo.

Cabe ressaltar que o prazo acordado acima deve ser respeitado baseado nas capacidades operacionais previamente dimensionadas.

Portanto, a etapa de entrega deve respeitar os acordos operacionais e comerciais com os respectivos parceiros de transporte, quando este processo é terceirizado com transportadoras do mercado.

Quando o processo é realizado por frota própria, também é recomendável que seja acordado internamente os prazos de entrega, pois isso implica diretamente nos níveis de serviço a serem disponibilizados aos clientes.

CIP

2 (dois) dias

Delivery time - dia

Supply Chain

O mesmo exemplo podemos verificar em outro formato, mantendo assim as premissas de atendimento:

Considerando que um pedido é extraído (capturado) na segunda-feira da semana 3 (Wk3 – abreviação de *week*, semana em inglês), isto é, no dia 15 e o pedido deverá ser entregue na Praça de São Paulo (capital), a qual possui um *delivery time* (*transit time*) de 1 dia útil.

Observando a proposta de solução a seguir, podemos concluir que o Ciclo do Pedido será de 4 dias úteis. Lembrando que o pedido foi extraído em D+0 (dia 15, no exemplo em questão), terá 2 dias úteis para processos internos e considerando que o dia do faturamento seja o mesmo dia da coleta pelo transportador, restará assim que a entrega seja realizada em 1 dia útil, ou seja, no dia 18.

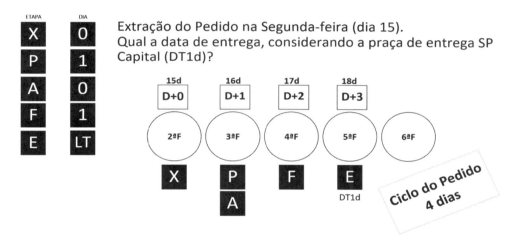

Figura 6.4 – Ciclo do pedido na relação B2B.

Nota do autor

Esse último exemplo refere-se ao ciclo do pedido na relação B2B. Atualmente, observamos ações mais ágeis, em particular, em relações B2C e D2C, uma vez que a efetivação do pedido se dá com a aprovação do pagamento, sendo na maioria dos casos, com o uso do cartão de crédito. Observe-se que nesses casos, as Etapas X (extração), P (processamento) e A (alocação) ocorrem necessariamente em D+0.

Dois outros importantes temas, adicionais ao ciclo do pedido, devem ser considerados quando o assunto é nível de serviço:

1) Segmentação de Clientes (Grupo de Preço) – Nível de Serviço

Ainda que preço, para muitos produtos e serviços, seja quase que uma commodity, a correta definição de uma política de preço a ser praticado, baseado em uma correta segmentação de clientes, é algo fundamental para entregar um nível de serviço possível e dentro das expectativas do cliente.

A segmentação de clientes, utilizando como critérios duas ou três variáveis, ainda são considerados modelos simples. No entanto, é comum que modelos de negócios demandem a seleção de diversas variáveis, sendo que estas, para serem aplicadas, demandam a utilização de alguns algoritmos ou técnicas estatísticas mais avançadas (SOUZA; SALES).

Um olhar atento aqui sugere que os iguais, isto é, clientes que atuam no mesmo segmento e que sejam concorrentes diretos, tenham políticas de preço iguais, deixando as pequenas variações a cargo das negociações pontuais e diretas, que visam volume e exposição no ponto de vendas, com a equipe Comercial – Vendas.

Uma explicação adicional do tema se faz necessária. Assim a segmentação dos clientes por grupos de preço pode ser observada na figura que se segue. O exemplo expõe uma formatação dos clientes segmentados por quadrantes, entre atacado, mercado, distribuidor e especialista, sendo informado o desconto a ser aplicado por grupo de preço a partir do preço base.

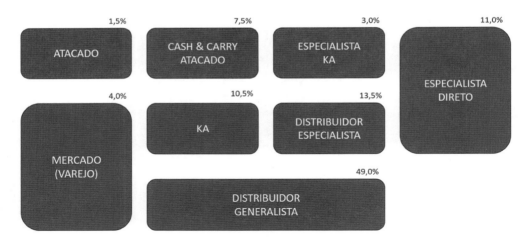

Figura 6.5 – Segmentação de Clientes (Grupos de Preço).[13]

Baseado na matriz apresentada, de posse da relação de todos os clientes que compõem cada um dos quadrantes, é possível determinar a Lista de Priorizações, a qual deve estar parametrizada no sistema a ser utilizado pelo departamento de Serviço ao Cliente para processar a carteira de pedidos, comumente o *Enterprise Resource Planning* (ERP) da organização.

Na Lista de Priorização de Clientes poderá haver:

---

[13] Os descontos e as segregações propostas expressam um modelo genérico.

- Quadrantes onde os clientes ali pertencentes seguem uma sequência fixa, na qual independente do momento em que o pedido foi capturado ao longo do dia, ele (o pedido) será classificado na sequência preestabelecida.

- Quadrantes onde os pedidos dos clientes são sequenciados pela data/hora em que foram capturados, portanto não condicionados a uma sequência fixa, e nestes casos chamamos de sequenciamento dinâmico ou móvel.

Essas são regras de negócio que devem estar claramente definidas, divulgadas internamente e parametrizadas nos sistemas operacionais.

Para exemplificarmos essa regra de negócio, o quadro a seguir traz o desdobramento da Matriz de Segmentação de Clientes (Grupo de Preço) em uma Lista de Priorização de Clientes ou Grupo Empresarial.

Quadro 6.2 – Segmentação de Clientes (Grupo de Preço)

Segmentação de Cliente (Grupo de Preço)	Classificação	Grupo	Sequência	Modelo
KA (Key Account)	1	Cliente KA - 1	1º	Fixo
		Cliente KA - 2	2º	
		Cliente KA - 3	3º	
KA Especialistas	2	KA Especialista - 1	4º	Fixo
		KA Especialista - 2	5º	
Especialista Direto	3	Clientes - Ordem de captura de pedidos (data/hora)	6º	Dinâmico
Mercado	4	Ordem de captura do pedidos (data/hora)	7º	Dinâmico
KA Atacado	5	Cliente KA Atacados - sequência definida previamente	8º	Fixo
Distribuidor Especialista	6	Ordem de captura do pedidos (data/hora)	9º	Dinâmico
Distribuidor Generalista	7	Ordem de captura do pedidos (data/hora)	10º	Dinâmico

| Atacado | 8 | Ordem de captura do pedido (data/hora) | 11º | Dinâmico |
| Cash & Carry - Atacado | 9 | Ordem de captura do pedido (data/hora) | 12º | Dinâmico |

O modelo aqui apresentado segue uma ideia original no mercado de consumo e a classificação aqui proposta expressa um modelo genérico.

2) Matriz de Serviços Estratégicos – Nível de Serviço

A Matriz de Serviços Estratégicos tem como princípio tratar os iguais como iguais, mas servir como um leque de serviços, ofertando assim a oportunidade de os clientes tornarem-se parceiros de negócio, objetivando ganhos comuns, compartilhados.

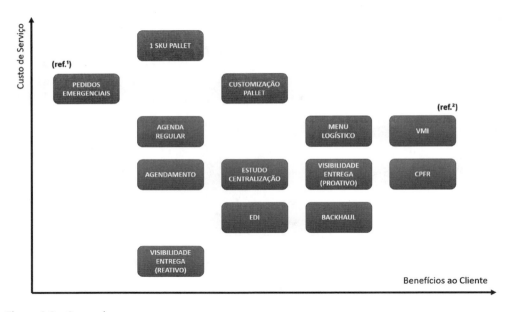

Figura 6.6 – Grupo de preço.

Uma rápida avaliação da matriz citada permite concluir a existência de serviços que incrementam custos operacionais e que trazem poucos benefícios - (ref.[1] – vide figura anterior) Pedidos Emergenciais; como também a oferta de serviços que impactam de forma moderada os custos, entretanto trazem elevados benefícios (ref.[2] - vide figura anterior) *Vendor Managed Inventory* (VMI)/Estoque Gerenciado pelo Fornecedor.

Alguns dos serviços apresentados da matriz podem ter forte impacto na logística de atendimento ao cliente e talvez o mais contundente seja o Menu Logístico.

6.4.1.2   Menu Logístico

A linha base está conceituada sobre o que classificamos de pedido perfeito, o qual podemos definir como "pedido que otimiza todo o processo logístico de atendimento ao cliente":

- centro de distribuição do fornecedor, quanto à otimização dos processos administrativos e operacionais, sendo o pedido de um único SKU e com quantidade suficiente para completar o maior veículo (carreta completa), dos processos de separação, conferência e expedição;

- transporte de distribuição, quanto à otimização do veículo, considerando assim, a carreta completa – modelo *Full Truckload* (FTL) com entrega direta (entrega única);

- no cliente, quanto à otimização nos processos de recebimento, conferência e armazenamento.

O pedido perfeito é considerado a linha base para o 100% do desconto logístico a ser aplicado no Menu Logístico, percentual este que pode variar conforme a estrutura de custo de cada organização.

O modelo de Menu Logístico demonstrado no exemplo a seguir apresenta seis itens – estes se elegíveis a 100% dos descontos, individualmente propostos, caracterizariam o pedido perfeito, e baseado no modelo padrão em questão, destacando assim, um desconto logístico de 3,75%.

Quadro 6.3 – Modelo de Menu Logístico

Atividade		Desconto	
		Proposto	Aplicação
1 Veículo Completo |FTL – Full Truck Load		**0,75%**	
Carreta			100%
Truck			30%
Fracionado			0%
2 SKU – Stock Keeping Unit		**0,75%**	
Pallet Completo			100%
Camada (Layer)			30%
Fracionado (Picking)			0%
3 Customização		**0,50%**	
Paletização Padrão			100%
Paletização Diferenciada | Padrão Cliente			0%

Atividade	Desconto	
	Proposto	Aplicação
4 Tipo de carregamento	**0,75%**	
Slip sheet		100%
Pallet One Way		30%
Pallet PBR (retornável)		0%
5 Janela de Entrega	**0,50%**	
Janela de Entrega fixa		100%
Janela de Entrega Variável		50%
Sem Janela de Entrega		0%
6 Descarga - Recebimento no Cliente	**0,50%**	
Sem cobrança de Descarga		100%
Com cobrança de Descarga		0%

A aplicação do Menu Logístico em dois cenários distintos deve contribuir para um melhor entendimento e aplicabilidade desse modelo.

Exemplo: Cenário A – Cliente

No cenário (A), o cliente atende aos seis requisitos propostos na plenitude do tema, isto é, para cada critério proposto, o cliente atende com exatidão o requisito referente à aplicação de 100% do percentual de desconto logístico.

Quadro 6.4 – Menu Logístico – 100% de desconto

Atividade	Desconto	
	Proposto	Aplicação
1 Veículo Completo |FTL – Full Truck Load	**0,75%**	
Carreta		100%
Truck		30%
Fracionado		0%
2 SKU – Stock Keeping Unit	**0,75%**	
Pallet Completo		100%
Camada (Layer)		30%
Fracionado (Picking)		0%

Atividade	Desconto	
	Proposto	Aplicação
3 Customização	**0,50%**	
Paletização Padrão		100%
Paletização Diferenciada | Padrão Cliente		0%
4 Tipo de carregamento	**0,75%**	
Slip sheet		100%
Pallet One Way		30%
Pallet PBR (retornável)		0%
5 Janela de Entrega	**0,50%**	
Janela de Entrega fixa		100%
Janela de Entrega Variável		50%
Sem Janela de Entrega		0%
6 Descarga – Recebimento no Cliente	**0,50%**	
Sem cobrança de Descarga		100%
Com cobrança de Descarga		0%

Atividades:

1) Os pedidos são formatados com volumes para otimização de frete. É necessário que o volume faturado seja referente ao maior veículo em uso, e neste exemplo estamos considerando a carreta.

2) Os itens do pedido estão sendo solicitados e só devem ser faturados em múltiplos de palete completo (em inglês, *full pallet*).

3) Os itens do pedido estão sendo solicitados e só devem ser faturados se estiverem no padrão de paletização do fornecedor, isto é, não deverão sofrer quaisquer alterações.

4) O carregamento do veículo deve ocorrer com os produtos sobre *Slip Sheet*,[14] otimizando a quantidade de produtos carregados e eliminando a logística reversa de pallets.

5) A fixação de janelas de recebimento pelo cliente gera previsibilidade de faturamento e organização logística em diversos aspectos, sendo data de faturamento, movimentação dos produtos, disponibilidade de veículos, entre outros fatores.

---

[14] *Slip Sheet*, vide Capítulo 3 – Logística de Armazenagem.

6) A operação de descarga a ser realizada no cliente sem repasse de custo ao fornecedor facilita o processo e evita custos extras na operação.

Tabela 6.1 – Aplicação do Menu Logístico/Cenário (A) – Desconto proposto: 3,75%; desconto a ser aplicado: 3,75%

Atividade	Desconto Proposto	Desconto Aplicado	Resultado
Veículo Completo |FTL – Full Truck Load	0,75%	100%	0,75%
SKU – Stock Keeping Unit	0,75%	100%	0,75%
Customização	0,50%	100%	0,50%
Tipo de Carregamento	0,75%	100%	0,75%
Janela de Entrega	0,50%	100%	0,50%
Descarga – Recebimento no Cliente	0,50%	100%	0,50%
Total de Desconto Logístico	**3,75%**	-	**3,75%**

Exemplo: Cenário B – Cliente

O cliente, inserido no cenário (B), atende parcialmente os requisitos propostos no Menu Logístico. Em decorrência dos desvios, isto é, do não atendimento ou atendimento parcial dos requisitos, o desconto logístico é reduzido conforme proposta do Menu Logístico.

Quadro 6.5 – Menu Logístico – Desconto reduzido

Atividade	Desconto Proposto	Aplicação
1 **Veículo Completo |FTL – Full Truck Load**	**0,75%**	
Carreta		100%
Truck		30%
Fracionado		0%
2 **SKU – Stock Keeping Unit**	**0,75%**	
Pallet Completo		100%
Camada (Layer)		30%

Atividade	Desconto	
	Proposto	Aplicação
Fracionado (Picking)		0%
3 Customização	0,50%	
Paletização Padrão		100%
Paletização Diferenciada | Padrão Cliente		0%
4 Tipo de carregamento	0,75%	
Slip sheet		100%
Pallet One Way		30%
Pallet PBR (retornável)		0%
5 Janela de Entrega	0,50%	
Janela de Entrega fixa		100%
Janela de Entrega Variável		50%
Sem Janela de Entrega		0%
6 Descarga – Recebimento no Cliente	0,50%	
Sem cobrança de Descarga		100%
Com cobrança de Descarga		0%

Atividades:

1) Os pedidos são formatados com volumes para otimização de frete, porém o cliente nesse Cenário B não possui compra regular para faturamentos a serem entregues em veículo/carreta. Nesse exemplo, os faturamentos estão projetados para entregas em *truck*.

2) Os itens do pedido estão sendo solicitados e só devem ser faturados em múltiplos de camadas (em inglês, *layers*). Nesse caso não serão exigidos pallets completos.

3) Os itens do pedido estão sendo solicitados e só devem ser faturados se estiverem no padrão de paletização do fornecedor, isto é, não deverão sofrer quaisquer alterações.

4) O carregamento do veículo deve ocorrer com os produtos sobre *Palete One Way*.[15] Ainda que não ocorra a otimização quanto à quantidade de produtos carregados, ainda sim, será eliminada a logística reversa de paletes.

5) O cliente não permite janela fixa de recebimento, ainda sim, possui agendamento de entrega. Esse modelo gera um benefício parcial à logística.

---

[15] Palete de Madeira *One Way* (Descartável), vide Capítulo 3 – Logística de Armazenagem.

6) A operação de descarga a ser realizada no cliente é realizada por empresa terceirizada, devendo ser efetivado o pagamento, pelo fornecedor, no momento da operação.

Tabela 6.2 – Aplicação do Menu Logístico/Cenário B – Desconto proposto: 3,75%; desconto a ser aplicado: 1,43%

Atividade	Desconto Proposto	Desconto Aplicado	Resultado
Veículo Completo |FTL – Full Truck Load	0,75%	30%	0,225%
SKU – Stock Keeping Unit	0,75%	30%	0,225%
Customização	0,50%	100%	0,500%
Tipo de Carregamento	0,75%	30%	0,225%
Janela de Entrega	0,50%	50%	0,250%
Descarga – Recebimento no Cliente	0,50%	0%	0,000%
Total de Desconto Logístico	**3,75%**	-	**1,43%**

Para finalizar o exemplo citado, referente aos cenários A e B, podemos observar a aplicação do Menu Logístico via Desconto Comercial:

Tabela 6.3 – Menu Logístico – Desconto Comercial

Cenário A

Pedido Total	Valor	% Desc.
Valor da Compra	R$ 100.000,00	
Veículo Completo |FTL – Full Truck Load	-R$ 750,00	0,75%
SKU – Stock Keeping Unit	-R$ 750,00	0,75%
Customização	-R$ 500,00	0,50%
Tipo de Carregamento	-R$ 750,00	0,75%
Janela de Entrega	-R$ 500,00	0,50%
Descarga – Recebimento no Cliente	-R$ 500,00	0,50%
Total Desconto	-R$ 3.750,00	**3,75%**
Valor Total a pagar	R$ 96.250,00	

Valor da Compra — Valor da Compra

Desconto Menu Logístico — Veículo Completo, SKU, Customização, Tipo de Carregamento, Janela de Entrega, Descarga

Cenário B

Pedido Total		Valor	% Desc.
Valor da Compra		R$ 100.000,00	
Veículo Completo |FTL – Full Truck Load	-R$	225,00	0,23%
SKU – Stock Keeping Unit	-R$	225,00	0,23%
Customização	-R$	500,00	0,50%
Tipo de Carregamento	-R$	225,00	0,23%
Janela de Entrega	-R$	250,00	0,25%
Descarga – Recebimento no Cliente	R$	-	0,00%
Total Desconto	-R$	1.425,00	1,43%
Valor Total a pagar	**R$**	**98.575,00**	

(Valor da Compra; Desconto Menu Logístico)

O uso do modelo Menu Logístico, se bem calibrado diante das possibilidades da organização e atrativo ao cliente, impulsiona a parceria nos negócios e contribui para uma visão ganha-ganha efetiva.

6.4.2 GESTÃO DO CLIENTE – *CUSTOMER MANAGEMENT*

Essa gestão traz um componente a mais na prática de encantar o cliente. Incorpora os conceitos de cuidar do cliente, importando-se com o que ele (cliente) deseja, faz e espera do seu parceiro de negócio. Com isso, tem a função de atuar junto ao cliente, participando dos seus programas de serviço, entendendo e validando os indicadores de performance e, por fim, melhorando efetivamente a disponibilidade de produtos. Essa é sem dúvida uma visão interna de como cuidar do cliente.

Entretanto, encantar o cliente, na visão de uma das mais conceituadas empresas de Consultoria e Pesquisa de Mercado do mundo, a *Temkin Group Research*, é necessário que as organizações criem e mantenham as diferenciações da experiência do cliente. Em uma pesquisa de 2013, atualizada em 2017, a consultoria em questão referenciou, em seu relatório as quatro competências essenciais da experiência do cliente.

- Liderança com propósito: operar consistentemente com um conjunto claro de valores.
- Envolvimento do funcionário: alinhamento dos funcionários com as metas da organização.
- Valores de marca atraentes: cumprir suas promessas de marca com os clientes.
- Conectividade com o cliente: inserir ideias do cliente na organização

Essas quatro competências citadas, resultado de uma pesquisa com mais de 250 grandes organizações, nos traz uma reflexão bastante intuitiva. Precisamos estar próximos aos nossos clientes, demonstrando com ações efetivas a sua importância para os nossos negócios (TEMKIN GROUP RESEARCH, 2017).

Acompanhando a reflexão quanto à pesquisa destacada, o modelo de gestão do cliente destaca os três pilares a seguir:

a) Programas Colaborativos – Fornecedor em Destaque
Os programas colaborativos promovidos inicialmente pelo varejo e atualmente, comum a uma centena de empresas de diversos segmentos, busca aproximar fornecedor-cliente, demonstrando quais os principais indicadores e temas que devem ser observados nesta relação de parceria.
A área de *Customer Service*, representante do cliente internamente, e porta de entrada para a aproximação técnica, deve valorizar esses programas e engajar os times internos a se envolverem e atuarem buscando, por fim, o reconhecimento do cliente.

b) Fortalecimento Interno – Foco no Atender
As ações de desenvolvimento de negócios são foco de qualquer organização; a busca pelo incremento de receitas e margens, é questão de sobrevivência. O cliente por sua vez busca as melhores condições comerciais e de atendimento, válido e compreensível. Diante desse cenário, comum e regular, o fortalecimento entre as áreas internas de uma organização, se torna fundamental para o atendimento ao cliente de uma forma ampla.
Desenvolver e aplicar as melhores práticas na construção de uma mentalidade interna orientada para o cliente é papel de extrema importância, a ser exercido pelo departamento de *Customer Service*, apoiado pela liderança executiva da organização.
Desenvolver ou participar de programas que tragam as necessidades dos clientes para "dentro de casa", construir um *RoadMap*[16] que traduza a jornada desejada para os principais clientes, garantir um ambiente aberto e transparente, que promova o aprendizado e o compartilhamento de experiências, entre outros pontos, são ferramentas que podem contribuir para o desenvolvimento de uma mentalidade voltada ao cliente.
A efetiva ação de conexão de todas as áreas, engajadas sobre um propósito único, tendo a mentalidade orientada para o cliente, será um fator essencial na entrega de um nível de serviço de excelência e a satisfação do cliente.

c) Fortalecimento Externo – Foco no Servir
Dentro do processo de construção de uma mentalidade interna orientada

---

[16] *RoadMap* – o caminho a ser percorrido; o trajeto que se deseja cumprir.

Supply Chain

para o cliente, a presença regular junto a ele, seja em visitas comerciais, nos momentos de negociações para períodos especiais para o cliente; seja em visitas operacionais, preestabelecidas, para acompanhamento dos indicadores de performance sugeridos pelos clientes, no desenvolvimento de projetos de melhoria em conjunto, ou até mesmo, para uma visita de identificação de oportunidades colaborativas, devem fazer parte do calendário dos gestores do departamento de Serviço ao Cliente.

É fato, validado e apresentado em inúmeros casos de sucesso, que a aproximação técnica-operacional com os clientes, traz uma infinidade de benefícios para as duas corporações.

Com base nos pilares que a gestão do cliente está alicerçada podemos resumir: entender as necessidades do cliente, compreendendo como ele (cliente) mede os seus fornecedores:

- Programas colaborativos – harmonização de indicadores de performance.

- Fortalecimento interno – ações internas na organização que visam atender as demandas gerais e específicas dos clientes.

- Fortalecimento externo – estar presente junto ao cliente, garantindo a satisfação quanto ao nível de serviço prestado, gerando assim, o reconhecimento como fornecedor preferencial.

6.5   FERRAMENTAS COM ÊNFASE NO CICLO S&OE

A execução do processo de serviço ao cliente, semelhante ao planejamento, requer ferramentas que suportem a extração e modelagem de dados, acompanhamento das informações e a geração de ambientes que contribuam para a efetiva administração dos clientes. Em congruência com as responsabilidades inerente ao departamento, o monitoramento e o perfeito entendimento do nível de serviço acordado, executado e percebido pelo cliente, devem fazer parte da rotina diária do departamento de Serviço ao Cliente.

As ferramentas já descritas no Capítulo 5 – Planejamento (item 5.8.1 Ferramentas e/ou técnicas usuais) podem ser utilizadas no processo de Serviço ao Cliente, bem como podemos descrever outras mais, que irão contribuir para uma melhor entendimento e aproximação junto a eles, promovendo assim, um ambiente de maior confiança.

6.5.1 FERRAMENTAS E/OU TÉCNICAS USUAIS:

a) Histograma
Também conhecido como Diagrama de Frequência ou Distribuição de Frequência. Trata-se de um gráfico de barras que auxilia na visualização e entendimento das variáveis de um problema. Histograma é uma ferramenta que ajuda a identificar as causas de um problema, apresentando sua distribuição de dados em forma de barras (SALES, 2017).

b) Diagrama de Pareto
É uma ferramenta que auxilia na visualização mais eficiente de um problema. Utiliza do princípio 80/20 ou princípio de Pareto, como também é conhecido. Trata-se de uma ótima ferramenta para identificar quais problemas são realmente importantes (SALES, 2017).

c) Diagrama de Dispersão
Diagrama ou Gráfico de Dispersão é um método e análise que possibilita verificar a existência de correlação entre duas variáveis de natureza quantitativa, isto é, entre variáveis que possam ser medidas, como: hora, volume, velocidade, temperatura, entre outras (SALES, 2017).

d) *Chatbot*
Essa ferramenta funciona com tecnologia baseada em inteligência artificial, que visa otimizar o processo de atendimento ao cliente no ambiente digital. Na prática, o *bot* se comunica com o cliente por meio de um chat, em tempo real, tendo a capacidade para atender a programações específicas e repetir atitudes humanas. A implementação do *chatbot* eleva positivamente a experiência do cliente, no ambiente virtual, pois oferece um serviço de comunicação disponível 24 horas por dia.

e) *Business Intelligence*
Surgiu originalmente na década de 1960, e se desenvolveu nos anos 1980 junto com os modelos computacionais, para auxiliar na tomada de decisões e transformar os dados em informações. Na prática, as ferramentas de *Business Intelligence* criam uma integração entre soluções, permitindo que ocorra uma análise em tempo real, e ininterrupta, de informações geradas em suas páginas, imprescindíveis para a tomada de decisões e, portanto, para o sucesso da empresa no atendimento ao cliente.

f) Plataforma *Service Desk*
É um recurso de atendimento ao cliente que pode transformar a experiência de atendimento em uma empresa, impactando positivamente os seus negócios. Basicamente, *Service Desk* é uma central de serviços que, além de centralizar serviços, canais e informações, constitui o ponto de contato com os clientes e demais atores inseridos nos processos de negócios.

6.5.2 CICLO *SALES AND OPERATIONS EXECUTION* (S&OE)[17]

A partir do planejamento estratégico, a visão de longo prazo, como já explicado anteriormente no Capítulo 5, se faz necessária estruturar um processo no qual possamos desdobrá-lo em etapas, com horizonte mais reduzido, visão de médio prazo, trazendo para uma revisão mensal, com olhar anual, entenda-se aqui um olhar de doze meses.

A partir desse desdobramento mensal, realizado no Ciclo S&OP, há a necessidade de um desdobramento mais granular, um olhar ainda mais próximo da execução. Esse processo de desdobramento do Ciclo S&OP, em planos operacionais, é recentemente conhecido como S&OE.

O Ciclo S&OE surgiu pela necessidade de maior agilidade na tomada de decisões integradas de curto prazo e atua no detalhamento do planejamento tático, desdobrando-o em planos de execução, como os planos de produção, de recebimento de materiais e embalagens, e de movimentação/expedição semanais, permitindo ajustes e a melhor alocação de recursos possíveis, frente às variações previamente planejadas (CARVALHO, 2018).

Cabe reforçar, que o planejamento de produção, o desdobramento em materiais e embalagens, bem como o planejamento logístico, e considerando as necessidades de movimentação, armazenagem e transporte já foram realizados ainda nos meses anteriores, com base nas informações do Ciclo S&OP. A implementação da ferramenta Ciclo S&OE permite à empresa realizar pequenos ajustes e correções de rotas de curto prazo nos planos previamente realizados, garantindo que eles tenham uma aderência ainda maior à realidade comercial, entregando, portanto, um melhor nível de serviço ao cliente.

A aplicabilidade do S&OE está diretamente ligada ao seguimento da empresa. Setores industriais, onde as demandas são mais estáveis, e por que não, mais previsíveis, baixo número de SKUs, os planos táticos – números gerados no Ciclo S&OP são comumente suficientes para os desdobramentos operacionais. Já as empresas de bens de consumo, especialmente as *Fast Moving Consumer Goods* (FMCG), são as que mais sentem necessidade de desdobrar seus planos mensais em planos de mais curto prazo, buscando assim uma visão semanal.

---

[17] *Sales and Operations Execution* – em português, Execução no Curto Prazo do Planejamento de Vendas e Operações.

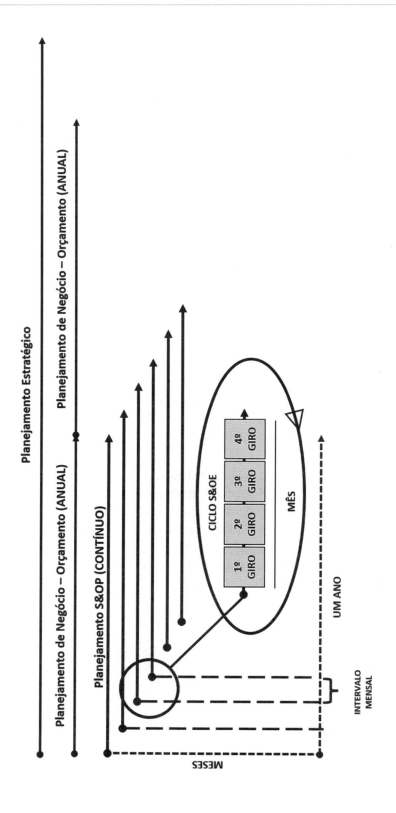

Figura 6.7 – Planejamento Estratégico vs. Planejamento Tático (S&OP) – Desdobramento Operacional Semanal (S&OE).

6.5.2.1 S&OE – Conceito

É um processo de comunicação colaborativa, semelhante ao S&OP, e de decisões rápidas, no nível tático-operacional, visando equilibrar a oferta e a demanda, por meio da longa Cadeia de Suprimentos.

O *Sales and Operations Execution* tem início com a revisão da previsão de vendas para a semana seguinte, análise das necessidades de estoque disponíveis decorrentes desta revisão e, a partir daí se faz a elaboração de cenários de necessidades de recebimento, produção e expedição para a semana subsequente (JULIANELLI, 2016). A cada processo semanal rodado no Ciclo S&OE, damos o nome de "giro".

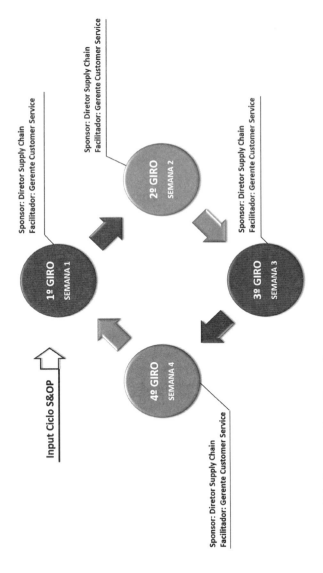

Figura 6.8 – Ciclo de quatro giros – Semanais.

Mesmo hoje, existe uma ausência de trabalhos acadêmicos referente ao tema S&OE, ainda assim, compartilho aqui a vivência dos últimos dez anos da prática efetiva quanto ao tema em questão.

Reforço que o processo é vivo e em desenvolvimento, porém já produziu frutos importantes em cada organização que o implementou.

Para a melhor estruturação das reuniões de *Sales and Operations Execution* (S&OE), um template (modelo) foi desenvolvido. O modelo a seguir apresentado tem sido utilizado em inúmeras empresas, de diferentes setores, contribuindo de forma incisiva para a evolução da ferramenta e o atingimento dos resultados.

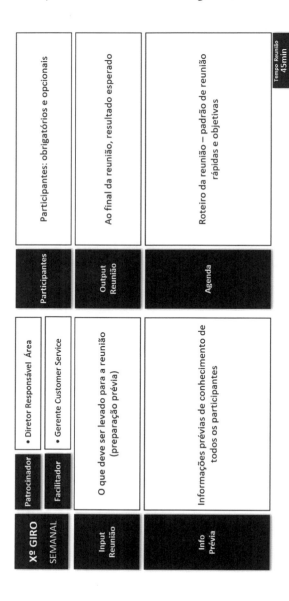

Figura 6.9 – Template (modelo) da Reunião do Ciclo S&OE.

Conforme o template apresentado, seguem as características de cada componente:

Semanal: ciclo semanal, devendo ocorrer todas as quintas-feiras ou no penúltimo dia útil da semana. A divulgação, já validada das informações, deverá ocorrer todas as sextas-feiras ou último dia útil da semana, pela manhã.

Patrocinador: é a figura do responsável, o qual tem o compromisso em garantir que todos os processos prévios e durante a reunião ocorram em harmonia com o que foi estabelecido e acordado na definição do processo S&OE. Deve garantir também a divulgação das informações validadas todas as sextas feiras ou último dia útil da semana.

Facilitador: comumente, é a figura do Gerente de *Customer Service*, o responsável em facilitar que todo o processo ocorra, mas também em garantir que a metodologia seja cumprida e esclarecer, diante de eventuais impasses, quais os cenários ou opções possíveis.

Input Reunião: são os temas e informações que deverão ser trazidos para a discussão na reunião.

Info Prévia: são as informações que devem estar disponíveis a todos os participantes, previamente a reunião.

Agenda: deve conter todos os temas pertinentes a reunião que será realizada. É de responsabilidade do patrocinador e do facilitador que os temas sejam explorados de forma objetiva e clara.

Output Reunião: expressa tudo o que se deve ter ao final da reunião. Representa o resultado da reunião.

As reuniões do Ciclo S&OE têm por conceito serem bastante objetivas e de curta duração, não devendo ultrapassar os 45 minutos.

Template – Reunião do Ciclo S&OE:

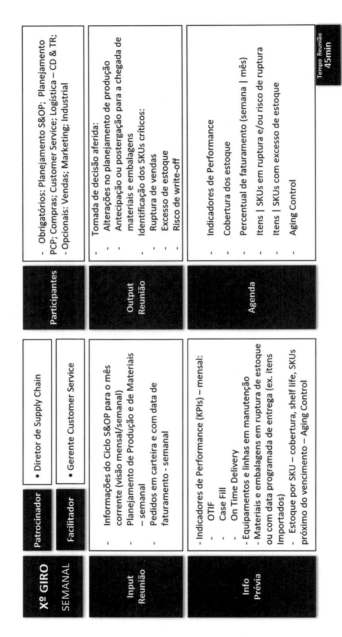

Figura 6.10 – Template – Reunião do Ciclo S&OE.

Basicamente, o modelo de reunião se repete semanalmente, no qual se busca identificar com rapidez e objetividade as restrições, isto é, os pontos de estrangulamento dos processos de produção, disponibilidade de materiais e embalagens, capacidades operacionais, entenda-se aqui, se os volumes de produção e movimentação e armazenagem são adequados às necessidades previstas, entre outros pontos.

Os inputs para as reuniões semanais devem ser as informações referente ao mês anterior, isto é, o último mês completo e os números do mês corrente, até o dia anterior à reunião. Os números projetados pelo Ciclo S&OP devem servir de base/meta para todas as reuniões, assim é importante que eles sejam de pleno domínio dos participantes.

Outro tema a ser observado pelos participantes são as informações prévias, pois elas devem estar atualizadas e disponibilizadas ao público. Uma boa prática nesse caso são os sistemas de gestão e compartilhamento de arquivos e informações, mas não sendo possível a utilização de um sistema de gestão, a aplicação de um drive na rede para compartilhamento dos arquivos já contribui bastante bem.

O acompanhamento dos indicadores de performance de nível de serviço, comumente, é observado para dimensionar a contribuição dessa ferramenta à gestão do negócio da empresa. Lembrando que servir ao cliente deve ser um compromisso de todos.

Uma agenda bem estruturada e resguardada pelo patrocinador da reunião garante que todas as etapas sejam cumpridas, sem que se estenda ou se deixe de tratar quaisquer dos temas previamente definidos.

O gestor da reunião, definido como o Gerente de *Customer Service*, guardião do cliente dentro da organização e, portanto, guardião dos indicadores de performance de serviço, deve influenciar, atuar e direcionar para que ao final da reunião, os outputs propostos foram entregues.

A cada clico completado, uma sessão extra de curta duração deve ocorrer com o objetivo de melhoria do processo. Caso seja necessário, e como sugestão, é importante que um facilitador da área de Melhoria Contínua lidere a reunião, buscando por meio de ferramentas adequadas, identificar oportunidades de melhoria e reforçar aspectos que já estão maduros e ocorrendo perfeitamente.

Quando tratamos de nível de serviço, olhando para o Ciclo S&OE, a recomendação é que ao menos três indicadores de performance para o tema estejam inclusos nas revisões mensais e sendo possível, semanais. São eles:

1) *On Time In Full* (OTIF): Pedidos atendidos completos (conforme solicitação do cliente, isto é, sem cortes) e no prazo acordado previamente (ciclo do pedido).

2) *Case Fill* (CF): Percentual de caixas (ou a unidade de faturamento seguida pela empresa) faturadas para o cliente versos o total de caixas (ou a unidade de faturamento seguida pela empresa) solicitadas pelo cliente.

3) *On Time Delivery* (OTD): Percentual de notas fiscais entregues no prazo previamente acordado com a transportadora versos total de notas fiscais faturadas para o cliente.

CAPÍTULO 7

Compras

7.1 INTRODUÇÃO

Diferentemente de outros temas já abordados nesta publicação, compras é um assunto bastante rico em informações, sempre muito presente em inúmeros fóruns e tema de diversos autores conceituados. É possível encontrar diferentes terminologias que definem a atividade de compras, porém sem que haja um consenso ou mesmo um alinhamento para uso de cada uma delas. Podemos citá-las como: suprimentos, *sourcing*,[1] *procurement*,[2] gestão de materiais, ou como já falado, apenas compras.

No mundo corporativo, a aplicação do termo é similar à literatura – cada organização utiliza o conceito conforme sua conveniência e/ou estrutura organizacional. Nas empresas, os gestores dessas áreas podem ter responsabilidades idênticas, mas títulos substancialmente diferentes (JOHNSON *et al.*, 2011).

Logo, arrisco aqui dar a minha contribuição ao tema, buscando sempre trazer uma visão de quem executa as atividades, expandindo conceitos e explorando limites para a excelência dos serviços.

---

[1] *Sourcing*, em português, abastecimento.

[2] *Procurement*, em português, compras.

É possível afirmar que existe consenso entre os executivos de que a área de Compras cumpre uma função estratégica e para tanto, o *Purchase Planning*[3] ganhou uma relevância ainda maior.

7.2 CONCEITO

Um conceito de fácil entendimento é que o termo compras expressa a aquisição de um bem, de um direito ou serviço, pelo qual se acorda e paga um determinado preço.

Alinhado ao entendimento e a diretriz que está sendo conduzido os diversos temas nesta publicação, pode-se afirmar que a atividade de compras é um procedimento pelo qual as empresas determinam os itens a serem comprados, identificam e comparam os fornecedores disponíveis, negociam com as fontes de suprimentos, firmam contratos, elaboram ordens de compras e, finalmente, recebem e pagam os bens e serviços adquiridos (BAILY *et al.*, 2000).

Adicionalmente, devemos expandir a visão para o conceito estratégico de compras, em que a melhoria contínua dos processos, a redução de custos e o aumento do desempenho da área de Compras seja parte intrínseca às atividades diárias. Para tanto, a área de Compras deve interagir ativamente e influenciar as demais áreas da empresa, desempenhando um papel proativo que afete os custos, a lucratividade e competitividade, de forma positiva. O uso frequente de tecnologia permite atualizações em tempo real e tomadas de decisões mais efetivas.

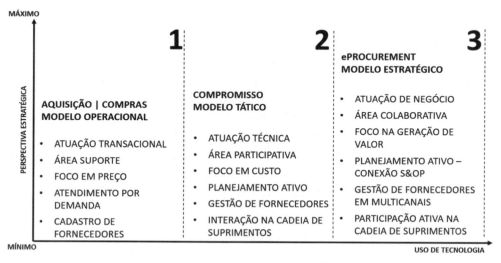

Figura 7.1 – Matriz de Conceitos.

Fonte: https://falconi.com/ – adaptada pelo autor.

---

[3] *Purchase Planning*, em português, Planejamento de Compras.

7.3 PLANEJAMENTO DE COMPRAS

O ato de prever a demanda e os desdobramentos em insumos (matérias-primas, embalagens, entre outros) e capacidades operacionais, para que a empresa possa produzir os bens e serviços a serem comercializados, já foi visto apenas como uma atividade meramente burocrática e de pouco valor. Avanços de conceitos e resultados, muito baseados em ferramentas, como *Sales and Operations Planning* (S&OP), traduzem atualmente a importância da atuação conjunta de Compras e demais áreas, na qual alinhada aos preceitos do modelo Compras Estratégicas, apresenta resultados positivamente significativos para a saúde financeira das organizações.

O Planejamento de Compras é um processo indispensável a qualquer empresa, independentemente do tamanho ou despende financeiro da área, pois auxilia no controle dos gastos, eliminando despesas desnecessárias e contribuindo para a eficiência e a competitividade das organizações.

Adicional à ênfase financeira, o Planejamento de Compras deve também observar dois outros pontos fundamentais junto aos seus parceiros de negócio, sendo nível de serviço e *lead-time*, ambos críticos aos movimentos estratégicos da empresa. Portanto, o relacionamento com os fornecedores passou a ser considerado mais um item de extrema importância e de plena atenção.

Para concluir, é determinante entender que o Planejamento de Compras é um processo estratégico e que tem por atividade principal, administrar o fluxo de suprimentos de uma organização, valendo-se da melhor Equação PPQ – Preço, Prazo e Qualidade.

7.4 ESTRUTURA DA ÁREA DE COMPRAS

As organizações que já compreendem a importância da área de Compras, e as vê como parte responsável por entregar uma parcela significativa das demandas estratégicas assumidas no plano *master* da empresa, buscam estruturá-las de forma a garantir agilidade e *compliance*[4] em seus processos. Adicionalmente, essas mesmas organizações, também já visualizam que quanto mais desenvolvidos forem os processos de compras, mais plenamente a área de Compras estará integrada com as demais áreas da organização.

Ainda nessa linha de pensamento, a área de Compras pode estar localizada em duas estruturas distintas no organograma de uma empresa, sendo:

1) Reportando diretamente ao CEO/Presidente, quando uma grande parcela do despende financeiro se refere a compras relacionadas a commodities, produtos e materiais com elevadas restrições de fornecedores ou monopólios setoriais, ou ainda,

---

[4]   *Compliance*: ação de cumprir uma regra, procedimento, regulamento etc., geralmente estabelecidos por uma instituição e para serem cumpridos por quem dela faça parte; etimologia (origem da palavra *compliance*) – do inglês *to comply*, obedecer a uma ordem, procedimento.

quando tratamos de aquisições relacionadas às cadeias de subprodutos, como farinha de peixe, vísceras e miúdos, entre outras.

2) Ou reportando na estrutura de Supply Chain, que favorecida por estar em uma área transacional, a qual possui relações diretas com todas as áreas da empresa, terá uma integração rápida e direta, bem como um posicionamento mais estratégico.

Outro tema, ainda na estrutura de Compras, e que é tratado como um dos grandes dilemas da área, está na definição de um sistema de compras (e seja ele centralizado, descentralizado ou até mesmo híbrido, um misto dos dois sistemas), havendo uma central de compras, porém com determinados itens sendo comprados diretamente pelas unidades de utilização, podendo ser plantas fabris, centros de distribuição, entre outros.

7.4.1 SISTEMA DE COMPRAS CENTRALIZADO

As solicitações no Sistema de Compras Centralizado (SCC) são direcionadas para um time único, estrategicamente localizado na matriz – escritório central ou na principal planta da empresa. Todas as negociações e demais tratativas dos pedidos são realizadas pelo time central.

Acredita-se que esse modelo possa proporcionar maior controle sobre os itens adquiridos, evitando duplicidade de ações.

Vantagens:

a) Grandes volumes de materiais negociados.

b) Estandardização dos materiais adquiridos.

c) Melhor controle sobre os estoques e reposições.

7.4.2 SISTEMA DE COMPRAS DESCENTRALIZADO

No Sistema de Compras Descentralizado (SCD), a matriz estabelece para as filiais um orçamento para compras e, a partir dele, o gestor de cada unidade estabelece quais são as suas prioridades de aquisição.

Esse modelo necessita que cada ponto de compras tenha uma pessoa responsável pelo tema, o que nem sempre é factível, em particular para as organizações de pequeno e médio porte. Outro ponto de atenção é a dificuldade em estar ou se manter o *compliance* com a governança corporativa e controles internos.

Vantagens:

a) Menores riscos de rupturas no processo.

b) Efetivação de compras regionalizadas – menores prazos de entrega.

Supply Chain

c) Processos de compras mais ágeis e simplificados.

d) Melhor comunicação entre área usuária – comprador-fornecedor.

7.4.3 SISTEMA DE COMPRAS HÍBRIDO

No Sistema de Compras Híbrido (SCH), as empresas optam por utilizar os dois modelos anteriores simultaneamente, porém estabelecendo previamente quais itens serão adquiridos pelo modelo SCC e quais itens pelo SCD.

Verifica-se, comumente, que nessa situação os itens estratégicos, ou seja, de maior volume e/ou despende financeiro sejam adquiridos no modelo centralizado, enquanto itens de menor representatividade e/ou despende financeiro sejam adquiridos no modelo descentralizado.

A definição do sistema de compras a ser implementado numa organização deve considerar os custos envolvidos, as fragilidades de gestão, bem como o potencial de risco quanto à governança corporativa.

Em resumo, não existe um sistema padronizado para cada tipo de organização. O diferencial estará sempre nos indivíduos que ocupam as posições de compradores, pois a eles cabem a efetivação dos processos e a mitigação dos riscos.

7.5 FORMATAÇÃO DA ÁREA DE COMPRAS

A área de Compras tem passado por mudanças profundas quanto à sua formatação nos últimos anos.

O uso de novas tecnologias, o avanço da globalização quanto às dinâmicas de acesso a outros mercados fornecedores, o fluxo intenso de informações, entre outros pontos, faz com que a figura do profissional de compras tenha que evoluir rapidamente, muitas vezes, sem antes ter consolidado o crescimento anterior, gerando assim riscos eminentes às organizações.

A contribuição que apresento neste tópico visa chamar a atenção ao tema, identificando caminhos para que os profissionais da área e as organizações, na representação de seus líderes e gestores, possam buscar o aprimoramento técnico e conceitual, bem como definir ações diretas e objetivas para garantir os avanços pretendidos.

7.5.1 COMPRADOR MODERNO

Objetivamente, pode-se identificar o perfil do comprador moderno, atualizado quanto às novas tecnologias e cumpridor dos mais rigorosos padrões de governança, por intermédio das seguintes características:

a) Organização

Essa é a primeira competência para um profissional de excelência. O comprador moderno precisa atuar em diferentes frentes de trabalho, o que exige organização na administração de documentos, gestão robusta da rotina de trabalho e responsabilidade ao delegar ou distribuir tarefas. Os profissionais de compras, também precisam desenvolver a técnica para garantir o andamento dos seus processos. Normalmente, os *follow-ups*[5] irão lhe proporcionar um resultado positivo. Vale destacar que sendo possível trabalhar com antecipações de informações e correções, é sempre melhor do que atuar sob a pressão dos usuários e demais setores.

b) Relacionamento

O relacionamento e a capacidade de trabalhar em equipe são habilidades fundamentais na atualidade. Na área de Compras, as habilidades destacadas são ainda mais pertinentes, haja vista que este setor está no ponto focal e intermediário das relações usuário/solicitante e fornecedor. O comprador moderno deve demonstrar empatia junto aos demais participantes da cadeia de abastecimento, garantindo assim um maior engajamento aos propósitos solicitados.

c) Conhecimento sobre os produtos e serviços

A excelência no entendimento e a perfeita compreensão das características e especificações dos produtos e serviços são habilidades fundamentais ao comprador. O comprador moderno deve conhecer os principais riscos e oportunidades do segmento de atuação, entender plenamente sobre o universo no qual está inserido, bem como manter-se atualizado sobre os caminhos e estratégias que sua organização está desenhando, pois só assim, identificará as possibilidades de melhoria e reduções de custos.

d) Atualização

Para assegurar maior eficiência no desenvolvimento de suas atividades diárias é imprescindível a atualização do comprador sobre a sua área de atuação ou especialidade e quanto ao mercado externo e interno. O comprador moderno deve buscar um aprimoramento constante, participando de cursos e treinamentos, workshops, tecnologias, feiras e congressos, a fim de estar na vanguarda do conhecimento, possibilitando assim, identificar oportunidades de melhoria e novidades tecnológicas em sua área de especialidade. A transformação da teoria à prática é fundamental para que sejam capturados os benefícios inerentes ao conhecimento adquirido.

e) Ética

As negociações realizadas pelo profissional de Compras, como em qualquer outra área, devem sempre ser pautadas na ética. Todas as informações pertinentes devem ser compartilhadas de forma objetiva e clara, incluindo as etapas do processo de compras, o que é esperado dos potenciais fornecedores e o feedback para as

---

[5] *Follow-ups*, em português, acompanhamentos.

empresas que não foram escolhidas. Transparência e boa comunicação são chaves nessa área. Evite fazer alterações ao longo do processo, mas, caso elas sejam realmente necessárias, busque um modelo de comunicação efetiva, garantindo que todos os participantes da negociação recebam as informações quanto às alterações usando um mesmo canal e simultaneamente. Adicionalmente, evidencie aos participantes do processo que a empresa mantém um processo de pesquisa de mercado com regular frequência.

f) Conhecimento da estratégia

O conhecimento sobre os produtos e serviços são de extrema importância. Mas o comprador moderno precisa ir além, necessita conhecer e compreender a estratégia da organização, a fim de garantir alinhamento de suas respectivas negociações ao plano *master*. Como já comentado anteriormente, a área de Compras tem um papel de máxima importância no cumprimento das estratégias e na entrega dos resultados pela organização.

g) Análise Estratégica

O profissional de Compras é uma peça importante na consolidação do Planejamento Estratégico de Longo Prazo. O comprador moderno deve ter visão ampla do futuro sobre a sua área de especialidade, suportando assim a organização no direcionamento quanto às tendências em seus mercados de atuação, atuais e futuros.

h) Trabalho com indicadores de performance

O comprador moderno deve sempre acompanhar a sua atuação baseada em indicadores de performance, estes por sua vez, devem estar alinhados ao Plano Estratégico e previamente definidos junto à liderança da área. Dois pontos complementares devem ser respeitados, sendo: disponibilização do glossário, modelo de cálculo e fonte de informações para cada indicador de performance definido; e histórico de performance, resgate e/ou manutenção de no mínimo 2 (dois) anos de histórico para cada indicador definido. Um olhar por um horizonte mais extenso permite uma melhor análise e interpretação das informações.

i) Conhecimento em negociação

Inesperado ou até mesmo inacreditável, mas infelizmente ainda uma realidade bastante comum, observar que profissionais de Compras não detêm a arte de negociar. O comprador deve reunir algumas características básicas, dentre elas, a capacidade técnica de negociar. Reunir o máximo de informações sobre o mercado do item ou serviço a ser negociado, empresa em negociação, concorrentes, e até mesmo das possibilidades de substituição, são elementos imprescindíveis para que haja um ambiente propício a uma boa negociação. Congruente ao já exposto, ter claro qual o objetivo de cada negociação contribui para um efetivo sucesso.

j) Habilidade em outros idiomas
É fato que o profissional de Compras deve ter a capacidade de se comunicar de forma simples e direta, na língua materna brasileira, isto é, em português. O comprador moderno deve reunir características adicionais quanto ao idioma, sendo necessário o domínio do inglês e, se possível, do espanhol. O domínio desses idiomas permite ao comprador moderno interagir com diferentes partes do globo, diferentes países, identificando assim as melhores oportunidades de negócio que estejam alinhadas às estratégias da organização. A amplitude de oportunidades torna-se exponencial.

Esses dez pontos destacados trazem luz às dúvidas quanto à capacitação do comprador moderno. Ainda nessa mesma linha, a figura a seguir traduz de forma lúdica, porém direta, o conteúdo apresentado.

Figura 7.2 – Perfil do comprador moderno.

Fonte: INBRASC – adaptada pelo autor.

7.5.2 TÉCNICAS DE NEGOCIAÇÃO

A habilidade de conduzir uma boa negociação com fornecedores é uma das características mais importantes para uma gestão de compras eficiente. Entretanto, é imprescindível entender o que é uma negociação.

Chiavenato (2000) nos diz que "negociação é um processo de tomada de decisão entre partes interdependentes que não compartilham preferências idênticas. É pela negociação que as partes decidem o que cada um deve dar e tomar em seus relacionamentos".

Já Schermerhorn (1999) resumiu o conceito e nos leva a uma conclusão simples e objetiva: "Negociação é o processo de tomar decisões conjuntas quando as partes envolvidas têm preferências diferentes".

Levando o tema para uma realidade corporativa, na qual a pressão por resultados é visceral, pseudoprofissionais de compras acabam por ceder às pressões organizacionais e efetivam um modelo de negociação draconiana, em que uma das partes deve sempre perder, obviamente o fornecedor. Infelizmente, esse modelo ganha-perde ainda está enraizado em muitas corporações.

É necessário que a liderança corporativa da área de Compras altere de forma decisiva o *mindset*[6] da maneira de se conduzir uma negociação, buscando um modelo no qual ambas as partes saiam satisfeitas, podemos assim dizer, um modelo ganha-ganha.

a) Modelo Ganha-Perde

É um modelo de negociação que considera a outra parte dependente e se baseia em "apertar" o fornecedor, extraindo reduções de custos pontuais, muitas vezes predatórias ou extrativistas.

O profissional de Compras que efetiva esse modelo demonstra fraquezas técnicas e sua incapacidade em conduzir um ótimo negócio para a sua organização, pois tal conduta gera a execução sumária ou a curto prazo, desse mesmo fornecedor.

b) Modelo Ganha-Ganha

É um modelo de negociação que considera a outra parte parceira nos negócios de sua organização e se baseia em identificar, desenvolver e suportar fornecedores que operem em sintonia com estes conceitos.

Comumente, o profissional de Compras que efetiva esse modelo, possui excelente conhecimento técnico e ampla visão estratégica, pois conduz os seus processos a fim de obter resultados expressivos, porém garantindo a manutenção dos negócios.

A implementação de um novo *mindset* na área de Compras, como em qualquer outra área da organização, deve sempre ser acompanhada pela área de *change management*,[7] pois mudanças culturais demandam tempo e muita atenção da organização.

Entretanto, algumas mudanças podem ser implementadas diretamente pela liderança da área de Compras, almejando assim os primeiros passos para um modelo ético e colaborativo:

a) Melhorar a confiança dos profissionais de Compras – garantindo suporte técnico e fomentando o trabalho em equipe.

b) Melhorar as habilidades de negociação – apresentando conceitos claros e efetivando treinamentos frequentes sobre o tema.

---

[6] *Mindset*, em português, mentalidade.

[7] *Change management*, em português, Gestão da Mudança.

c) Uso de táticas de negociação apropriadas, dependendo da situação de cada negociação.

d) Posicionamento dos produtos e serviços na Matriz Kraljic, para uso nas negociações.

e) Treinamento e suporte para que os profissionais de Compras possam ser mais efetivos em lidar com pessoas duras, sem arruinar os relacionamentos.

f) Estimular o alto aprendizado – estilo de negociação.

Adicionalmente às mudanças já sugeridas, a aplicação de técnicas de negociação de comprovado resultado, podem contribuir para a entrega de um modelo final de negociação com efetivos resultados, sem que haja previsibilidade na condução das atividades.

Nota do autor

Atuar de forma previsível em uma negociação traz fragilidade ao processo, o que pode reforçar uma conduta agressiva da outra parte, levando a resultados desastrosos.

Técnicas de negociação:

a) Manter o controle emocional
A manutenção de uma postura neutra ao longo do processo de negociação, demonstrando, sem arrogância, que você sabe exatamente o que precisa e que conhece as vantagens e desvantagens do produto que o negociador está lhe oferecendo, é um passo importante para o sucesso do processo.
Ao passo que demonstrar muito interesse no produto ou na proposta de imediato, ou ainda demonstrar que o fornecedor não está à altura de ser um parceiro da sua empresa, tornará a negociação complexa, levando a um possível desfecho negativo.

b) Usar o blefe
Essa é uma técnica de negociação polêmica, embora ainda seja muito utilizada no mercado. O blefe é visto por muitos, como um ato antiético, pois o que é dito, raramente é verdade. Entretanto, há profissionais que defendem o uso do blefe como uma estratégia de persuasão. Podemos então considerar que o blefe seja um dos riscos que se corre em uma negociação.[8]

c) Utilizar a Técnica dos 10%
A Técnica dos 10% consiste em estruturar as bases de sua negociação em um valor 10% inferior àquele que você possui em seu orçamento.
Busca-se dessa forma ter um espaço de manobra para ceder ao longo da negociação ou, se possível for, efetivar tal diferença como desconto e assim entregar para a organização um expende financeiro melhor que o previsto.

---

[8] "Desde que as condições sejam equivalentes para todas as partes, é possível afirmar que há uma negociação ética" (ERVILHA, 2000).

Supply Chain

d) Sugerir sempre a possibilidade de ganha-ganha

A Técnica de Negociação Ganha-Ganha, busca equilibrar os interesses entre as partes, uma vez que você deve oferecer benefícios ao seu fornecedor, visando ganhar outras vantagens.

Para que uma negociação ganha-ganha seja bem-sucedida, os termos acordados devem estar claros para todas as partes e inseridos no contrato final.

Caso as vantagens combinadas não sejam cumpridas, convide o seu fornecedor para uma conversa e exponha a situação, mas caso o problema seja em sua empresa, prontifique-se em resolvê-lo ou garanta o encaminhamento do tema.

A transparência e as ações colaborativas são chaves nesse processo.

e) Ser transparente e honesto

A transparência nos negócios é fundamental e evita mal-entendidos; adicionalmente, um comportamento transparente e honesto gera confiança entre as partes, o que pode facilitar as transações.

A melhor maneira para inspirar a transparência e honestidade é manter um diálogo aberto, expor as reais necessidades e possibilidades de parceria que a negociação pode trazer para ambos os lados.[9]

f) Criar empatia com os negociadores

O ato de se colocar no lugar do outro produz de imediato uma sensação agradável e um estreitamento no processo de negociação.

Uma das técnicas mais utilizadas para alcançar esse objetivo é a Técnica *Rapport*,[10] a qual defende que uma pessoa estará mais propensa a confiar em outra quando ela se identifica com algumas características desse outro alguém.

g) Estar atento à linguagem corporal

Durante uma negociação, é fundamental estar atento aos sinais corporais que os participantes emitem, pois, alguns estudos demonstram que aproximadamente 80% das mensagens vêm da linguagem corporal.

Em situações de negociação, as pessoas tendem a formar uma opinião sobre as outras nos primeiros quatro minutos de conversa. Dessa forma, atitudes como manter os braços cruzados ou um olhar perdido podem demonstrar desinteresse e, assim, criar uma barreira entre os negociadores.[11]

Ao final desses sete pontos apresentados, adicionalmente, algumas dicas podem também ser valiosas num momento de negociação. São elas:

---

[9]   O risco de falar "algumas mentiras" para conseguir vantagens, pode ser muito alto!

[10]   *Rapport* é um conceito originário da psicologia que remete à técnica de criar uma ligação de empatia com outra pessoa. O termo vem do francês *rapporter*, cujo significado vem da sincronização que permite estabelecer uma relação harmônica (IBC – Instituto Brasileiro de Coaching).

[11]   Além de observar as expressões e sinais corporais dos outros participantes da negociação, é primordial atentar-se aos sinais que o seu corpo está emitindo para as demais pessoas.

O QUE FAZER	O QUE NÃO FAZER
Faça propostas com espaço para manobras. Lembre-se da técnica dos 10%.	Tenha calma. Não faça demasiadas concessões no início.
	Nunca diga "NUNCA". Peça um tempo para pensar no que foi discutido.
Busque, por meio de perguntar simples e objetivas, identificar qual é a posição da outra parte.	Não ridicularize a outra parte.
	Não interrompa a outra parte.
Seja flexível para adaptar-se às situações.	Não faça reuniões longas, superior a duas horas.

Figura 7.3 – Dicas na negociação.

7.5.3 MATRIZ KRALJIC

A matriz Kraljic foi desenvolvida na década de 1980 por Peter Kraljic (1983), um esloveno nascido em 1939, e foi apresentada ao mundo corporativo na revista *Harvard Business Review*, em 1983.

Rapidamente tornou-se a ferramenta estratégica utilizada na busca de maximizar o relacionamento com seus fornecedores, minimizar a exposição de fornecimento e entender o posicionamento estratégico das categorias frente aos seus fornecedores.

A matriz está dividida em dois eixos, sendo o eixo horizontal, o risco de fornecimento e o eixo vertical, o impacto na empresa.

Figura 7.4 – Matriz Kraljic.

Montagem da Matriz Kraljic

A modelagem da ferramenta não é um processo complexo, entretanto requer atenção e uma parcela considerável de conhecimento técnico, quanto às diferentes categorias de produtos e serviços que são adquiridos por meio da área de Compras.

1) Agrupar os produtos comprados pela empresa de forma lógica.
   Orienta-se aqui que os produtos sejam agrupados por fornecedor, por exemplo, desdobrando em facilidades no momento da aquisição deles.

2) Avaliar o impacto financeiro e o risco de abastecimento.

Financeiro:

a) Custo direto e indireto (gastos administrativos etc.) do material.
b) Qual a participação desse item no custo do produto e qual seu retorno financeiro.

Abastecimento:

a) Quantidade de fornecedores atuais – disponíveis.
b) Se há alternativas ao item.
c) Estabilidade dos fornecedores potenciais.
d) Custo para trocar de fornecedor.

3) Classificar, identificando cada produto em seu respectivo quadrante na matriz, de acordo com suas características

O Quadro 7.1 contribui com recomendações de atuação, para que haja um perfeito entendimento de cada quadrante e dos itens as serem classificados.

Quadro 7.1 – Recomendação para classificação de produtos

CRITÉRIO	NÃO CRÍTICO	ALAVANCÁVEL	CRÍTICO	ESTRATÉGICO
Nível de Relacionamento	Prover relação baseada em preços. Produtos e serviços se comportam como commodities.	Prover relação baseada em custo e otimização de caixa.	Prover relação baseada em criação de valor. Processo valoriza a expertise.	Prover relação baseada na criação de valor diferenciada. Vantagem competitiva única é valorizada.
Tipo de Negociação	Utilizar o formato de Leilão Reverso.	Utilizar o formato de Leilão Reverso ou RFx (Solicitação de Cotação a um Fornecedor).	Utilizar RFx (Solicitação de Cotação a um Fornecedor) ou Cost Breakdown.[12] Desenvolver a negociação através do ganho compartilhado – visão colaborativa.	Utilizar negociação do Cost Breakdown detalhado + Índice/Proteção.
Métricas	Efetivar monitoramento através de Indicadores de Performance (KPI).	Desenvolver SLA – Service Level Agreement.	Desenvolver Programa SRM – Supplier Relationship Management (Gestão de Relacionamento com Fornecedores).	Processo de Melhoria Contínua do Programa SRM. Pleno entendimento dos resultados do negócio.
Duração de Contrato	SPOT	1 a 3 anos	3 a 5 anos	Longo Prazo – superior a 5 anos

---

[12] *Cost Breakdown:* repartição de custos é um conceito que está relacionado à análise do custo que compõe ao preço do item a ser comprado e/ou serviço.

CRITÉRIO	NÃO CRÍTICO	ALAVANCÁVEL	CRÍTICO	ESTRATÉGICO
Estrutura de Preço	Utilizar apenas preço final	Desenvol-ver modelo de custo comum	Desenvolver Cost Breakdown	Identificar o TCO – Total Cost of Owner-ship (Custo Total de Propriedade)
Autoridade de Decisão	Descen-tralizada.	Descentralizada com coorde-nação da área de Compras/ Suprimentos.	Primordialmente descentralizada.	Centralizada.
Inovação	Não aplicar nenhuma ação efetiva.	Gerar modelo reativo, confor-me briefing.	Desenvolver em conjunto. Prover propostas proativas.	Fazer Shared Marke-ting Intelligence (con-sumidores, clientes, mercado etc.).

7.6 SELEÇÃO E GESTÃO DE FORNECEDORES

7.6.1 SELEÇÃO DE FORNECEDORES

Inicialmente, é importante reconhecer que um bom fornecedor é aquele que pode vender a preços competitivos, é capaz de produzir na quantidade necessária e consegue gerir seu negócio para ter lucros (HOINASKI, 2017).

Assim, podemos afirmar que a gestão de fornecedores é uma atividade que está relacionada ao gerenciamento da Cadeia de Suprimentos. Portanto, envolve o desenvolvimento, seleção, qualificação e avaliação dos fornecedores, buscando sempre um alinhamento de propósitos, o gerenciamento do relacionamento entre as partes e o controle e monitoramento de suas atividades.

1) Desenvolvimento de fornecedores
   A identificação de potenciais fontes de suprimentos é uma das primeiras etapas da seleção de fornecedores e é revestida de contornos especiais quando as alternativas de fornecimento são poucas ou quase nenhuma. O contínuo monitoramento do mercado supridor por intermédio de iniciativas, como o estabelecimento de estrutura de inteligência de mercado, pode facilitar muito a tarefa de busca de novos parceiros. É preciso que o comprador esteja captando todos os sinais de oscilações no conjunto de fornecedores. Quanto mais o comprador tem conhecimento sobre os participantes de um determinado

mercado, maior é a sua capacidade de identificar fontes alternativas de suprimento (BRAGA, 2009).

2) Seleção de fornecedores

Primeiramente é fundamental estabelecer o que é esperado de cada fornecedor por intermédio de objetivos claros e factíveis, sempre alinhados com os desafios estratégicos da organização. A manutenção da sintonia entre objetivos (fornecedores) e estratégia (organização) mitigará eventuais impactos em preço, qualidade e serviço. Adicional aos três principais elementos já destacados, outros mais se somam e oportunamente devem ser considerados:

a) Capacidade técnica.

b) Capacidade produtiva.

c) Confiabilidade.

d) Atendimento ao cliente ou suporte técnico.

e) Localização do fornecedor (existem casos em que a proximidade é importante).

3) Qualificação de fornecedores

A qualificação de fornecedores é a confirmação de que um fabricante e/ou prestador de serviços é confiável, isto é, possui capacidade produtiva, qualidade comprovada e estrutura financeira para fornecer produtos e/ou serviços ao contratante. As atividades podem ser conduzidas presencialmente e por meio de entrega de documentos comprobatórios.[13]

4) Avaliação de fornecedores

É mais comum do que imaginamos, e seja no ambiente corporativo ou até mesmo na vida cotidiana, identificarmos incompatibilidades entre as necessidades originais que despertaram o interesse na contratação de um fornecedor e o que ele (fornecedor) realmente nos entregou. Assim, manter um processo eficiente de avaliação de fornecedores, previamente acordado, torna-se imprescindível. Em um artigo publicado na *Purchasing and Supply Management*, em 1995, por Ray Carter, então diretor da DPSS Consultants, esse autor apresentou um modelo de avaliação de fornecedores, o qual foi intitulado 7 Cs da Avaliação de Fornecedores. Posteriormente, Ray Carter publicou uma atualização em que acrescentou três outros Cs, perfazendo os 10 Cs da Avaliação de Fornecedores, o qual conhecemos hoje.

Os 10 Cs da Avaliação de Fornecedores de Ray Carter:

1) *Competency* (Competência)

O fornecedor tem as competências necessárias para entregar o que foi definido e acordado?

---

[13] Os fornecedores de matérias-primas, embalagens, equipamentos, entre outros, das indústrias que produzem medicamentos, produtos para a saúde, cosméticos e saneantes, bem como prestadores de serviços de armazenagem e transporte possuem necessidades específicas de qualificação sanitária.

O fornecedor deve ser capaz de contribuir para que a sua organização seja mais competitiva, eficiente, ágil e demais atributos estratégicos.

É fato, quanto maior for a contribuição do fornecedor para o cumprimento dos seus objetivos estratégicos, maior será o valor entregue.

2) *Capacity* (Capacidade)

O fornecedor tem capacidade operacional para entregar tudo que foi acordado e que a organização irá requerer?

O fornecedor deve possuir capacidade suficiente para lidar com as necessidades acordadas e definidas no item seleção de fornecedores.

3) *Commitment* (Compromisso)

O comprometimento é a garantia de que o fornecedor irá se empenhar em oferecer as soluções que atendam a sua organização.

O tema é de difícil identificação, mas é possível observar algumas ações que sinalizam tal preocupação, como investimentos em treinamentos, programas de qualidade, área de projetos e melhoria contínua. Complementarmente, é importante que sejam apresentadas evidências materiais desses pontos citados.

4) *Control* (Controle)

Quais as condições, isto é, qual o nível de gestão que o fornecedor possui, para controlar o que for necessário para que ele (fornecedor) entregue o que foi comprometido?

Como são definidos e controlados os processos? Eles, os processos, são monitorados? Se sim, com qual frequência?

Essas são as mínimas perguntas que a sua organização necessita obter e validar, para garantir que o fornecedor tenha um mínimo de controle sobre o que ele se propõe a entregar para a sua organização.

5) *Cash* (Dinheiro)

A solidez financeira é um fator de extrema importância a ser analisado, pois a falta de recursos financeiros é um problema que consome qualquer negócio aos poucos.

Ainda que situações de instabilidade financeira possam ser revertidas, é necessário manter a atenção com relação a esse tema. Especialmente se estiver avaliando um fornecedor que possa contribuir para uma atividade essencial para a sua organização.

6) *Cost* (Custo)

Sempre presente, a avaliação de custo é modelo obrigatório, haja vista que nenhuma organização deseja ter um expende[14] financeiro maior que o necessário. Desse modo, é necessário se certificar que o fornecedor tenha as condições de entregar todos os parâmetros acordados, como volume, qualidade, prazo, entre outros, nas condições comerciais que estão sendo estabelecidas.

---

[14] *Expende* – flexão de expender. (1) expõe ou explica de maneira minuciosa. (2) despende, gasta.

7) *Consistency* (Consistência)

O fornecedor em avaliação apresenta solidez, isto é, ele agrega as condições de cumprir tudo que está se comprometendo?

A solidez sugerida nesse ponto refere-se mais à consistência, eu diria até à efetividade, em garantir o controle e capacidade das premissas assumidas na negociação.

8) *Culture* (Cultura)

Mesmo sendo um critério bastante subjetivo, ótimas relações de negócios acontecem, quando as partes envolvidas trabalham e compartilham de princípios e valores semelhantes.

Ademais, a cultura pode ser vista como um tema complexo; entretanto, conhecer a missão e valores dos potenciais fornecedores é uma boa prática.

9) *Clean* (Limpeza)

O termo pode parecer estranho, mas aqui deve-se observar o quanto o parceiro de negócio está comprometido e alinhado às boas práticas em relação ao meio ambiente e sustentabilidade, bem como mantém elevados níveis de compliance.

10) *Communication* (Comunicação)

O fornecedor está preparado para manter uma comunicação eficiente e confiável? Mantém critérios elevados de tecnologia de comunicação, favorecendo assim a eliminação da troca de informações por canais menos seguros e eventualmente, até informais?

Uma estreita e robusta linha de comunicação induz maior agilidade e assertividade no encaminhamento e resolução dos temas a serem tratados entre as partes.

7.6.2 GESTÃO DE FORNECEDORES

Como apresentado, a gestão de fornecedores engloba diversos aspectos que vão muito além da rotina de compras e contas a pagar. Gestão de fornecedores envolve investimento em planejamento e melhorias, principalmente, na integração entre as organizações.

Adicionalmente ao desenvolvimento do tema já abordado, cabe destacar outros nove pontos, pois contribuem para um melhor entendimento da seleção e gestão de fornecedores:

1) Organização dos processos internos

É fato que mesmo que seus fornecedores sejam muito bons no que fazem, as políticas internas da sua organização são diferentes das políticas de seus fornecedores. Para alcançar bons resultados é necessário manter processos robustos, monitoramento efetivo e ações factíveis para mitigação de falhas. Caso contrário, mesmo que seus fornecedores sejam eficientes, eles podem não atender às suas necessidades por pura falta de ajuste de processos.

Por isso, atenção às etapas de definições de processos, ao treinamento das equipes e aos fornecedores.

2) Elaboração de um planejamento

O planejamento é a base para o sucesso de qualquer atividade, sendo ele o responsável por nortear as pessoas quanto àquilo que é necessário ser realizado, para que os objetivos traçados sejam alcançados.

É muito comum encontrar gestores que se preocupam apenas com a execução e acabam dedicando pouco tempo ao planejamento. Entretanto, quando temos um planejamento bem realizado, a execução exige menos esforço e tempo de realização, impactando positivamente nos custos.

Portanto, é fundamental engajar os seus fornecedores quanto às metas que sua organização deseja alcançar e quais são os respectivos papéis deles (fornecedores) nesse processo.

3) Construção de uma relação de parceria

A construção de bases fortes em uma relação de parceria, inicia-se no momento de execução de um BID. Um processo ágil, transparente e com feedbacks precisos, contribui para que os fornecedores sejam fortes aliados para que a organização alcance os resultados desejados.

Sem dúvida, é essencial estabelecer uma relação ganha-ganha, em que ambas as partes se beneficiem, mesmo que, para isso, seja necessário renunciar a algum item na negociação.

Assim, é fundamental deixar de lado a velha máxima de que "cliente – manda" e "fornecedor – obedece", e olhar para o fornecedor como um parceiro de negócios, que possui meios e recursos para contribuir com soluções para a organização (cliente).

Cabe, entretanto, a organização estabelecer as premissas iniciais da negociação, assumindo assim uma postura colaborativa.

Lembre-se, nesse processo as duas partes têm um objetivo comum: alcançar os melhores resultados.

4) Monitoramento dos custos

A administração dos custos é a parte mais delicada e complexa de um processo de gestão, principalmente quando há fortes pressões para que sejam reduzidos. No caso da gestão de fornecedores não é diferente.

É preciso avaliar frequentemente quais preços estão sendo praticados e se eles são adequados, quando comparados ao valor dos seus produtos ou serviços.

Cabe ressaltar, antes de implementar uma estratégia de redução de custos agressiva, avaliar se ela não irá impactar na qualidade dos produtos ou serviços, afetando diretamente a satisfação dos clientes, o famoso "barato que sai caro".

5) Compartilhamento de informações

O momento atual requer agilidade e integração, pontos fundamentais para se destacar e se antecipar aos concorrentes, favorecendo assim uma parceria robusta e de importantes contribuições.

Estar alinhado aos conceitos mais atuais de Supply Chain 4.0, integrando sistemas e proporcionando trocas automáticas de informação, será decisivo na conquista da excelência.

6) Conceito de cadeia integrada

É de conhecimento amplo, a importância de se estabelecer parcerias e compartilhar informações com os fornecedores de uma organização. Quando isso é feito e os processos são efetivamente integrados, a gestão de fornecedores assume um patamar superior e passa a focar no gerenciamento da Cadeia de Suprimentos.

A principal vantagem a ser destacada quanto a esse movimento é que todos os lados permanecem atuando em prol de objetivos em comum, tendo assim, alinhamento de propósitos. A organização consegue com isso aumentar sua vantagem competitiva, encarando a concorrência como um sólido grupo, ao invés de duas empresas atuando separadamente.

7) Monitoramento dos indicadores de performance[15]

Os indicadores de performance são uma excelente forma de acompanhar os resultados dos processos e identificar em quais pontos as falhas ocorrem e o quanto prejudicam o atingimento das metas.

Na gestão de fornecedores podemos sugerir alguns, como:

- Variação de custos.

- Nível de serviço.

- Índice de não conformidades (avarias, extravios e pedidos trocados).

8) Riscos na gestão de fornecedores

Existem riscos eminentes que as organizações podem sofrer, a exemplo de picos de demanda e problemas na produção, ambos sendo os mais comuns. Nesses casos, é preciso encontrar alternativas de contorná-los e, muitas vezes, o caminho passa exatamente em contar com o apoio e engajamento dos fornecedores.

7.7 GESTÃO DE CONTRATOS

Gestão de contratos é o processo de gerenciamento, como o próprio nome diz, de contratos, desde a sua criação até a execução. As principais atividades abrangem a análise de desempenho em relação aos termos do contrato para maximizar o desempenho operacional e mitigar riscos financeiros. Porém, antes de seguirmos com o tema, se faz necessário esclarecer: o que é um contrato?

---

[15] É recomendável adotar, contratualmente, uma política de bônus e pênaltis, com o objetivo de estimular o melhor desempenho, reconhecendo e beneficiando os parceiros, sempre que houver uma performance acima do acordado.

De acordo com a origem etimológica, o verbo *contrahere* conduz a *contractus*, o qual tem sentido de ajuste, convenção ou pacto. Podemos então afirmar que é um acordo de vontades que cria obrigações e direitos.

O contrato é um acordo firmado entre duas ou mais partes para uma determinada finalidade. Em outras palavras, é um documento na conformidade da ordem jurídica. Ele comprova quando duas ou mais pessoas assumem determinadas obrigações ou compromissos, ou lhes asseguram algum direito (REIS, 2018).

Ao traçarmos um olhar para o ambiente corporativo, infelizmente, ainda hoje, muitas organizações entendem que o objetivo da gestão de contratos é o simples arquivamento de documentos. Ledo engano!

A gestão de contratos acompanha todo o ciclo de vida do documento e é aí que está o sucesso da gestão contratual, gerir o documento desde o início, controlando cada uma de suas fases, passando pela assinatura entre as partes, guarda física e digital do documento, até que o contrato seja finalizado, devidamente documentado.

Comumente, duas áreas nas organizações atuam como gestoras de contratos – o Financeiro e o Jurídico. A primeira normalmente assume a atividade quando não existe um Departamento Jurídico regular na empresa. Uma terceira área surge eventualmente, a área de Compras, como forte usuária dos processos e com grande dependência das atividades, e assume tal responsabilidade.

> **Nota do autor**
>
> O fato de a área de Compras assumir a gestão de contratos caracteriza desvio de responsabilidade, bem como sugere maior fragilidade na gestão de *compliance*, pois como uma das principais usuárias, não deveria realizar a gestão, havendo assim conflito de interesse. Gerir contratos é uma habilidade cada vez mais requisitada, pois quando falamos em relações comerciais, todas (ou quase todas) iniciam-se por contratos.

Algumas atividades podem ser destacadas sobre a responsabilidade do gestor de contratos:

a) Cuidar do ciclo de vida de um contrato.

b) Acompanhar o histórico do contrato, o que ajuda a prevenir gargalos e renegociações.

c) Controlar os prazos de renovações, garantindo que a organização mantenha o foco estratégico.

d) Controle de vencimento de contratos.

e) Identificar a necessidade de aditivos contratuais.

f) Realizar a comunicação entre as partes.

7.7.1 *CONTRACT LIFECYCLE MANAGEMENT* (CLM)

Em português, gerenciamento do ciclo de vida do contrato, é um método prático e eficiente para organizar os contratos de uma organização. O uso da metodologia CLM aprimora o desempenho da gestão de todos os contratos de uma empresa ao simplificar a criação, execução e renovação-expiração (MARQUES, 2017).

É possível verificar, em inúmeras publicações, certas simplificações no modelo de desenvolvimento e implementação do software CLM, sistema de gerenciamento dos contratos. Tais simplificações são questionáveis, pois qualquer implementação de sistema, as quais requerem mudanças culturais, certamente não deve ser sumarizada. Atenção ao tema!

A gestão dos contratos, por meio do CLM, pode ser dividida em dez etapas:

1) Captura
Etapa que consiste em realizar um levantamento, identificando todos os contratos já existentes na organização. Para novos contratos, o contratante comumente solicita as informações ao contratado e inicia o processo de redigir o documento do contrato.

2) Pista
Nessa segunda etapa, busca-se as informações importantes presentes em cada contrato, identificando-os como contratos novos, sem nenhuma renovação, ou antigos, com uma ou mais renovações.

3) Autoria
Nesse momento, o CLM demonstra a necessidade de entender como os contratos foram redigidos, eu diria também, detalhados e quem foi o responsável pela ação.

4) Criar
É uma etapa dividida em dois passos, sendo:
a) Capacitação dos colaboradores para a redação de contratos com base em modelos inteligentes.

b) Garantir que os contratos estejam em concordância com o Departamento Jurídico da organização.

5) Aprovar
No CLM, uma importante atividade é a definição do fluxo de trabalho, o qual irá garantir que os contratos sejam revisados no tempo correto e pela pessoa capacitada para tal atividade.

6) Negociar
Nessa etapa, busca-se caracterizar cada negócio, permitindo assim identificar o que deve conter cada contrato. Caso se identifique que contratos vigentes não

possuam todos os termos e temas necessários, uma revisão deve ser solicitada. Para os novos contratos, já validados, é a hora de encaminhá-los para assinatura.

7) Sinalizar
Contrato assinado pelas partes, finalizado! Infelizmente, ainda não. O contrato deve seguir então para validação final, em que se faz um *cross-check* para a confirmação de que nada foi alterado durante o processo de assinatura e na sequência, segue para digitalização e armazenamento da cópia física.[16]

8) Analisar
Boa prática no modelo CLM, recomenda-se que as organizações com mais de 100 contratos efetivos, isto é, em andamento, analisem estes contratos com maior frequência, mitigando assim possíveis riscos e cenários inesperados.

9) Gerenciamento
Em congruência com o item anterior, gerenciar os contratos vigentes é primordial, pois observando prazos, renovações e o relacionamento com a outra parte, busca-se assim evitar perda de prazos, penalidades e pagamento excessivo de serviços ou renovações desnecessárias.

10) Análise de desempenho e produtividade
É essencial que todo modelo de gestão esteja sempre suportado por uma análise regular de desempenho. O acompanhamento dos índices de serviço, previamente acordados, possibilita um melhor entendimento da relação comercial entre as partes, produz informações adicionais ao contrato e contribui para a mitigação de riscos.

7.7.2 BENEFÍCIOS DO *CONTRACT LIFECYCLE MANAGEMENT* (CLM)

Ao aplicar a metodologia CLM, se possível, baseada num sistema que suporte todas as etapas do processo, busca-se capturar inúmeros benefícios, alguns tangíveis e diretos, outros nem tanto.

Os benefícios do modelo CLM vão além das obrigações contratuais e diminuição do nível de risco. A melhora nos serviços e produtos disponibilizados aos clientes, a visibilidade sobre os processos e a transparência sobre a área de Compras, reforçando critérios de *compliance* são benefícios também possíveis.

---

[16] A via a ser digitalizada e armazenada deve estar devidamente assinada entre as partes. Isso parece óbvio, mas, comumente, se identifica nas organizações a ausência de cópias, sejam originais (papel) ou digitalizadas, devidamente assinadas e com autenticação do cartório.

Em decorrência dos diferentes estágios, na gestão de contratos, que cada organização se encontra, é possível afirmar que a implementação do modelo CLM traz também algumas vantagens:

a) Status da situação atual dos contratos vigentes e/ou em desenvolvimento.

b) Visão de cada contrato, com indicação de criticidade.

c) Visibilidade de prazos e datas.

d) Destaque para pontos de atenção – lembretes.

e) Redução de custos administrativos.

f) Eliminação de desperdício de tempo.

g) Fomentar ações colaborativas.

h) Qualidade – mais conformidade, menos erros.

7.8   *STRATEGIC SOURCING*[17]

A metodologia de *strategic sourcing* carece de literatura que apresente modelos de implementação e execução. Assim, trazer esse tema para esta publicação visa contribuir na estrutura acadêmica com viés corporativo-organizacional, embasado nas experiências de quem já implementou e pilotou essa atividade.

Até o momento, não há uma convergência entre os principais autores sobre uma definição padronizada a respeito do que seria o *strategic sourcing*. Portanto, trago aqui a minha contribuição, sem deixar de me apoiar na literatura atual.

O *strategic sourcing* é uma metodologia bastante objetiva para execução de BID (termo em inglês que significa: fazer oferta, proposta, licitar, entre outros) podendo-se então utilizá-lo como *concorrência,* na qual cada etapa do processo é realizada com profundidade, visando a obtenção do melhor resultado para a equação do tripé *Benefits, Risk and Cost* (BRC).[18]

A metodologia *strategic sourcing* aplicada pela área de Compras, tem como finalidade *adquirir produtos* e contratar serviços de forma planejada e estratégica, respeitando alguns métodos e algumas etapas, antes de ir ao mercado (PASQUALE, 2014, grifo nosso).

Um outro conceito, esse bastante amplo, segue com o propósito de que o *strategic sourcing* comunga de duas forças congruentes, em que uma denominada *sourcing,*

---

[17]   *Strategic Sourcing*, em português, abastecimento estratégico ou compras estratégica.

[18]   *Benefits, Risk and Cost* (BRC) – em português, benefícios financeiro, risco e custo.

traz uma grande interação com o mercado fornecedor e se refere a toda atividade que imprima inteligência ao processo de compras, enquanto a outra, denominada *procurement* trata das questões tradicionais de compras, por intermédio do exercício de atividades diárias de coordenação das requisições recebidas dos clientes internos, elaboração e administração de contratos, acompanhamento dos pedidos colocados juntos aos fornecedores e do seu gerenciamento. Na prática, o *strategic sourcing* é a conjugação das duas partes, na qual a inteligência do *sourcing* cria condições para um melhor desempenho das atividades de *procurement* (BRAGA, 2010).

7.8.1   AS CINCO FORÇAS DE COMPETITIVIDADE

Dada a amplitude que o tema merece ser tratado, nos é imposta a necessidade de olharmos para um horizonte mais extenso e assim, traçar linhas de pensamento e argumentação que suportem os passos a serem dados.

Ainda nesse sentido, Michael Porter (1986) da Harvard Business School disse: "The essence of strategy is choosing what not to do". Em uma tradução livre para o português, podemos dizer "a essência da estratégia é escolher o que não fazer". Portanto, para termos a opção da escolha, é imperativo que tenhamos um conhecimento amplo sobre o tema, neste caso, tudo que envolve o item ou serviço a ser adquirido, bem como os seus fornecedores.

Uma das teorias, e talvez a mais conhecida, refere-se às Cinco Forças de Competitividade, desenvolvida em 1979 por Michael E. Porter (1985). No ambiente corporativo-empresarial, temos acompanhado uma escalada, sem precedentes, do aumento da competitividade, muito em decorrência das mudanças dos padrões de comportamento dos consumidores e lógico, da globalização, fator esse que aproximou os mercados fornecedores-consumidores sobre vários aspectos, inclusive o econômico.

As Cinco Forças de Competitividade de Porter são uma estrutura de análise de empresas e negócios, que nos auxilia no entendimento do nível de competitividade de um mercado. Portanto, podemos nos apoiar nessa estrutura para uma melhor compreensão da atratividade e potencial de rentabilidade de uma indústria-setor.

Adicionalmente, é importante destacar que o modelo de Porter está inserido em uma subárea da Administração, conhecida como *Strategic Business Analysis*,[19] o que reforça sua amplitude de aplicação.

---

[19]   *Strategic Business Analysis*, em português, Análise Estratégica de Negócios.

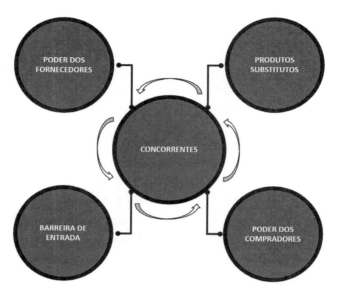

Figura 7.5 – Cinco forças de Porter.

(1ª) Dentre os aspectos apresentados no modelo de Porter, a rivalidade entre os concorrentes é a mais significativa, pois é fundamental conhecer e analisar os pontos fortes dos concorrentes diretos.[20]

Figura 7.6 – Rivalidade entre concorrentes.

Lembrando que a rentabilidade pode ser reduzida em decorrência de uma competição agressiva de preços e tal fator pode ocorrer quando existe:

- Alto número de competidores.
- Baixa diferenciação de produtos.
- Excesso de capacidade e alta barreira de saída.
- Baixo crescimento industrial.

---

[20] Com um olhar para Compras, é imprescindível entender e analisar os pontos fortes e oportunidades do atual fornecedor e de seus concorrentes diretos.

- Custos:
    » Alto custo para economia de escala.
    » Custos fixos representativos.

(2ª) Essa força é também chamada de "ameaças de novos entrantes".[21] As barreiras de entrada são os fatores que dizem o quão vulnerável um mercado é à entrada de novos concorrentes. Mercados com barreiras de entrada altas são aqueles mercados em que a entrada de novos concorrentes é dificultada, seja por fatores econômicos, de mercado ou regulatórios (MASSARO, 2020).

Figura 7.7 – Ameaças de novos entrantes.

Novos entrantes ameaçam a rentabilidade da indústria dependendo do nível das barreiras de entrada, conforme:

- Alto capital necessário.
- Alta economia de escala.
- Diferenciação de produtos.
- Acesso a canais de distribuição.
- Barreiras regulatórias e legais.

(3ª) Essa é uma força que vem se mostrando muito presente nos últimos anos. Muitos segmentos estão sendo afetados, sendo que alguns estão perdendo totalmente a relevância econômica, por sofrerem disrupções causadas por inovações, especialmente tecnológicas, vindas de agentes de outros mercados (MASSARO, 2020).

Outros autores apresentam essa força como a entrada de produtos concorrentes, porém não similares, mas que atendem os requerimentos dos clientes.

É plausível afirmar, que em um cenário em que os avanços tecnológicos estão cada vez mais presentes, é fundamental manter a mente aberta ao novo e promover alianças estratégicas, na busca de alternativas de fornecimento trazidas pela inovação.

---

[21] Com um olhar para Compras, esse cenário torna tudo mais complexo, pois, comumente, existem poucos fornecedores, quando não monopólio.

Figura 7.8 – Entrada de produtos concorrentes.

A existência de pressão competitiva pela produção de substitutos depende de:
- Compradores propensos a substituir – custos de troca baixos.
- Performance de preço dos substitutos.

(4ª) Essa força está relacionada à capacidade de negociação dos compradores em relação aos fornecedores. Ela ganha destaque atualmente com o novo posicionamento dos compradores (consumidores), que exigem produtos e serviços de qualidade e uma boa reputação das empresas.

Figura 7.9 – Poder dos compradores.

Como regra geral, quanto menor a base de compradores, mais eles terão poder e influência sobre os fornecedores. Portanto, a manutenção de ambiente com amplo fornecimento, de diferentes fontes, deve ser a linha mestre para a continuidade do poder dos compradores no ambiente corporativo.

(5ª) É fato que os fornecedores possuem elevado poder de negociação em setores monopolizados ou com poucos fornecedores presentes.

Definitivamente, essa é uma força análoga à do "poder dos compradores". Portanto, uma área de Compras ativa e estratégica, trabalha fortemente na ampliação das fronteiras e na busca de fornecedores qualificados, não considerando como alternativa, restrições de fornecimento.

Figura 7.10 – Poder dos fornecedores.

Baseado no modelo das Cinco Forças de Competitividade de Porter, é possível observar um modelo de estrutura de mercado, conforme o quadro a seguir:

Quadro 7.2 – Modelo de estrutura de mercado (Cinco Forças de Competitividade de Porter)

	Competição Perfeita	Oligopólio	Duopólio	Monopólio
Concentração	Muitas Empresas	Poucas empresas	2 empresas	1 empresa
Barreiras de Entrada e Saída	Sem barreiras	Barreiras Significativas		Altas Barreiras
Diferenciação de Produto	Produto Homogêneo	Potencial para diferenciação		
Informação	Fluxo perfeito de informação	Indisponibilidade total de informações		

O modelo Cinco Forças de Competitividade de Porter tornou-se um clássico no estudo e aplicação na Administração. Para o pleno uso da metodologia, é obrigatória a análise das cinco condições propostas, na qual uma organização encontra-se inserida.

A aplicação da metodologia tem uma lógica bastante simples do ponto de vista conceitual, mas exige uma visão holística do negócio. Logo, para uma efetiva execução da análise, é preciso retratar os fatos que caracterizam cada uma das forças.

7.8.2 ESTRATÉGIAS COMPETITIVAS GENÉRICAS

Antes de traçarmos o conceito e as bases das estratégias competitivas genéricas, se faz necessário conceituar estratégia.

Estratégia refere-se aos planos da alta administração para alcançar resultados consistentes com a missão e os objetivos gerais da organização (WRIGHT *et al.*, 2009).

Uma estratégia competitiva, por sua vez, é o conjunto de ações defensivas ou ofensivas para criar uma posição defensável em uma indústria, para enfrentar com sucesso as Cinco Forças Competitivas e, assim, obter um retorno sobre o investimento para a empresa (PORTER, 1986).

As estratégias competitivas genéricas[22] podem ser aplicadas por empresas de diferentes portes. Segundo Porter, o gestor tem a possibilidade de seguir uma ou duas das três possíveis estratégias, as quais têm, cada uma, suas vantagens e desvantagens.

Vantagem Estratégica

	Posição de Baixo Custo	Unicidade Observada pelo Cliente
Toda Indústria	Liderança no Custo Total	Diferenciação
Segmento Específico	Foco Estratégico (Baixo Custo)	Foco Estratégico (Diferenciação)

(Eixo vertical: Alvo estratégico — Escopo de Atuação Competitiva)

Figura 7.11 – Estratégia competitiva – análise de indústrias e da concorrência.

Fonte: PORTER, 1986.

A análise, com base na figura anterior, referente às estratégias competitivas genéricas, irá contribuir para que a organização encontre uma posição no setor que possa melhor defender-se das forças competitivas ou influenciá-las a seu favor, no longo prazo.

As estratégias competitivas genéricas são:

1) Liderança geral de custos
   Consiste em atingir a liderança no custo total em um segmento, por meio de um conjunto de políticas funcionais orientadas para este objetivo (PRATES, 2015).
   A organização, ao definir pelo uso dessa estratégia, deve buscar a máxima eficiência no processo industrial ou de serviço, garantindo assim uma vantagem competitiva em relação aos seus concorrentes. Porter explica que

   > [...] a posição de baixo custo protege a empresa de todas as Cinco Forças Competitivas, pois a barganha só pode continuar ocasionando a erosão dos lucros até que o próximo concorrente mais eficiente seja eliminado, e

---

[22] Michael Porter apresenta uma abordagem genérica quanto às Estratégias Competitivas, para que as empresas superem os seus concorrentes. Lembrando que o foco dado pelo autor é às indústrias.

porque os concorrentes menos eficientes sofrerão primeiro diante das pressões competitivas.

Vantagens:

- Defender a empresa contra compradores poderosos. Tais compradores só podem exercer seu poder para baixar os preços ao nível do concorrente mais eficiente.

- Defender contra fornecedores poderosos por trazer maior flexibilidade no momento de enfrentar o aumento dos custos dos insumos.

- Gerar barreiras para novos entrantes, principalmente em termos de economia de escala e vantagens de custos.

- Colocar a empresa em uma posição favorável em relação aos produtos substitutos.

Desvantagens:

- A obtenção de uma posição de custo total baixo exige:
  » Uma alta parcela de mercado.
  » Fácil acesso a matérias-primas.
  » E/ou alguma outra posição vantajosa.

- Necessidade de projetos de produtos que venham a simplificar o processo fabril, a manutenção dos produtos, bem como o atendimento aos clientes.

- A implantação dessa estratégia pode exigir altos investimentos iniciais, principalmente em modernização do parque fabril.

2) Diferenciação

Essa estratégia genérica consiste em diferenciar o produto ou serviço oferecido pela organização, disponibilizando algo que seja considerado muito acima de seus concorrentes, algo incomparável. Ao assumir tal estratégia, não se pode renunciar aos custos, entretanto, apenas não os tornar o alvo estratégico primário.

Uma organização também pode ter vantagens competitivas por intermédio de produtos com características únicas na percepção de seus clientes, o que possibilitaria a fidelização deles. Tal diferenciação pode ocorrer na qualidade do produto, no atendimento, no estilo do produto, na marca etc.

Vantagens:

- Gerar retornos acima da média por criar uma posição defensável para enfrentar as Cinco Forças Competitivas.

- Proporcionar isolamento contra a rivalidade competitiva, devido à fidelização dos clientes.

- Aumentar as margens, excluindo a necessidade de uma posição de baixo custo.

- Gerar barreiras de entrada, devido à forte lealdade dos clientes.

- Redução do poder dos compradores, pois lhes faltam alternativas comparáveis.

Desvantagens:

- A diferenciação pode inviabilizar a obtenção de uma alta parcela de mercado.

- Até que a posição de diferenciação seja alcançada, os investimentos podem ser elevados.

- Apesar da alta qualidade do produto resultante, nem todos os consumidores estarão dispostos ou terão condições de pagar.

3) Foco (Enfoque)

Essa estratégia genérica também é denominada de estratégia de nicho. A organização foca os seus esforços em uma parcela do mercado, uma pequena parte, seja por critério geográfico ou outro critério que venha a ser definido, de modo a conseguir uma vantagem competitiva, e por que não, específica naquele mercado.

Essa estratégia se destaca por buscar atender muito bem o alvo determinado, diferentemente das outras estratégias.

Vantagens:

- Obtenção de retornos acima da média para o seu segmento.

- Poderá levar a uma posição de baixo custo, de diferenciação ou de ambas.

- Se a organização conseguir alcançar as posições de baixo custo ou de diferenciação estará protegido contra as Cinco Forças Competitivas.

Desvantagens:

- Implicação diretamente em limitações a uma parcela total do mercado.

- Análise de um *trade-off* entre a rentabilidade e o volume de vendas.

- Poderá ou não envolver um *trade-off* com a posição global de custo, como na diferenciação.

7.8.3   CADEIA DE VALOR

O conceito de cadeia de valor demonstra o fluxo contínuo das atividades que, diretamente, contribuem para produzir valor, com uma visão de *inside out*[23] da organização (RANDO NETO, 2021).

---

[23]   *Inside out*, em português, de dentro para fora.

O termo cadeia de valor foi inicialmente adotado por Michael Porter, em 1985, que o autor conceituou como "[...] toda empresa é uma reunião de atividades que são executadas para projetar, produzir, comercializar, entregar e sustentar seu produto [...]" e "[...] todas estas atividades podem ser representadas, fazendo-se uso de uma Cadeia de Valores [...]"

Destaca-se no conceito de Porter que cinco atividades empresariais sejam classificadas como primárias, e outras quatro, de apoio, conforme modelo a seguir:

Figura 7.12 – Cadeia de valor.

Fonte: PORTER, 1985.

A margem é a diferença entre o valor atribuído ao produto ou serviço e os custos associados à sua criação até que seja colocado no mercado. Portanto, podemos resumir em uma fórmula:

$$\text{Valor Criado} - \text{Custo de Criar esse Valor} = \text{Margem de Lucro}$$

7.8.4 DETALHAMENTO DAS ATIVIDADES DA CADEIA DE VALOR:

1) Atividades Primárias

    Também conhecidas como Atividades Básicas, são as atividades que agregam valor ao produto ou serviço final, tornando-os passíveis de serem comercializados. Em outras palavras, são as atividades que, de forma direta, geram valor para os clientes.

    a) Logística de Entrada: também conhecida como Logística Interna, é o processo logístico, de movimentação e armazenagem, o qual é responsável pela operação e gestão de matérias-primas, embalagens, semiacabados, administração dos estoques, área de armazenagem e transporte. Adicional, e de extrema importância, é poder contar com processos de compras eficientes, bons contratos e um processo de parceria efetivo com os fornecedores.

b) Operações: é o processo de conversão no qual ocorre a transformação das matérias-primas e demais insumos em produto (final). Maquinário, embalagens, montagem, manutenção de máquinas, testes e outros processos, são parte das operações.

c) Logística de Saída: também denominada de Logística Externa, trata-se de um conjunto de atividades, como movimentação e armazenagem de produtos acabados, processamento e preparação de pedidos, distribuição – entrega dos produtos aos clientes. Nesse caso, vale ressaltar a importância da integridade dos produtos, informações e cumprimento dos prazos de entrega.

d) Marketing – Vendas: é pelo Marketing e Vendas que os consumidores finais são atraídos a comprar os produtos. Realizam a gestão de preço (precificação), promoção, comunicação, publicidade, comercialização e gestão dos canais de distribuição.

e) Serviços/Atendimento ao Cliente: nessa etapa, é que o cliente/consumidor tem todo o suporte para realização de sua experiência de aquisição e informações – atendimento sobre o pós-venda. Adicionalmente, quando requerido e para incrementar valor ao produto ou serviço, pode ser disponibilizado: instalação, treinamento do usuário, manutenção, reparo e gerenciamento de peças de reposição.

2) Atividades de Apoio
Também conhecidas como Atividades de Suporte, são elas que servem de auxílio para as Atividades Primárias. Logo, elas contribuem para agregar mais valor aos serviços ou produtos, de forma indireta.
As Atividades de Apoio permitem viabilizar o bom funcionamento da organização, melhorando assim a sua eficiência.

a) Infraestrutura: o termo inicialmente pode remeter a questões estruturais. Entretanto, o termo infraestrutura está aqui aplicado como o conjunto de serviços-atividades fundamentais para a administração da organização. Aplica-se, portanto, a gestão geral, financeira, jurídica-legal, planejamento, entre outras.

b) Recursos Humanos: a gestão do capital humano em uma organização, por meio das boas práticas de mercado, gera excelentes resultados. As atividades podem variar desde recrutamento e seleção, treinamentos e planos de remuneração/carreira, e por fim, engajamento e retenção.

c) Desenvolvimento Tecnológico: o uso da tecnologia de forma estruturada e alinhada com as estratégias da organização, contribuem positivamente para que as atividades ocorram de modo padronizado e mais eficientes. A Atividade de Desenvolvimento Tecnológico é essencial para a concepção e desenvolvimento de produtos ou serviços, capacidade de inovar, automação de processos, entre outros.

Supply Chain **251**

d) Aquisição – Compras: o valor dessa atividade vai muito além de disponibilizar matérias-primas e insumos em geral, sendo lógico que tais são atividades importantes. Entretanto, o valor está na negociação de bons contratos, na gestão dos fornecedores e no desenvolvimento de parcerias.[24]

7.8.5 MODELO DE IMPLEMENTAÇÃO E EXECUÇÃO DO *STRATEGIC SOURCING*

Ao longo dos anos, a indústria e o comércio passaram por inúmeras mudanças. Nas últimas décadas de 2000 e 2010, a evolução foi acelerada com o avanço das tecnologias, aplicadas em diferentes frentes, impactando conceitos e culturas, disponibilizando dados e informações em um nível nunca visto.

As estruturas de sustentação na forma de produzir e comercializar um produto e/ou serviço foram sendo alteradas, o que já foi lucro pelo lucro, produções e produções, massificação dos volumes, independente dos desdobramentos socioambientais, foram e continuam sendo questionadas, sendo, portanto, interrompidas e alteradas.

A Quarta Revolução Industrial nos induz a um modelo de negócio mais estratégico, não por modismo, como muitos ainda interpretam, mas sim por necessidade *angular*.[25]

O desafio agora é outro, deixamos de produzir a qualquer custo socioambiental, focado apenas em quantidade. Hoje, a visão estratégica nos leva a conduzir os negócios com responsabilidade ambiental, eficiência hídrica e energética, qualidade dos produtos e insumos, responsabilidade social, segurança ocupacional, entre tantos outros novos pontos.

Exatamente nesse novo ambiente corporativo surge o *strategic sourcing* como mais uma ferramenta de otimização, levando a Cadeia de Suprimentos a níveis de maior eficiência.

Existem inúmeros descritivos que sinalizam modelos de implementação com cinco ou sete passos, outros até, buscam uma simplificação para três passos.

O modelo descrito a seguir refere-se ao quadro completo, sem simplificações. Apresenta doze etapas já certificadas e com inúmeros processos de implementações concluídos e resultados expressivos contabilizados.

Reflexão: "Tudo dá trabalho, a questão é eliminar o que dá trabalho e não gera resultado!" (autor desconhecido).

---

[24] Para todas as atividades descritas nesse tópico a abordagem realizada foi genérica, sendo, portanto, necessário adequar para a realidade de cada negócio.

[25] Angular – adjetivo: aquilo que forma um ângulo: corpo angular. Pedra angular, pedra fundamental que forma o ângulo de uma construção; (Fig.) base, fundamento de uma coisa.

Doze passos do *Strategic Sourcing*:

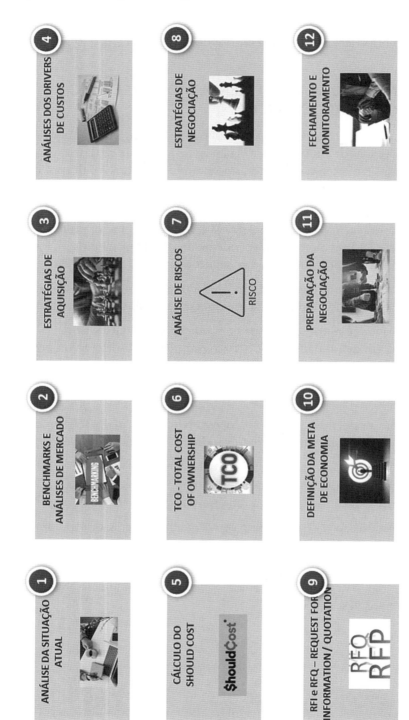

Figura 7.13 – Doze passos do *Strategic Sourcing*.

O desdobramento dos doze Passos segue a ideia de templates, estruturados previamente, com uma visão genérica, sendo necessário realizar pequenas adequações à realidade de cada organização.

Passo 1 – Template Análise da Situação Atual

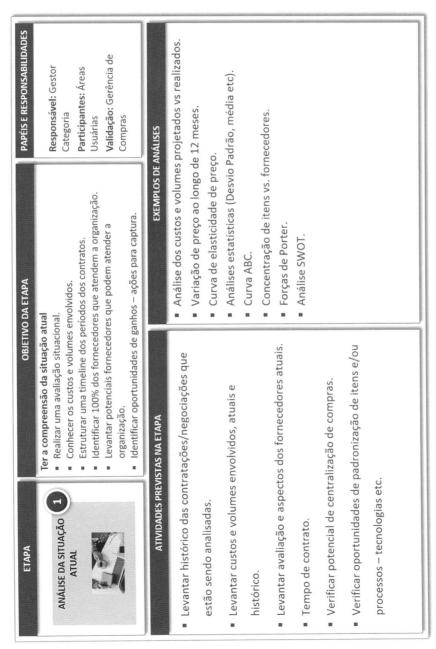

Figura 7.14 – Template análise da situação atual.

Objetivo: ter a perfeita compreensão da situação atual.

- Realizar uma avaliação situacional dos custos e contratos.
- Conhecer os custos e volumes envolvidos.
- Estruturar uma *timeline*[26] dos períodos dos contratos.
- Identificar 100% dos fornecedores que atendem a organização.
- Levantar potenciais fornecedores que podem atender a organização.
- Identificar oportunidades de ganhos – ações para captura.

Atividades Programadas:

- Levantar informações históricas das contratações e negociações que estão sendo analisadas.
- Levantar custos e volumes envolvidos, os atuais e histórico de 12 meses.
- Levantar informações de avaliações e aspectos gerais dos fornecedores atuais.
- Tempo de contrato.
- Verificar potencial de centralização de compras.
- Verificar oportunidades de padronização de itens e/ou processos – tecnologias etc.

Período: 1 semana

Participantes: Áreas usuárias

Responsável: Gestor da Categoria

---

[26] *Timeline*, em português, linha do tempo.

Supply Chain

Passo 2 – Template Benchmark e Análise de Mercado

ETAPA	OBJETIVO DA ETAPA	PAPÉIS E RESPONSABILIDADES
2 **BENCHMARKS E ANÁLISES DE MERCADO**	**Levantar as melhores práticas de mercado:** ▪ O que os concorrentes estão fazendo. ▪ Qual a posição da organização vs. concorrentes. ▪ Quais as tendências de preços e de mercado. ▪ Há novos *players* e novas tecnologias. ▪ Quais as melhores práticas e tendências de mercado.	**Responsável:** Gestor Categoria **Participantes:** Áreas Usuárias e Inteligência de Compras **Validação:** Gerência de Compras

ATIVIDADES PREVISTAS NA ETAPA	EXEMPLOS DE ANÁLISES
▪ Levantar as informações sobre como e por quanto os concorrentes estão adquirindo os mesmos serviços e materiais, e de quem os concorrentes estão adquirindo. ▪ Levantar as informações de como as empresas de outros segmentos estão contratando os mesmos serviços e/ou produtos. ▪ Identificar alternativas de fornecedores em outros países. Novas rotas de fornecimento. ▪ Levantar e analisar as variações de preço dos últimos 12meses. ▪ Identificar as projeções de preços para os próximos períodos, novas tecnologias etc.	▪ Preços praticados pelos fornecedores da organização vs. outros *players* do mercado. ▪ Curvas projetadas de tendência de preços. ▪ Forma de contratação organização vs. outros *players* do mercado.

Figura 7.15 – Template benchmark e análise de mercado.

Objetivo: levantar as melhores práticas do mercado.

- O que os concorrentes estão fazendo.
- Qual a posição da organização vs. concorrentes.
- Quais as tendências de preços e de mercado.
- Certificar-se da entrada de novos *players* e novas tecnologias.
- Quais as melhores práticas e tendências de mercado.

Atividades Programadas:

- Levantar as informações sobre como e por quanto os concorrentes estão adquirindo os mesmos serviços e materiais, e de quem os concorrentes estão adquirindo.
- Levantar as informações de como as empresas de outros segmentos estão contratando os mesmos serviços e/ou produtos.
- Identificar alternativas de fornecedores em outros países. Novas rotas de fornecimento.
- Levantar e analisar as variações de preço dos últimos 12 meses.
- Identificar as projeções de preços para os próximos períodos, novas tecnologias etc.

Período: 1 a 2 semanas

Participantes: Áreas usuárias e Inteligência de Compras

Responsável: Gestor da Categoria

Passo 3 – Template Estratégia de Aquisição

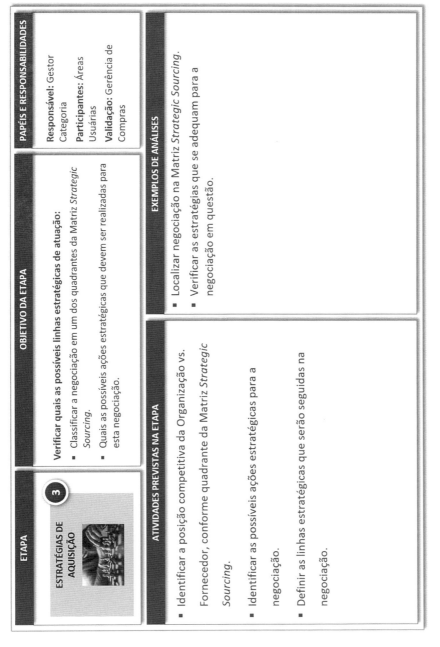

Figura 7.16 – Template estratégias de aquisição.

Objetivo: verificar quais as possíveis linhas estratégicas de atuação.

- Classificar a negociação em um dos quadrantes da Matriz Kraljic (Matriz *Strategic Sourcing*).

- Quais as possíveis ações estratégicas que devem ser realizadas para essa negociação.

Atividades Programadas:

- Identificar a posição competitiva da organização vs. fornecedor, conforme quadrante da Matriz Kraljic.

- Identificar as possíveis ações estratégicas para a negociação.

- Definir as linhas estratégicas que serão seguidas na negociação.

Período: 1 semana

Participantes: Áreas usuárias

Responsável: Gestor da Categoria

Passo 4 – Template Análise dos Drivers[27] de Custos

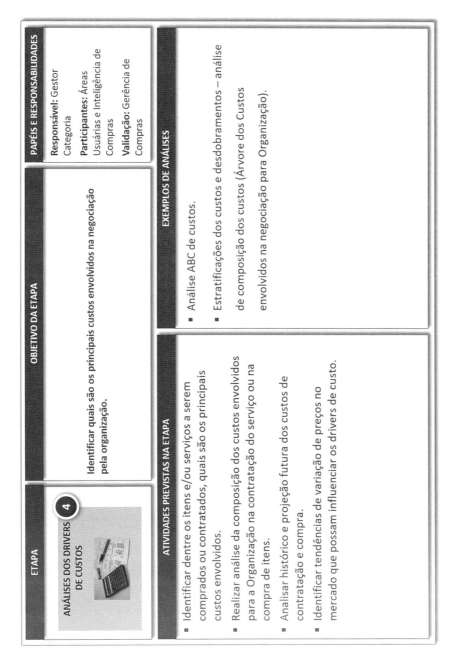

Figura 7.17 – Template análise dos drivers de custo.

---

[27] Driver, em português, condutor, motorista. Os drivers de custos são indicadores que serão utilizados para prever comportamentos dos custos na organização.

Objetivo: identificar quais são os principais custos envolvidos na negociação pela organização.

Atividades Programadas:

- Identificar dentre os itens e/ou serviços a serem comprados ou contratados, quais são os principais custos envolvidos.

- Realizar análise da composição dos custos envolvidos para a organização na contratação do serviço ou na compra de itens.

- Analisar histórico e projeção futura dos custos de contratação e compra.

- Identificar tendências de variação de preços no mercado que possam influenciar os drivers de custos.

Passo 5 – Template Cálculo do Should Cost[28]

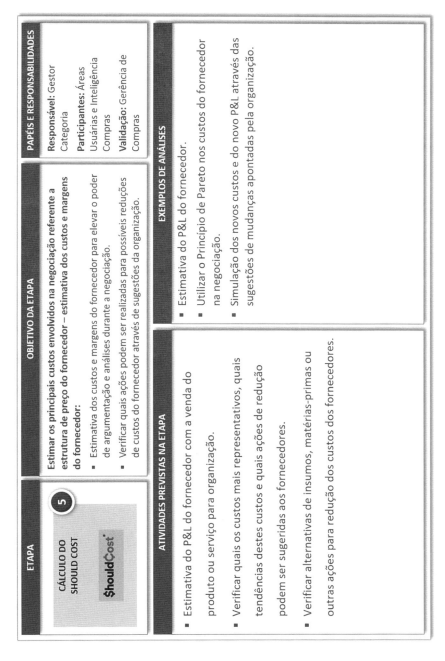

Figura 7.18 – Template cálculo do should cost.

---

[28] *Should Cost*, em uma tradução livre para o português, quanto deve custar.

Objetivo: estimar os principais custos envolvidos na negociação referente à estrutura de preço do fornecedor – estimativa dos custos e margens do fornecedor.

- Estimativa do P&L do fornecedor com a venda do produto ou serviço para Organização.

- Verificar quais os custos mais representativos, quais tendências destes custos e quais ações de redução podem ser sugeridas aos fornecedores.

- Verificar alternativas de insumos, matérias-primas ou outras ações para redução dos custos dos fornecedores.

Atividades Programadas:

- Modelar o P&L do fornecedor com a venda do produto ou serviço para Organização.

- Verificar alternativas de insumos, matérias-primas ou outras ações para redução dos custos dos fornecedores.

- Verificar quais os custos mais representativos, quais tendências desses custos e quais ações de redução podem ser sugeridas aos fornecedores.

Período: 1 a 2 semanas

Participantes: Áreas usuárias e Inteligência de Compras

Responsável: Gestor da Categoria

Passo 6 – Template *TOTAL COST OF OWNERSHIP* (TCO)[29]

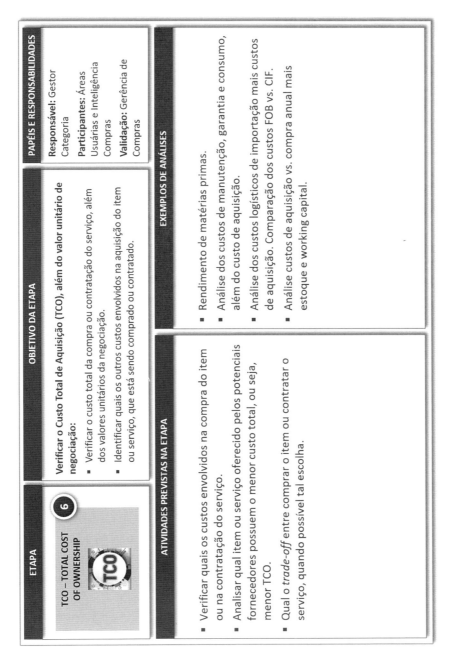

Figura 7.19 – Template *TOTAL COST OF OWNERSHIP* (TCO).

---

[29] *Total Cost of Ownership* (TCO) – em português, Custo Total de Propriedade.

Objetivo: verificar o *Total Cost of Ownership* (TCO), além do valor unitário de negociação.

- Verificar o custo total da compra ou contratação do serviço, além dos valores unitários da negociação.

- Identificar quais os outros custos envolvidos na aquisição do item ou serviço que está sendo comprado ou contratado.

Atividades Programadas:

- Verificar quais os custos envolvidos na compra do item ou na contratação do serviço.

- Analisar qual item ou serviço oferecido pelos potenciais fornecedores possuem o menor custo total, ou seja, menor TCO.

- Qual o *trade-off* entre comprar o item ou contratar o serviço, quando possível tal escolha.

Período: 1 semana

Participantes: Áreas usuárias e Inteligência de Compras

Responsável: Gestor da Categoria

Passo 7 – Template Análise de Riscos

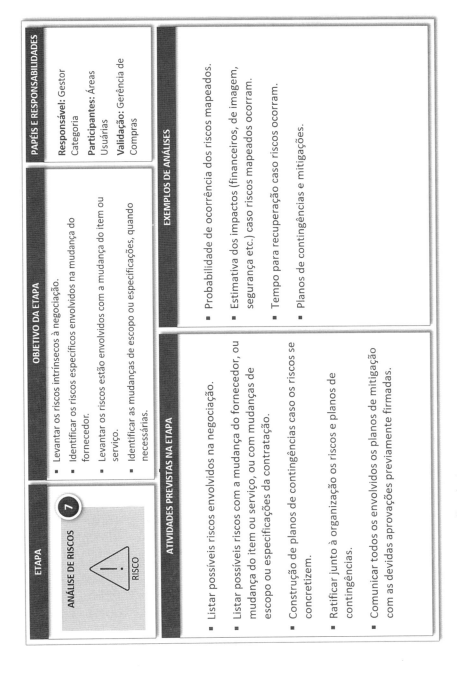

Figura 7.20 – Template análise de riscos.

Objetivo: identificar os potenciais riscos inerentes à negociação.

- Levantar os riscos intrínsecos à negociação.
- Identificar os riscos específicos envolvidos na mudança do fornecedor.
- Levantar os riscos estão envolvidos com a mudança do item ou serviço.
- Identificar as mudanças de escopo ou especificações, quando necessárias.

Atividades Programadas:

- Listar possíveis riscos envolvidos na negociação.
- Listar possíveis riscos com a mudança do fornecedor, ou mudança do item ou serviço, ou com mudanças de escopo ou especificações da contratação.
- Construção de planos de contingências, caso os riscos se concretizem.
- Ratificar junto à organização os riscos e planos de contingências.
- Comunicar a todos os envolvidos os planos de mitigação, com as devidas aprovações previamente firmadas.

Período: 1 semana

Participantes: Áreas usuárias

Responsável: Gestor da Categoria

Passo 8 – Template Estratégia de Negociação

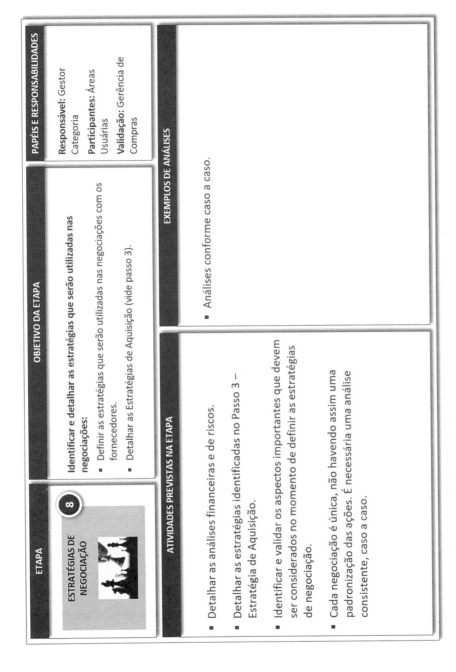

Figura 7.21 – Template estratégia de negociação.

Objetivo: identificar e detalhar as estratégias que serão utilizadas nas negociações.

- Definir as estratégias que serão utilizadas nas negociações com os fornecedores.
- Detalhar as estratégias de aquisição (vide Passo 3).

Atividades Programadas:

- Detalhar as análises financeiras e de riscos.
- Detalhar as estratégias identificadas no Passo 3 – Estratégia de Aquisição.
- Identificar e validar os aspectos importantes que devem ser considerados no momento de definir as estratégias de negociação.
- Cada negociação é única, não havendo assim uma padronização das ações. É necessária uma análise consistente, caso a caso.

Período: 1 semana

Participantes: Áreas usuárias

Responsável: Gestor da Categoria

Passo 9 – Template RFI – *Request for Information* e RFQ – *Request for Quotation*

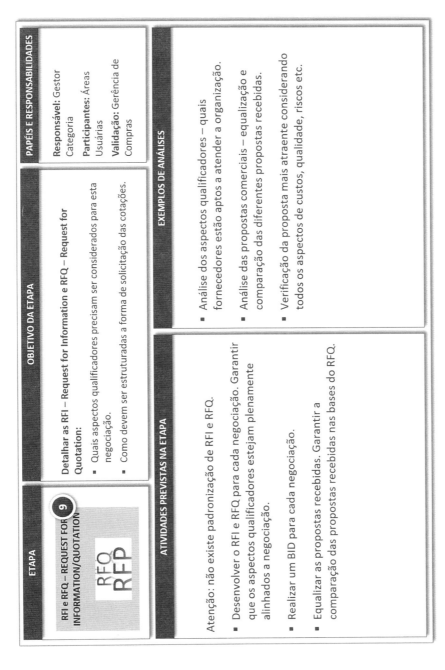

Figura 7.22 – Template RFI – *Request for Information* e RFQ – *Request for Quotation*

Objetivo: detalhar as RFI e RFQ.

- Definir os aspectos qualificadores que necessitam ser considerados nessa negociação.
- Definir e detalhar a forma de solicitação das cotações.

Atividades Programadas:

Atenção: não existe padronização de RFI e RFQ.

- Desenvolver o RFI e RFQ para cada negociação. Garantir que os aspectos qualificadores estejam plenamente alinhados à negociação.
- Realizar um BID para cada negociação.
- Equalizar as propostas recebidas. Garantir a comparação das propostas recebidas nas bases do RFQ.

Período: 1 a 2 semanas

Participantes: Áreas usuárias

Responsável: Gestor da Categoria

Passo 10 – Template Definição da Meta de Economia

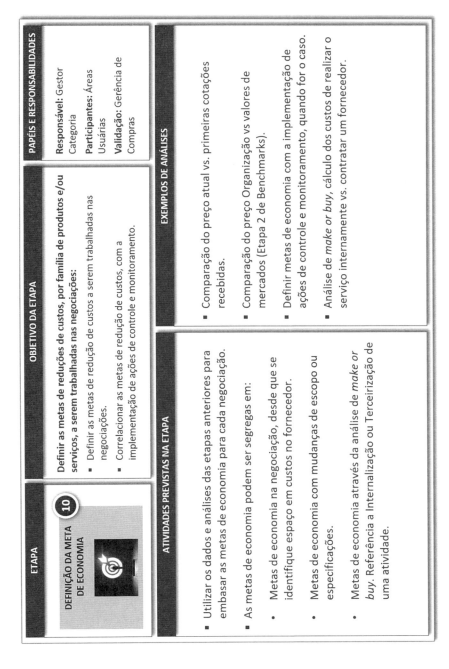

Figura 7.23 – Template definição da meta de economia.

Objetivo: definir as metas de reduções de custos, por família de produtos e/ou serviços, a serem trabalhadas nas negociações.

- Definir as metas de redução de custos a serem trabalhadas nas negociações.
- Correlacionar as metas de redução de custos, com a implementação de ações de controle e monitoramento.

Atividades Programadas:

- Utilizar os dados e análises das etapas anteriores para embasar as metas de economia para cada negociação.
- As metas de economia podem ser segregadas em:
  » Metas de economia na negociação, desde que se identifique espaço em custos no fornecedor.
  » Metas de economia com mudanças de escopo ou especificações.
  » Metas de economia por meio da análise de *make or buy*.[30] Referência à internalização ou terceirização de uma atividade.

Período: 1 semana

Participantes: Áreas usuárias

Responsável: Gestor da Categoria

---

[30] *Make or buy*, em português, fazer ou comprar.

Supply Chain

Passo 11 – Template Preparação da Negociação

ETAPA

PREPARAÇÃO DA NEGOCIAÇÃO

11

OBJETIVO DA ETAPA

Preparar material e equipe para realização das negociações:

- Definir os participantes para as negociações, os respectivos papéis.
- Indicar todas as etapas das negociações – Virtuais e Presenciais.
- Estabelecer os materiais e análises necessários para cada negociação.
- Fixar o número de finalistas para rodada final de negociação.

PAPÉIS E RESPONSABILIDADES

Responsável: Gestor Categoria

Participantes: Gerência de Compras, Diretoria de Supply Chain (Compras)

ATIVIDADES PREVISTAS NA ETAPA

- Definir os participantes para cada negociação.
- Estabelecer o papel de cada participante.
- Indicar as etapas das negociações, esclarecendo quais serão virtuais e presenciais.
- Estabelecer os materiais e análises necessários para cada negociação.
- Fixar o número de finalistas para rodada final de negociação.

EXEMPLOS DE ANÁLISES

- Preços de mercado (outros fornecedores) vs. preços atuais da organização.
- Diferenciais oferecidos por outros fornecedores vs. fornecedor em questão.

Figura 7.24 – Template preparação da negociação.

Objetivo: preparar material e equipe para realização das negociações.

- Definir os participantes para as negociações, bem como os respectivos papéis.
- Indicar todas as etapas das negociações. Validar as etapas virtuais e presenciais.
- Estabelecer os materiais e análises necessários para cada negociação.
- Fixar o número de finalistas para rodada final de negociação.

Atividades Programadas:

- Definir os participantes para cada negociação.
- Estabelecer o papel de cada participante.
- Indicar as etapas das negociações, esclarecendo quais serão virtuais e presenciais.
- Estabelecer os materiais e análises necessários para cada negociação.
- Fixar o número de finalistas para rodada final de negociação.

Período: 1 semana

Participantes: Gerência de Compras e Diretoria de Supply Chain (Compras)

Responsável: Gestor da Categoria

Passo 12 – Template Fechamento e Monitoramento

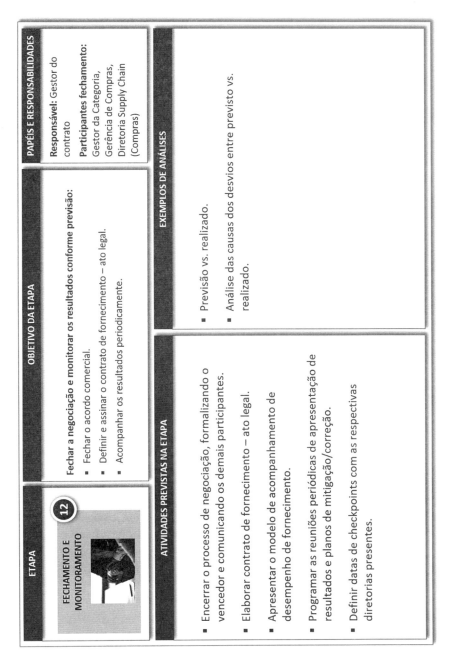

Figura 7.25 – Template fechamento e monitoramento.

Objetivo: fechar a negociação e monitorar os resultados previamente aprovados.

- Fechar o acordo comercial.

- Definir e assinar o contrato de fornecimento – ato legal.

- Acompanhar os resultados periodicamente.

Atividades Programadas:

- Encerrar o processo de negociação, formalizando o vencedor e comunicando os demais participantes.

- Elaborar contrato de fornecimento – ato legal.

- Apresentar o modelo de acompanhamento de desempenho de fornecimento.

- Programar as reuniões periódicas de apresentação de resultados e planos de mitigação/correção.

- Definir datas de *checkpoints*[31] com as respectivas diretorias presentes.

Período: 2 a 3 semanas

Participantes do Fechamento: Gestor da Categoria, Gerência de Compras e Diretoria de Supply Chain (Compras)

Responsável: Gestor do Contrato

O modelo apresentado de *Strategic Sourcing*, com doze Passos, detalha cada uma das etapas de estruturação e implementação da ferramenta. Sempre importante observar dois aspectos inerentes à ferramenta, a seguir destacados:

a) Benefícios

- Transparência: o uso da metodologia, por intermédio de seus critérios claros de avaliação, permite a classificação ou desclassificação de um potencial fornecedor, sem que haja uma personificação na figura do comprador, imputando assim, respaldo à decisão e lisura ao processo. Contribui ainda para um ambiente engajador e transparente junto ao cliente interno e demais integrantes da organização, pois todos possuem pleno acesso ao processo de negociação, resultados esperados e entregues.

- Padronização – Processo & Preço: a metodologia do *Strategic Sourcing* sugere um processo extenso, em que pesquisas, estruturação de matrizes e inúmeras decisões são impostas a todo o momento. Entretanto, a regularidade da aplicação, otimiza o tempo de execução do processo. Com a organização mantendo a sua linha mestra quanto à estratégia e à metodologia

---

[31] *Checkpoint* (em português, ponto ou posto de inspeção), aqui utilizado como momento de avaliação do contrato, de forma mais ampla e profunda. Apresentação dos resultados, ações de mitigação e corretivas.

sendo aplicada regularmente, a padronização se torna orgânica, mitigando assim o *turnover*[32] natural do time de compras.

- Rentabilidade Aumentada: esse talvez seja o benefício de maior atratividade, quando um gestor busca a implementação do modelo *Strategic Sourcing*, pois ao passo que gera economias, fortalece as vantagens competitivas da organização.

- Racionalização da Rede de Fornecedores: o processo de análise sugerido pela metodologia proporciona um melhor entendimento quanto aos riscos de qualidade do produto ou serviço, a robustez financeira, riscos de interrupção de fornecimento, entre outros pontos, sendo assim possível administrar os riscos, mitigando-os quando possível. Portanto, isso nos leva, naturalmente, a uma racionalização na malha de fornecedores.

- Melhoria Contínua: o modelo sendo executado repetidas vezes contribui para o pleno entendimento das partes, que o processo de fornecimento a uma organização, não é uma atividade de um único passo, mas sim, um ciclo contínuo de deveres e obrigações, possibilitando sucessivas oportunidades de melhoria, num ciclo virtuoso de aprimoramento. Nesse contexto, a Gestão dos Fornecedores torna-se mais objetiva e prática e apresenta resultados mais eficazes.

- Maior Controle do Estoque: o uso contínuo da metodologia *Strategic Sourcing* garante uma atenção extra na gestão dos estoques dos itens a serem adquiridos, proporcionando assim um volume de informações, que possibilita a tomada de decisão no momento correto quanto à reposição dos estoques.

- Melhores Negociações: esse benefício provavelmente é o reflexo mais completo que a metodologia entregue. Trazendo uma visão amplificada para o processo de negociação, olhando muito além da redução de custo, o processo *Strategic Sourcing* entrega uma abordagem de *Total Cost of Ownership* (TCO), ofertando resultados com maior valor agregado, eficiência e melhor gerenciamento dos fornecedores.

b) Dificuldades

- Patrocínio da Alta Direção: certamente, esse é o mais complexo e decisivo tema para que a metodologia seja implementada e aplicada com sucesso: ao substituir fornecedores que se perpetuaram na organização por longo tempo, que muitas vezes estão emaranhados na administração dos processos, haverá a necessidade de uma validação impositiva da Alta Direção.

- Aplicação da Teoria à Prática: sair da teoria à prática requer mais que boa vontade, requer profissionais capacitados, muito treinamento e ferramentas

---

[32] *Turnover* é a taxa de rotatividade de funcionários; que mede o número de funcionários que saem de uma organização durante um período específico.

tecnológicas que deem suporte os avanços que estão por vir. Algumas consultorias buscam simplificar o processo de implementação, reduzindo dos doze passos que a ferramenta completa sugere, para sete passos e quando não, três passos. É fato que a metodologia se torna mais frágil e a possibilidade de os resultados não serem alcançados aumenta exponencialmente. Portanto, a execução da metodologia postula atenção e tempo.

- Análise das Informações: mais que coletar dados, é fundamental ter as ferramentas necessárias para transformá-los em informações e a capacitação técnica para interpretá-los. Portanto, a avaliação prévia de cada etapa e o absoluto entendimento dos movimentos do mercado são elementos fundamentais nesse processo.

- Senioridade dos Profissionais: a busca incessante por reduções de custos é válida e de extrema importância a todas as organizações, muitas vezes, algumas dessas se valem de ações não muito inteligentes, substituindo profissionais de maior senioridade, por profissionais, ainda sem toda a bagagem necessária para ocupar posições estratégicas. Esse enfraquecimento de conhecimento e maturidade reflete diretamente em dificuldades, neste caso, de desenvolvimento e implementação da metodologia, bem como na aplicabilidade do processo.

CAPÍTULO 8
Considerações Finais

Após trafegar por mares antes desconhecidos, e aqui expressar a experiência de anos em corporações de destaque, no mercado nacional e internacional, em conjunto com profissionais que enriqueceram o meu conhecimento técnico e pessoal, finalizo esta obra com o desejo amplo de contribuir para a formação de alunos e profissionais nas diversas áreas da Administração e Cadeia de Suprimentos.

A ideia de sucesso tem diferentes interpretações, para diferentes momentos em nossas vidas, ainda sim, aventuro-me aqui sinalizar o aprendizado de Bill Gates diante daquela lição que ele próprio destaca como uma das mais importantes que teve de Warren Buffett.

Diz Bill Gates, "percebi que a agenda de Buffett era muito vazia. Em algumas semanas, ele passava dias sem nenhum compromisso agendado, enquanto eu, vivia com a agenda lotada". E concluiu a lição com a frase de Warren Buffett: "Eu posso comprar tudo, menos tempo. Seja muito criterioso com o que ocupa sua agenda e seu tempo".

Sejamos, portanto, sempre muito criteriosos com o que ocupa a nossa agenda, nosso tempo, os nossos pensamentos!

REFERÊNCIAS

ACKOFF, Russell L. *Planejamento Empresarial*. Coleção de Administração e Gerência, 1982.

AGIA – American Geosciences Institute. *Transportation of Oil, Gas, and Refined Products*. Disponível em: https://www.americangeosciences.org/geoscience-currents/transportation--oil-gas-and-refined-products. Acesso em: 01 jun. 2018.

AMATO NETO, João (org.). Sustentabilidade & Produção: Teoria e Casos. *In*: Amato Neto, João. *Green Supply Chain Management*: Princípios e Aplicações. Escola Politécnica, Universidade de São Paulo, 2011.

ANP – Agência Nacional do Petróleo, Gás Natural e Biocombustíveis. *Anuário Estatístico de Transportes 2010-2021*. Ministério de Infraestrutura. Julho de 2022.

ANTAQ – Agência Nacional de Transportes Aquaviários. *Relatório Anual de Atividades. Exercício 2018*. Disponível em: https://www.gov.br/antaq/pt-br/acesso-a-informacao/auditorias/Relatrio2018.pdf. Acesso em: 08 set. 2022.

ANTAQ – Agência Nacional de Transportes Aquaviários. Resultado do Estatístico Aquaviário, 1º semestre 2022. Disponível em: https://www.gov.br/antaq/pt-br/noticias/2022/setor-portuario-movimenta-581-milhoes-de-toneladas-no-primeiro-semestre/estatistico-aquaviario--1os22-15082022.pdf/view. Acesso em: 06 set. 2022.

ANTF – Agência Nacional de Transporte Ferroviários. Disponível em: www.ANTF.org.br.

ANTT – Agência Nacional de Transportes Terrestres. Disponível em: www.gov.br/antt/pt-br.

BAILY, Peter; FARMER, David *et al. Compras*: princípios e administração. São Paulo: Atlas, 2000.

BALLOU, Ronald H. *Logística Empresarial*: Transportes, administração de materiais e distribuição física. São Paulo: Atlas, 2006.

BALLOU, Ronald H. *Gerenciamento da Cadeia de Suprimentos*: Logística Empresarial. Porto Alegre: Bookman, 2009.

BERNARDINO, Tenente-coronel Luís Manuel Brás. Conceitos Actuais da Estratégia Militar de Jomini. *Revista Militar Portugal*, n. 2520, jan. 2012. Disponível em: https://www.revistamilitar.pt/artigo/728.

BRAGA, Ataíde. Gerenciamento e desenvolvimento de fornecedores – Parte 1. *Ilos*, São Paulo, abr. 2009. Disponível em: https://www.ilos.com.br/web/gerenciamento-e-desenvolvimento-de-fornecedores-parte-1/.

BRAGA, Ataíde. Gerenciamento e desenvolvimento de Fornecedores – Parte 2. *Ilos*, São Paulo, maio 2009. Disponível em: https://www.ilos.com.br/web/strategic-sourcing-a-transformacao-estrategica-das-empresas-compradoras-parte-2/.

BRAGA, Ataíde. Strategic Sourcing: transformação estratégica das empresas compradoras – Parte 1. *Ilos*, São Paulo, jun. 2010. Disponível em: https://www.ilos.com.br/web/strategic-sourcing-a-transformacao-estrategica-das-empresas-compradoras-parte-1/.

BRAGA, Ataíde. Strategic Sourcing: transformação estratégica das empresas compradoras – Parte 1. *Ilos*, São Paulo, jul. 2010. Disponível em: https://www.ilos.com.br/web/strategic-sourcing-a-transformacao-estrategica-das-empresas-compradoras-parte-2/.

BRASIL. *Lei federal 9.611 de 20 de fevereiro de 1998*. Dispõe sobre o Transporte Multimodal de Cargas e dá Outras Providências. D.O.U. DE 20/02/1998, p. 9.

BRASIL. *Lei 12.305 de agosto de 2010*. Institui a Política Nacional de Resíduos Sólidos. Disponível em: https://legislacao.presidencia.gov.br/atos/?tipo=LEI&numero=12305&ano=2010&ato=e3dgXUq1keVpWT0f1. Acesso em: 06 set. 2022.

BRASIL. Ministério da Infraestrutura. *Plano Aeroviário*. Disponível em: www.gov.br/infraestrutura/pt-br/. 2018.

BRASIL. Ministério da Infraestrutura. *Rede de Aeroportos*. Disponível em: www.gov.br/infraestrutura/pt-br/. Acesso em: 06 set. 2022.

BRASIL. Ministério da Infraestrutura. *Rede de Portos*. Disponível em: www.gov.br/infraestrutura/pt-br/. Acesso em: 06 set. 2022.

BRASIL. Ministério do Meio Ambiente. Disponível em: https://www.gov.br/mma/pt-br.

BUENO, Marcos J. C.; SANTI, Álvaro; VENDRAMETTO, Oduvaldo. *Modal Virtual*: Conceituação e Modelos. SEGeT, 2008.

CAGLIARI, Artur. Brasil desperdiça 44 mil km de rios que poderiam ser utilizados para transporte. *Folha de São Paulo*, 2 out. 2019.

CAMPOS NETO, Francisco R. de. *Dimensionamento dos estoques de segurança na política para gestão de matérias-primas em uma indústria de bebidas*. 2020. Trabalho de Conclusão de Curso – Faculdade de Engenharia Civil, Arquitetura e Urbanismo, Universidade Estadual de Campinas, Campinas, 2020.

CARTER, Ray. The Seven Cs of Supplier Evaluation. *The Journal of Purchases and Supply Management*, p. 44-46, 1995.

CARVALHO, Ana L. *The Intermediate link in planning*: a multicase study of de Sales and Operations Execution process. (Dissertação de Mestrado) – Escola de Engenharia de São Carlos, USP São Carlos, 2018. Doi: 10.11606/D.18.2018. Tde-16072018-100932.

CBIE – Centro Brasileiro de Infraestrutura. *Quantos quilômetros de dutos temos no brasil hoje?* Mar. 2019. Disponível em: https://cbie.com.br/artigos/quantos-quilometros-de-dutos-temos-no-brasil-hoje/.

CHACON, Bruno. *A Importância do Planejamento Financeiro*. Anotações de aula.

CHIAVENATO, Idalberto. *Iniciação à Administração Geral*. 3. ed. [S. l.], Makro Books, 2000.

CHIAVENATO, Idalberto. *Administração nos novos tempos*: os novos horizontes em administração. São Paulo: Editora Manole, 2014.

CNI – Confederação Nacional da Indústria. Disponível em: www.portaldaindustria.com.br/cni/.

CNT – Confederação Nacional do Transporte. Aspectos gerais da navegação interior no Brasil. *Cadernos Hidroviários CNT*, v. 1, 2019. 174 p.

CORRÊA, Henrique. *Administração de cadeias de suprimentos e logística*: o essencial. São Paulo: Atlas, 2014.

DNIT – Departamento Nacional de Infraestrutura de Transportes. *Infraestrutura Aquaviária*. Disponível em: https://www.gov.br/dnit/pt-br/assuntos/aquaviario.

DNIT – Departamento Nacional de Infraestrutura de Transportes. 2020. *Infraestrutura Aquaviária. Eclusas*. 2021. Disponível em: https://www.gov.br/dnit/pt-br/assuntos/aquaviario/old/copy_of_eclusas.

DNIT – Departamento Nacional de Infraestrutura de Transportes. *Infraestrutura Rodoviária*. Disponível em: https://www.gov.br/dnit/pt-br/assuntos/infraestrutura-rodoviaria. Acesso em 10 set. 2022.

SHORE, Jeff. These 10 Peter Drucker Quotes May Change Your World. *Entrepreneur.* 16 set. 2014. Disponível em: https://www.entrepreneur.com/living/these-10-peter-drucker-quotes-may-change-your-world/299936.

ECONEGÓCIO. Paletes feitos de fibra de coco. Rio de Janeiro: Editora GLOBO, 2019.

EIA – Idependent Statistics and Analysis. *Natural gas explained*: natural gas pipelines. Nov. de 2021. Disponível em: https://www.eia.gov/energyexplained/natural-gas/natural-gas-pipelines.php.

ERVILHA, Antonio de J. Limão. *Habilidades de Negociação*. Barueri, SP: Nobel, 2000.

FARIAS, Cláudio. *Administração de Materiais*: Nível de Serviço. Anotações de aula.

FERC – Federal Energy Regulatory Commission USA (Comissão Federal Reguladora de Energia). Disponível em: www.ferc.gov.

FIGUEIREDO, Kleber F.; FLEURY, Paulo F.; WANKE, Peter. *Logística e gerenciamento da cadeia de suprimentos*: planejamento do fluxo de produtos e dos recursos. São Paulo: Atlas, 2003.

FIRJAN. Sustentabilidade dos fornecedores alavanca negócios de grandes empresas. 10 set. 2019. Disponível em: https://www.firjan.com.br/noticias/sustentabilidade-em-cadeia.htm.

GARTNER. *Six Strategic Imperatives for Supply Chain Leaders*. Disponível em: https://www.gartner.com/en/supply-chain/trends/strategic-imperatives-for-supply-chain.

GUITARRARA, Paloma. *Hidrovia*. Brasil Escola. Disponível em: https://brasilescola.uol.com.br/geografia/hidrovias.htm.

HIJJAR, Maria F. Sustentabilidade Ambiental no Supply Chain. *Ilos*, São Paulo, 20 out. 2011. Disponível em: https://www.ilos.com.br/web/sustentabilidade-ambiental-no-supply-chain/.

HOINASKI, Fábio. Gestão de Fornecedores: por que é importante para a sua empresa? *Blog Ibid Systen Solution*. [s.l.], 14 jun. 2017. Disponível em: https://ibid.com.br/blog/gestao-de-fornecedores-por-que-e-importante-para-sua-empresa/.

HOINASKI, Fábio. Sourcing – como construir essa estratégia e ser um bom negociador. Blog *Ibid Systen Solution*. [s.l.], 6 jun. 2019. Disponível em: https://ibid.com.br/blog/e-sourcing-estrategia-de-negociacao/.

HUBER, Beatris. *Traduzindo o S&OP para execução*. Porto Alegre: Ilos, 2016.

IBC – Instituto Brasileiro de Coaching. Rapport. Disponível em: https://www.ibccoaching.com.br/portal/coaching-e-psicologia/o-que-e-rapport/. Acesso em: 08 set. 2022.

IYER, Gopal. *Sustentabilidade na cadeia de suprimentos: 6 passos para criar uma estratégia*. Tradução: A Voz da Indústria. [S.l.]: 16 mar. 2021. Título original: Material Handling & Logistic. Disponível em: https://avozdaindustria.com.br/oportunidades/sustentabilidade-na-cadeia-de--suprimentos-6-passos-para-criar-uma-estrategia.

JAVIE, Michelle E. Brundtland Report. *Britannica*. Disponível em: https://www.britannica.com/topic/Brundtland-Report.

JOHNSON, P. Fraser; LEENDERS, Michiel R.; FLYNN, Anna E. *Purchasing and Supply Management*. Nova Iorque: McGraw-Hill, 2011.

JULIANELLI, Leonardo. S&OE: Sales and Operations Execution. *Ilos*, São Paulo, 5 maio 2016. Disponível em: https://www.ilos.com.br/web/sales-operations-execution/.

KLOTER, Philip; ARMSTRONG, Gary. *Princípios de Marketing*. LTC, 1998.

KRALJIC, Peter. Purchasing Must Become Supply Chain Management. *Harvard Business Review*, p. 109-117, sep.- out. 1983.

LAMMING, Richard *et al*. An initial classification of supply networks. *International Journal of Operations & Production Management/USA*, v. 20, n. 6, p. 675-691, 2000.

LAPIDE, Larry. Sales and Operations Planning Part III: a diagnostic model. *The Journal of Business Forecasting*, v. 24, n. 1, p. 13, 2005.

LEIGHTON, Richard M. Historical development: logistic systems before 1850. *Britannica*. Disponível em: https://www.britannica.com/topic/logistics-military/Trends-and-prospects.

LEIGHTON, Richard M. LEIGHTON, Richard M. Logistics Military. *Britannica*. Disponível em: https://www.britannica.com/topic/logistics-military.

MARQUES, José R. Entenda o que é Gestão de Contratos e como aplicar na sua Empresa. *Instituto Brasileiro de Coaching (IBC)*. Goiânia, 2017. Disponível em: https://www.ibccoaching.com.br/portal/empreendedorismo/entenda-o-que-e-gestao-de-contratos-e-como-aplicar-na-sua-empresa/.

MARQUES, José R. Os Principais Níveis de Planejamento. *Instituto Brasileiro de Coaching (IBC)*. Goiânia, 2019. Disponível em: https://www.ibccoaching.com.br/portal/conheca-os--principais-niveis-de-planejamento/.

Supply Chain

MASSARO, André. As Cinco Forças de Porter e os Investimentos. *Blog André Massaro. [s.l.]*, out. 2020. Disponível em: https://www.andremassaro.com.br/forcas-de-porter/.

MILHOMENS, Gabriel. Menu-Pricing: obtendo redução de custos logísticos através de relações ganha-ganha com clientes. *Ilos*, São Paulo, 10 mar. 2015. Disponível em: https://www.ilos.com.br/web/tag/menu-pricing-logistico/.

NAVARRO, Roberto. Quem foi Alexandre, o Grande?: em dez anos, ele expandiu as fronteiras de um pequeno reino europeu até a Índia. *Super Interessante*. São Paulo, 14 fev. 2020, 18:54, atual. Disponível em: https://super.abril.com.br/mundo-estranho/quem-foi-alexandre-o-grande/.

NURES – Núcleo de Redes de Suprimento. Programa de Pós-Graduação em Engenharia de Produção. Universidade Federal de Santa Catarina, Florianópolis. Disponível em: http://nures.ufsc.br.

OFFSHORE TECHNOLOGY. Oil and Gas News and Market Analysis. GlobalData Energy Report. North America has the highest oil and gas pipeline length globally. 4 dez. 2019. Disponível em: https://www.offshore-technology.com/comment/north-america-has-the-highest-oil-and-gas-pipeline-length-globally/.

OLIVEIRA, Fernando N. Uma Análise Empírica do Mercado Dutoviário Norte-Americano. *Revista economia & gestão*, Belo Horizonte, v. 16, n. 45, p. 32-57, out./dez. 2016. ISSN 1984-6606.

PASQUALE, Carla C. Strategic Sourcing Methodology of Buying. *Revista Técnico-Científica da UNIESP*, Faculdades - São Paulo, 2012.

PIRES, Sílvio R. I.; MUSETTI, Marcel Andreotti A. Logística Integrada e Gestão da Cadeia de Suprimentos. *Produtos & Serviços. Encarte da Revista Produtos & Serviços: Fábrica do futuro: entenda hoje como vai ser sua indústria amanhã*. Edição especial, n. 312, p. 65-76, 2000.

PIRES, Silvio R. I. *Gestão da cadeia de suprimentos*: conceitos, estratégias, práticas e casos. São Paulo: Atlas, 2004.

PIVETTA, Marcos. Istmo do Panamá teria se formado há 2,8 milhões de anos. *Pesquisa Fapesp*. São Paulo, 21 set. 2016. Disponível em: https://revistapesquisa.fapesp.br/istmo-do-panama-teria-se-formado-ha-28-milhoes-de-anos/.

PORTER, Michael E. *Vantagem Competitiva*: Criando e Sustentando Performance Superior, 1985.

PORTER, Michael E. *Estratégia competitiva*. 7. ed. São Paulo: Elsevier, 1986.

PORTER , Michael. *Estratégia Competitiva*: técnicas para análise de indústrias e da concorrência. Rio de Janeiro: Campus, 1986.

PRATES, Wlademir R. Estratégias Competitivas Genéricas de Michael Porter. *Ciência&Negócios. com. [s.l.]*, 6 jan. 2015. Disponível em: https://cienciaenegocios.com/estrategias-competitivas-genericas-de-michael-porter/.

PROSPERO EVENTS. United States Energy Information Administration. *The Longest Oil Pipelines till date (2022)*. 20 abr. 2022. Disponível em: https://www.prosperoevents.com/the-longest-oil-pipelines-till-date-2022/.

PUKKILA, Marko. *S&OE*: The secret ingredient for delivering planned business results. Gartner, 2016.

ROBERTO, Luis. A Origem da logística – Construções. *Prof. Luiz Roberto.* [s.l.], 28 dez. 2018. Disponível em: https://professorluizroberto.com/a-origem-da-logistica-construcoes/.

RODRIGUES, Paulo R. A. *Introdução aos Sistemas de Transporte no Brasil e a Logística Internacional.* 5. ed. São Paulo: Aduaneiras, 2014.

RODRIGUES, Ruth. Volume movimentado de cargas no Porto de Santos cresce 7,3% em novembro. *Naval Porto Estaleiro.* [s.l.], 27 dez 2021. Disponível em: https://navalportoestaleiro.com/volume-movimentado-de-cargas-no-porto-de-santos-cresce-73-em-novembro/.

SALES, Rafaela. Ferramentas da Qualidade: conceito e aplicação. Portal Administração. [s.l.], 2017. Disponível em: https://www.portal-administracao.com/2017/09/sete-ferramentas-da-qualidade--conceito.html.

SÃO PAULO. *Museus Ferroviários de São Paulo.* Disponível em: www.museusferroviarios.net.br.

SCHERMERHORN, John R. *Administração.* 5. ed. Barueri, SP: LTC, 1999.

SILVA, Carollina M. A. *A importância do modal infoviário na logística da informação*: um estudo voltado ao período de pandemia do Covid-19. (Monografia) – UFPE – Engenharia de Produção, 2020.

SILVA, Ozires. Carta de Dr. Ozires Silva – *EUA vs. BR.* Presidente do Fórum Brasileiro do Transporte Aéreo. *Fórum do Transporte Aéreo*, 2020.

SINIR. *Sistema Nacional de Informações sobre a Gestão dos Resíduos.* Disponível em: https://sinir.gov.br/.

SMITH, Abigail. *Creating a Sustainable and Ethical Supply Chain.* Plug and Play Supply Chain, 2021.

SOPESP. Sindicato dos Operadores Portuários do Estado de São Paulo. *Porto de Xangai é líder mundial... por 11 anos consecutivos.* 3 fev. 2021. Disponível em: https://www.sopesp.com.br/2021/02/03/porto-de-xangai-e-lider-mundial-em-movimentacao-de-conteineres-por-11--anos-consecutivos/. Acesso em: 08 set. 2022.

SOUSA, Fernando J. de. Rio Yangtzé: a hidrovia dourada da China. *Água, vida & cia – Fernando José de Sousa.* [s.l.], 20 mar. 2018. Disponível em: https://ferdinandodesousa.com/2018/03/20/rio-yangtze-a-hidrovia-dourada-da-china/.

SOUZA, Henrique; SALES, Dario. Segmentação de Clientes. *Quantiz Pricing Solution.* São Paulo. Disponível em: https://www.quantiz.com.br/segmentacao-de-clientes/.

TACLA, Douglas. *Estudo de Transporte Colaborativo de Cargas de Grande Volume, com Aplicação em Caso de Soja e Fertilizantes.* 2003. (Tese de Doutorado) – Escola Politécnica da Universidade de São Paulo, 2003.

TACLA, Douglas. *LALT - Laboratório de Aprendizagem em Logística e Transportes.* Universidade Estadual de Campinas (Unicamp), 2005. Anotações de Aula.

TEMKIN GROUP RESEARCH. *Report Reveals Four Core Competencies Required to Achieve Customer Experience Success, 2013.* Atualizado em 2017.

UNCTAD – United Nations Conference on Trade and Development. Shanghai tops ranking of world's best-connected ports. Agosto de 2019. Disponível em: https://unctad.org/news/shanghai-tops-ranking-worlds-best-connected-ports.

VALENTIM, Marta L. P. *Introdução ao Planejamento.* Unesp –Universidade Estadual Paulista, Faculdade de Filosofia e Ciências, 2014. Anotações de aula.

WALMART'S journey toward regeneration: placing nature and people at the heart of our business. *WALMART*: Sustentability. Disponível em: https://corporate.walmart.com/purpose/sustainability.

WANKE, Peter. *Logística e transporte de cargas no Brasil*: produtividade e eficiência no século XXI. Porto Alegre: Atlas, 2010.

WBCSD – World Business Council for Sustainable Development. Conselho Empresarial Mundial para o Desenvolvimento Sustentável. Disponível em: http://www.wbcsd.org.

WORLD SHIPPING COUNCIL. *The Top 50 Container Ports*. Classificação baseada nas estatísticas de 2019. Disponível em: https://www.worldshipping.org/top-50-ports.

WRIGHT, Peter; KROLL, Mark J.; PARNELL, John. *Administração Estratégica*: conceitos. Porto Alegre: Atlas, 2009.

XINHUA. Agência de Notícias Oficial do Governo da República Popular da China, 2019. Disponível em: https://www.chinadaily.com.cn/.

GRÁFICA PAYM
Tel. [11] 4392-3344
paym@graficapaym.com.br